ANTIBIOTICOTERAPIA EM PEQUENOS ANIMAIS

Dados Internacionais de Catalogação na Publicação (CIP)
(Câmara Brasileira do Livro, SP, Brasil)

Ferreira, Fabiano Montiani
Antibioticoterapia em pequenos animais / Fabiano Montiani Ferreira.
– São Paulo: Ícone, 1997.

ISBN 85-274-0465-6

1. Antibióticos em medicina veterinária 2. Pequenos animais I. Título.

97-3438   CDD-636.0895329

Índices para catálogo sistemático:

1. Antibioticoterapia: Pequenos animais:
   Medicina Veterinária   636.0895329
2. Pequenos animais: Antibioticoterapia:
   Medicina veterinária   636.0895329

FABIANO MONTIANI FERREIRA

ANTIBIOTICOTERAPIA EM PEQUENOS ANIMAIS

© Copyright 1997.
Ícone Editora Ltda

Capa
Mônica Matiazzo

Diagramação
Rosicler Freitas Teodoro

Revisão
Jonas Negalha de Medeiros

Revisão
Jonas Medeiros Negalha

Proibida a reprodução total ou parcial desta obra,
de qualquer forma ou meio eletrônico, mecânico,
inclusive através de processos xerográficos,
sem permissão expressa do editor
(Lei nº 5.988, 14/12/1973).

Todos os direitos reservados pela
ÍCONE EDITORA LTDA.
Rua das Palmeiras, 213 — Sta. Cecília
CEP 01226-010 — São Paulo — SP
Tels. (011)826-7074/826-9510

NOTA DO AUTOR

"Antibioticoterapia em Pequenos Animais" é um texto que foi escrito por clínicos, para clínicos. Ele não pretende colocar um ponto final nem apresentar conclusões revolucionárias sobre a terapia antimicrobiana veterinária, mas apresentá-la de maneira simples e prática, fugindo de quaisquer elucubrações microbiológicas.

O termo antibioticoterapia, apesar de extensivamente empregado na prática, inexiste na língua portuguesa. O mesmo é verdadeiro para muitos termos médicos, como fluidoterapia, por exemplo. Certos termos constituem uma maneira extremamente prática, e relativamente acurada, de resumir em uma única palavra assuntos extremamente abrangentes e complexos. Isto posto, mesmo correndo o risco de arranhar o vernáculo, os autores optaram pela sua utilização logo no título.

A denominação *Staphylococcus aureus* foi empregada quando a bactéria foi isolada de infecções cutâneas em seres humanos ou quando as referências foram obtidas na literatura médica não veterinária. A partir do ano de 1975, após o Terceiro Simpósio Internacional sobre Estafilococos e Infecções Estafilocócicas, passou-se a aceitar mundialmente a alteração de seu nome, quando isolada de infecções da pele de cães, de *S. aureus* para *S. intermedius*, graças aos trabalhos de HAJEK & MARSALEK (1975).

O conteúdo do texto é de responsabilidade dos autores e co-autores dos respectivos capítulos. Contudo, as doses sugeridas no Capítulo VII foram obtidas através da utilização de cálculos de extrapolação alométrica interespecífica e nem todas foram testadas *in vivo*. Assim, a adoção dessas doses é de total responsabilidade daqueles que decidirem empregá-las, da mesma maneira que eventuais efeitos indesejáveis que possam ser observados nos pacientes.

Fabiano Montiani Ferreira

AGRADECIMENTOS

Gostaria de agradecer a todos aqueles que contribuíram de alguma forma na realização deste livro:

Aos co-autores e colaboradores por acreditarem que ainda restava algo a ser dito;

Aos meus pais, irmãos e avós;

À equipe do Animal Medical Center - NY, principalmente Dr. Garvey, por dividir seus conhecimentos comigo (*back in 1993*);

Larissa - *for showing me what was over that bridge*;

Ao pessoal do AMASOV (Lari, Paulinho, Valéria Natasha, Rica, Ale e Rafa) por agüentarem a minha chatice, com todas as brigas, churrascos e sobretudo amizade;

Aos professores Pedro R. Werner, Sueli Rodaski e Ricardo Pachaly pelas sugestões e por terem confiado em mim desde o início;

Ao pessoal do HV por lembrarem-me de que toda hora era hora de trabalhar;

À minha cidade (Curitiba);

Aos meus cães (Freddy, Ian, Vicky e Shane);

Ao meu computador, VKS informática e à Internet;

Ao pessoal da Biblioteca do Setor de Ciências Agrárias e Ciências da Saúde da UFPR;

Ao meu aparelho de som e aos CDs do Morphine, Deep Purple, Dave Matthews Band, Led Zeppelin, Black Sabbath e Elastica;

Aos alunos do Curso de Medicina Veterinária da UFPR;

À Analice e ao Dorly, funcionários do Departamento de Medicina Veterinária da UFPR;

Ao Sr. José Garcia pela força;

Ao pessoal da Ícone Editora Ltda. pelo profissionalismo;

Aos que esqueci de mencionar nesta lista e aos que acreditam que a Medicina Veterinária vai evoluir cada vez mais no Brasil.

Com todo carinho, dedico este livro aos nossos pacientes...

PREFÁCIO

"Antibioticoterapia em Pequenos Animais", editado pelo Médico Veterinário Fabiano Montiani Ferreira, não é somente o resultado de um labor que congrega em si ponderável soma de méritos científicos, mas é também um livro que vem preencher importantíssima lacuna na bibliografia médica de nossos país, particularmente na área da Medicina Veterinária.

Distribuído em sete capítulos e um bem elaborado apêndice, "Antibioticoterapia em Pequenos Animais" traz um relato conciso, mas cientificamente muito bem elaborado, sobre antibióticos, sua história e o desenvolvimento que experimentaram desde os trabalhos pioneiros de Florey (1941) com a penicilina, divisada por Fleming em 1929, e a verificação de sua capacidade de interferir no processo de multiplicação celular de bactérias por inibir a biossíntese de proteínas da parede celular.

Em relação ao emprego de antibióticos em Medicina Veterinária, particularmente de pequenos animais, a presente publicação é uma excelente contribuição que certamente revelar-se-á de extremo interesse tanto para pesquisadores científicos como também para Médicos Veterinários que nela encontrarão repositório fundamental e de consulta obrigatória para o uso adequado de antibioticoterapia na prática profissional.

Além dos dois capítulos iniciais, o primeiro contendo informações sobre os fundamentos da antibioticoterapia e o segundo, um bem elaborado estudo sobre as diferentes classes de antibióticos, suas propriedades químicas e farmacológicas, os demais capítulos trazem enfoques extremamente importantes e originais, tais como o emprego de antibióticos na odontologia veterinária; um estudo sobre resistência bacteriana a antibióticos; um excelente capítulo sobre seleção, colheita e transporte de amostras para exames bacteriológicos; um capítulo sobre antibioticoterapia no paciente cirúrgico e um capítulo especial contendo elenco de sugestões de protocolos posológicos de antibióticos para cães e gatos, calculados por comparação alométrica, procedendo-se à extrapolação matemática do doseamento estabelecido em estudos farmacocinéticos e farmacodinâmicos de um dos animais tomados como modelo, para o outro, o que ocorre, portanto, entre animais de tamanhos díspares como o homem e o cão, por exemplo. Esses e muitos outros aspectos que caracterizam o presente trabalho, fazem dele, também, uma valiosa contribuição científica.

"Antibioticoterapia em Pequenos Animais", ora oferecido ao público brasileiro, constitui-se, assim, em importante livro que será de muitos préstimos e de consulta obrigatória para profissionais médicos veterinários, para estudantes de graduação e de pós-graduação de Medicina Veterinária e para pesquisadores científicos das áreas de patologia veterinária e das ciências fisiológicas básicas e aplicadas à Medicina Veterinária.

Metry Bacila
Professor Sênior da
Universidade Federal do Paraná
Academia Brasileira de Ciências

Autor Principal e Organizador do Projeto

Fabiano Montiani Ferreira
Estágio no Animal Medical Center - USA
Curso de Pós-graduação em Ciências Veterinárias
da Universidade Federal do Paraná (UFPR)
Professor da Disciplina Clínica Médica de Pequenos Animais do
Curso de Graduação em Medicina Veterinária da UFPR

Autores Convidados

Pedro R. Werner
Mestre em Medicina Veterinária
Doutor (Ph.D.) em Patologia pela Michigan State University - USA
Pós-doutorado em Patologia Veterinária -
Michigan State University - USA
Professor Titular de Patologia Animal do Curso de Graduação em Medicina
Veterinária da UFPR
Chefe do Serviço de Patologia Veterinária do HV da UFPR

José Ricardo Pachaly
Mestre em Ciências Veterinárias
Chefe do Serviço de Medicina de Animais Selvagens e
Odontologia Veterinária do HV da UFPR
Professor da Disciplina de Clínica de Animais Selvagens e
de Zoológico do Curso de Graduação em Medicina
Veterinária da UFPR
Professor da Disciplina de Técnica Hospitalar do Curso
de Graduação em Medicina Veterinária da UFPR

Suely Rodaski
Mestre em Cirurgia Animal
Professora da Disciplina de Técnica Operatória Veterinária da UFPR

Lourenço José Barreiros Netto
Professor da Disciplina de Técnica Operatória Veterinária da UFPR
(Campus de Palotina - Paraná)

Autores ou Co-autores Convidados

Harald Fernando Vicente de Brito
Médico Veterinário
Segundo Tenente Veterinário
Quinta Companhia de Polícia do Exército Brasileiro

Valéria Natasha Teixeira
Médica Veterinária
Curso de Pós-graduação em Ciências Veterinárias - UFPR

Márcio Chiquito
Médico Veterinário

Rafael Cartelli
Curso de Medicina Veterinária da UFPR

Autores e Colaboradores dos Apêndices

Elza Maria Galvão Ciffoni
Médica Veterinária
Mestre em Ciências Veterinárias
Especialista em Saúde Pública pela Faculdade Evangélica de
Medicina do Paraná

Alessandra Quaggio Augusto
Estágio no Animal Medical Center - USA
Médica Veterinária
Curso de Pós-graduação em Ciências Veterinárias da UFPR.
Especialista em Ultra-sonografia Animal
Serviço de Medicina de Animais Selvagens e Odontologia
Veterinária da UFPR

Giuliana Gelbcke Kasecker
Curso de Medicina Veterinária da UFPR

ÍNDICE ANALÍTICO

CAPÍTULO I
Fundamentos da Antibioticoterapia 19
INTRODUÇÃO 19
HISTÓRIA DA ANTIBIOTICOTERAPIA 20
COMO DEFINIR INFECÇÃO, BACTEREMIA E SEPTICEMIA 21
ANTIBIÓTICOS OU AGENTES ANTIMICROBIANOS SINTÉTICOS? 22
ANTIBIOTICOTERAPIA INICIAL DE EMERGÊNCIA – UM PROCEDIMENTO EMPÍRICO? 24
CULTURA DO PATÓGENO E TESTES DE SUSCEPTIBILIDADE 25
ALGUMAS REGRAS BÁSICAS PARA UTILIZAÇÃO DE ANTIBIÓTICOS 26
EFEITO ANTIBACTERIANO DOS ANTIBIÓTICOS 28
FARMACOCINÉTICA DOS ANTIBIÓTICOS NOS TECIDOS 30
Tecidos moles em geral 32
Trato urinário 32
Ossos e articulações 33
Sistema nervoso central 33
Aparelho reprodutor 35
Próstata 35
Globo ocular 36
ELIMINAÇÃO DOS ANTIBIÓTICOS 37
REFERÊNCIAS BIBLIOGRÁFICAS 38

CAPÍTULO II
Classes de Antibióticos 43
ANTIBIÓTICOS BETA-LACTÂMICOS 43
Penicilinas Naturais 46
Aminopenicilinas 46
Inibidores da Beta-lactamase 47
Penicilinas Antipseudomonas 49
Penicilinas Resistentes à Beta-lactamase 49
Cefalosporinas 49
6-Metoxipenicilinas 52
Amdinopenicilinas 52
Antibióticos beta-lactâmicos monobactâmicos,
carbapenêmicos e carbacefêmicos 52
AMINOGLICOSÍDEOS 56
Estreptomicina 58
Kanamicina 59
Gentamicina 59
Tobramicina 59
Amicacina 60

Netilmicina 61
Neomicina 61
Sisomicina 61
QUINOLONAS & FLUOROQUINOLONAS 63
Quinolonas & Fluoroquinolonas 63
SULFONAMIDAS & DIAMINOPIRIMIDINAS 66
Sulfonamidas 66
Sulfonamidas combinadas com diaminopirimidinas 67
SULFONAS 71
TETRACICLINAS 71
GLICILCICLINAS 74
CLORANFENICOL, TIAFENICOL & FLORFENICOL 74
Cloranfenicol 74
Tiafenicol 76
Florfenicol 76
ANTIBIÓTICOS MACROLÍDEOS, SINERGISTINAS & LINCOSAMÍNICOS 77
Macrolídeos 77
Sinergistinas 79
Lincosamínicos 79
RP 59500...82
BACITRACINA 82
NOVOBIOCINA 83
ESPECTINOMICINA 83
POLIMIXINA B E COLISTINA (POLIMIXINA E) 84
RIFAMICINAS 85
VANCOMICINA 87
TEICOPLANINA 88
FOSFOMICINA 88
NITROIMIDAZÓIS 89
MUPIROCINA 90
DERIVADOS DO NITROFURANO 90
AGENTES ANTIMICROBIANOS UTILIZADOS NO TRATAMENTO DE INFECÇÕES
DO TRATO URINÁRIO 92
Metenamina 92
Nitrofurantoína 92
COMBINAÇÃO DE DOIS OU MAIS ANTIBIÓTICOS NA CLÍNICA MÉDICA VETERINÁRIA 93
REFERÊNCIAS BIBLIOGRÁFICAS 96

CAPÍTULO III
Uso de Antibióticos na Odontologia Veterinária 103

CAPÍTULO IV
Resistência Bacteriana a Antibióticos 109
INTRODUÇÃO 109

BASES GENÉTICAS DA RESISTÊNCIA BACTERIANA 109
RESISTÊNCIA INTRÍNSECA 109
RESISTÊNCIA ADQUIRIDA 110
MECANISMOS DE RESISTÊNCIA 111
RESISTÊNCIA CRUZADA 112
UM PANORAMA DA RESISTÊNCIA BACTERIANA NO FINAL DO SÉCULO XX 112
CONCLUSÃO 113
REFERÊNCIAS BIBLIOGRÁFICAS 115

CAPÍTULO V
Seleção, colheita e transporte de amostras para exames bacteriológicos 117
INTRODUÇÃO 117
QUANDO, O QUÊ E QUANTO COLHER 117
TIPOS DE AMOSTRAS 118
CONSERVAÇÃO E TRANSPORTE DAS AMOSTRAS 118
COLHEITA DE AMOSTRAS CLÍNICAS ESPECÍFICAS 119
 Olhos 119
 Orelhas 120
 Pele 120
 Secreções do orofaringe 120
 Tórax, pericárdio e abdômen 121
 Trato respiratório inferior 121
 Trato urogenital 121
 Urina 122
 Fezes 122
 Ossos e articulações 122
 Sangue 123
 Líquido cérebro-espinhal (Líquor) 123
INTERPRETAÇÃO DOS RESULTADOS 123
BIBLIOGRAFIA CONSULTADA 127

CAPÍTULO VI
Antibioticoterapia no paciente cirúrgico 129
INTRODUÇÃO 129
PROFILAXIA ANTIMICROBIANA 130
 Critérios para a indicação da quimioprofilaxia antimicrobiana 130
 Momento para a administração de antibiótico profilático 132
 Escolha do agente antimicrobiano profilático 134
PROTOCOLOS ANTIMICROBIANOS PROFILÁTICOS E TERAPÊUTICOS 136
 Cirurgias gerais 136
 Cirurgias gastrintestinais 138
 Cirurgias ortopédicas 140
 Cirurgias torácicas 144
 Neurocirurgia 145

Cirurgias urológicas 145
ANTIBIÓTICO TÓPICO 146
Introdução 146
Seleção do antibiótico 146
Tempo de administração, dose e forma de apresentação 147
Antibiótico tópico em cavidades 149
INFECÇÕES NOSOCOMIAIS 149
A IMPORTÂNCIA DE OUTRAS MEDIDAS ALTERNATIVAS............................153
REFERÊNCIAS BIBLIOGRÁFICAS..157

CAPÍTULO VII
**Sugestão de Protocolos Posológicos de Antibióticos para
Cães e Gatos com Base em Extrapolação Alométrica** 161
INTRODUÇÃO...161
SUGESTÃO DE PROTOCOLOS POSOLÓGICOS PARA ANTIBIÓTICOS OBTIDOS POR
EXTRAPOLAÇÃO ALOMÉTRICA INTERESPECÍFICA.....................................163
Gatos 163
Cães 165
SUGESTÃO DE PROTOCOLOS POSOLÓGICOS PARA AMINOGLICOSÍDEOS EM DOSE
ÚNICA DIÁRIA OBTIDA POR EXTRAPOLAÇÃO ALOMÉTRICA INTERESPECÍFICA 169
REFERÊNCIAS BIBLIOGRÁFICAS..170

APÊNDICE I 173

APÊNDICE II 199

APÊNDICE III...209

Capítulo I

Fundamentos da Antibioticoterapia

Fabiano Montiani Ferreira

Introdução

Sabe-se que muitas drogas, principalmente antibióticos e anestésicos, poderiam ser melhor utilizadas em doses e freqüências diferentes das conhecidas, tanto na Medicina "Humana" como na Medicina "Veterinária". Observações clínicas de GARVEY (1995) indicam que a enrofloxacina, por exemplo, é eficiente, em cães, contra infecções do trato urinário somente quando utilizada numa dose três a cinco vezes maior que aquela indicada pelo laboratório farmacêutico responsável pelo produto.

A grande maioria dos antibióticos é desenvolvida e comercializada para a utilização exclusiva em pacientes humanos, resultando numa ausência de experimentação e de parâmetros farmacológicos confiáveis para que o Médico Veterinário possa se guiar no tratamento de diferentes espécies animais. Segundo PAPICH (1995), até que se possa dispor de mais informações, devemos no guiar por extrapolações de estudos realizados para a Medicina Humana. Podemos concluir, portanto, que existe ainda muito a ser estudado para que se possa utilizar os antibióticos da melhor maneira possível na Medicina Veterinária; principalmente, ainda há muito o que ser discutido a respeito de qual seria o melhor método de se realizar tais extrapolações de doses e intervalos entre as administrações para cada espécie animal.

Recentemente, mais precisamente em Abril de 1995, um encontro sediado em Gaithersburg, MD, Estados Unidos, patrocinado pelo *Animal Health Institute, American Veterinary Medical Association, Food and Drug Administration* e *American Academy of Veterinary Pharmacology and Therapeutics*, teve como finalidade exclusiva a discussão da utilização de drogas em dosagens e intervalos de administração mais flexíveis, além daqueles recomendados pelos fabricantes. O principal argumento dos participantes era que as informações obtidas nas bulas dos fármacos não informariam ao Médico Veterinário todas as doses potenciais que poderiam ser empregadas, os organismos susceptíveis e as complicações possíveis. Os Médicos Veterinários americanos, via de regra, obtêm as informações que necessitam sobre as drogas da experiência clínica própria ou de colegas, encontros científicos, literatura científica e de representantes de laboratórios farmacêuticos[36].

Segundo experimentações realizadas por PACHALY & BRITO (1996), no Ambulatório de Medicina de Animais Selvagens e Odontologia Veterinária da Universidade Federal do Paraná (AMASOV-UFPR), a técnica de extrapolação alométrica interespecífica, já utilizada na medicina de animais selvagens, é uma maneira bastante eficiente de padronizar dosagens e intervalos de administração de drogas, baseando-se, principalmente, na idade, grupos filogenéticos a que o paciente pertence, além de índices fisiológicos específicos como as taxas metabólicas basais, tomando sempre como parâmetro outro animal ou o próprio ser humano.

Após analisarmos no que poderíamos contribuir ao progresso da medicina interna de animais selvagens e domésticos, tomamos a decisão de elaborar o presente texto. A meta é de abordar a antibioticoterapia de uma maneira simples e objetiva, sob a forma de uma extensa revisão bibliográfica, demonstrando definições de termos e de conceitos médicos importantes, expondo as principais características dos antibióticos existentes. Como objetivo mais arrojado, discute-se a possibilidade da utilização de diferentes drogas em dosagens e intervalos de administração totalmente reformulados, utilizando experiências da equipe de estudos em extrapolação alométrica interespecífica do AMASOV-UFPR.

História da Antibioticoterapia

O uso de substâncias antimicrobianas na prática médica teve início antes mesmo da descoberta dos micróbios, pois já Hipócrates (460-377 a.C.) recomendava a lavagem dos ferimentos com vinho a fim de evitar infecções. Existem relatos, também, da utilização do cloreto de mercúrio em ferimentos durante a Idade Média [41]. O cloro foi utilizado num hospital de Viena por Ignaz Semmelweis, obstetra húngaro, numa demonstração prática da ação da anti-sepsia que ocorreu entre 1847 e 1849. Em 1865, Joseph Lister anunciou os métodos de esterilização de bandagens, instrumentos cirúrgicos e de anti-sepsia de feridas.

O potencial da utilização dos produtos de microorganismos como agentes terapêuticos foi reconhecido cientificamente nos experimentos de PASTEUR & JOUBERT (1877), que deram início à chamada "era antiga da terapia da infecção". Argumentaram, na época, que a vida destrói a vida (antibiose), principalmente entre os organismos inferiores, e que tal observação poderia ser altamente promissora para a terapêutica de algumas doenças no futuro. No final do século XIX e início do século XX, várias substâncias antimicrobianas foram testadas em culturas bacterianas (*in vitro*) e clinicamente (*in vivo*) [22, 38].

O grande esforço desempenhado pelos cientistas, no início do século, no descobrimento de novos agentes antimicrobianos, pode ser bem sintetizado numa frase de PAUL ERLICH datada de1907: "Estamos procurando por agentes que, por um lado, sejam capazes de matar certos microorganismos, sem que, por outro lado, causem muitos danos ao organismo hospedeiro". Paul Ehrlich, descobriu um composto arsenical, o salvarsan, que se mostrou eficiente no tratamento da sífilis em 1905, antes mesmo de a penicilina ser descoberta.

A "era pré-antibiótica" terminou com a demonstração do valor terapêutico do "Prontosil Rubrum" (sulfamidocrisoidina), um corante sintetizado em 1932, por Gerhard Domagk e utilizado no tratamento de infecções estreptocócicas em camundongos; o composto é conhecido como o protótipo das sulfonamidas[41]

O médico escocês Alexander Fleming descobriu acidentalmente a penicilina em 1929, enquanto trabalhava com colônias de *Staphylococcus* spp, abrindo uma era de descobertas de grande impacto para a comunidade científica e para a vida de todos.

A chamada "era moderna da quimioterapia da infecção" iniciou-se com o uso clínico da sulfanilamida por volta de 1936. A "época áurea da terapia anti-microbiana" iniciou-se com a produção da penicilina em grande escala, em 1941.

Impulsionados pela descoberta da penicilina, Schatz, Bugie & Waksman em 1944, pesquisadores de um Posto Experimental de Agricultura em Nova Jersey, EUA, anunciaram a descoberta de um novo antibiótico, a estreptomicina, pertencente à então nova classe dos antibióticos aminoglicosídeos. Durante a década de 40, a droga mostrou grande eficiência clínica no tratamento de muitas doenças infecciosas, sendo finalmente consagrada por Waksman em 1949. Tal fato desencadeou a descoberta de outros inúmeros antibióticos aminoglicosídicos. Em 1949, o próprio Waksman, junto com Lechevalier, isolou o *Streptomyces fradiae*, um micro-organismo do solo que produziu a neomicina. No final dos anos 50, foi descoberta a kanamicina. A tobramicina e a amicacina foram introduzidas no meio clínico nos anos 70 [41; 12].

Mais recentemente, a introdução das quinolonas fluoradas, como a norflo-xacina e a ciprofloxacina, trouxe um grande avanço na terapia antimicrobiana. Novas drogas serão lançadas no mercado mundial, com grande freqüência, tornando a anti-bioticoterapia uma área médica que merece, quase que obrigatoriamente, atualização constante.

Atualmente, existem centenas de combinações de drogas antimicrobianas possíveis de se empregar em diferentes pacientes, seja profilaticamente ou em casos de infecções e septicemias. Contudo, mesmo as classes mais modernas de fármacos antimicrobianos já estão sendo utilizadas de forma errada e/ou abusiva, resultando num contínuo aparecimento de patógenos resistentes aos antibióticos, limitando as opções do Médico ou do Médico Veterinário. Nos Estados Unidos, por exemplo, os antibióticos compreendem 40% de todos os medicamentos prescritos pela média dos clínicos de pequenos animais [14]. Entretanto, sabe-se que, em muitos casos, a utilização de antibióticos seria completamente dispensável.

Como definir infecção, bacteremia e septicemia

O termo infecção define invasão e multiplicação de microorganismos nos tecidos. Ela pode ser clinicamente inaparente ou resulta em alterações orgânicas que se devem ao metabolismo competitivo, toxinas, replicação intracelular ou respostas do tipo antígeno-anticorpo. A infecção pode permanecer localizada, subclínica e temporária se os mecanismos de defesa do organismo forem eficientes. Uma infecção pode persistir e se agravar, tornando-se clinicamente perceptível de caráter agudo, subagudo ou crônico. Uma infecção local também pode se tornar sistêmica se o microorganismo ganhar acesso ao sistema vascular ou linfático[2].

Bacteremia é um termo que possui um sentido bastante amplo. Um paciente bacterêmico não possui, necessariamente, infecção. O termo, no sentido mais purista, significa simplesmente a presença de bactérias na corrente circulatória[2]. Um paciente pode tornar-se bacterêmico quando é submetido à colocação de cateteres intravenosos, remoções de tártaro, escovação dentária ou mesmo quando espirra[18]. Entretanto, enquanto em pacientes imunocompetentes, os neutrófilos removem rapidamente as bactérias presentes na circulação, nos pacientes que apresentam comprometimento do sistema imune eles não removem os microorganismos da circulação e os indivíduos podem tornar-se septicêmicos[18].

A septicemia é definida como doença sistêmica associada à presença e multiplicação de microorganismos patogênicos ou toxinas provenientes dos mesmos na circulação sangüínea. Clinicamente, apresenta sinais de resposta inflamatória sistêmica como hipertermia ou hipotermia, taquicardia, taquipnéia e hipóxia. Se a invasão e a multiplicação de bactérias forem de grande dimensão, há grande liberação de toxinas e outros produtos bacterianos. Se o processo não for impedido, iatrogenicamente ou pelo próprio sistema imune do paciente, o próximo estágio do processo é a falência da perfusão microcirculatória tecidual aguda e persistente, caracterizando choque do tipo vasogênico (também chamado de choque séptico). Como conseqüência, há ativação do sistema complemento, sistema das cininas, com liberação de histamina, citoquinas, prostaglandinas, mediadores primários e secundários. A lista de mediadores, envolvidos na fisiopatologia do choque, já identificados, cresce a cada ano que passa[20; 2]. Nos estágios finais do choque ocorre a falência orgânica múltipla, acidose metabólica, oligúria, demência e morte[18].

Sabe-se, portanto, que a septicemia pode progredir para o choque se não tratada a tempo. As duas condições certamente são separadas por uma linha tênue, obrigando o Médico Veterinário a intervir de maneira segura e eficiente e o mais rapidamente possível para evitar a multiplicação dos microorganismos e progressão do processo mórbido.

O protocolo terapêutico ideal varia de acordo com uma série de fatores e características particulares da septicemia ou do choque. De modo geral, todos os protocolos incluem antibioticoterapia, reposição de fluidos e eletrólitos perdidos, retorno ao equilíbrio ácido-básico, promoção do retorno da perfusão tecidual e do fornecimento de oxigênio e energia às células.

Antibióticos ou agentes antimicrobianos sintéticos?

Classicamente, os agentes químicos empregados no tratamento de doenças infecciosas são divididos em duas classes principais, os antibióticos e os agentes quimiossintéticos. Os chamados antibióticos, também conhecidos por antibióticos verdadeiros, seriam definidos como todas aquelas substâncias, produzidas naturalmente por um organismo, capazes de matar ou inibir o crescimento de outro organismo (Tabela I). Os agentes quimiossintéticos, ou agentes antibacterianos sintéticos, seriam todos aqueles compostos orgânicos sintetizados quimicamente que possuam atividade tóxica seletiva aos microorganismos. No entanto, com o progresso da ciência, tais definições não mais se encaixam a muitas drogas de ação antimicrobiana conhecidas atualmente. Alguns dos antibióticos naturais, como o cloranfenicol, por exemplo, passaram a ser produzidos por síntese química. Por outro lado, muitos dos antibióticos quimiossintéticos nada mais são do que produtos naturais modificados nos laboratórios. Em virtude da possibilidade de inclusão de uma droga em mais de uma categoria, muitos autores denominam como agentes antimicrobianos ou, simplesmente, como antibióticos[25], todas aquelas drogas utilizadas na Medicina ou na Medicina Veterinária como agentes tóxicos aos microorganismos.

O presente texto utilizará o termo "antibiótico" no sentido mais amplo, considerando-o como substância destruidora seletiva da vida, incluindo nele aqueles agentes antibacterianos sintéticos, como sulfonamidas e quinolonas, que não são produtos de micróbios[2; 12]. O emprego do termo "antibiótico", no sentido mais amplo, é também utilizado por muitos outros autores consagrados na literatura médica e veterinária[25, 42, 32]. No texto, apenas aqueles antibióticos de ação, primordialmente, antibacteriana serão discutidos, deixando para outra oportunidade a discussão mais aprofundada de drogas antibióticas de ação contra fungos e protozoários.

Tabela I - Antibióticos Naturais

Antibiótico	Fonte	Modo de Ação	Ano da Descoberta
Antibióticos antibacterianos		Inibição	
Bacitracina	*Bacilus licheniformis*	Síntese da parede celular	1943
Cefalosporina	*Cephalosporium spp*	" " "	1948
Cloranfenicol	*Streptomyces venezuela*	Síntese protéica	1947
Eritromicina	*Streptomyces erythraeus*	" " "	1952
Gentamicina	*Micromonospora purpurea*	" " "	1963
Imipenema	*Streptomyces cattleya*	Síntese de parede celular	1970
Kanamicina	*Streptomyces kanamyceticus*	Síntese protéica	1957
Lincomicina	*Streptomyces lincolnensis*	" " "	1962
Penicilina	*Penicillium spp*	Síntese de parede celular	1929
Polimixina	*Bacillus polymyxa*	Função de membrana celular	1947
Rifampicina	*Streptomyces mediterranei*	Transcrição de DNA	1959
Estreptomicina	*Streptomyces griseus*	Síntese protéica	1944
Tetraciclina	*Streptomyces aureofaciens*	" " "	1948
Vancomicina	*Streptomyces orientalis*	Síntese de parede celular	1956
Antibióticos Antifúngicos			
Anfotericina B	*Streptomyces nodosus*	Função de membrana	1955
Griseofulvina	*Penicillium griseofulvum*	Parede celular (microtúbulos)	1939
Nistatina	*Streptomyces noursei*	Função de membrana	1950
Antibióticos Antiprotozoários			
Fumagilina	*Aspergilus fumigatus*	Síntese protéica	1951
Quinina	Quina	Desconhecido	1927
Ciclosporina	*Tolypocladium inflatum*	Linfócitos T	1970-72

Tabela I - Lista de alguns dos antibióticos naturais mais importantes, incluindo os microorganismos dos quais foram isolados e o ano da descoberta (Segundo KETCHUM, 1988)

Antibioticoterapia inicial de emergência – um procedimento empírico?

Atualmente, sabe-se que iniciar precocemente a antibioticoterapia, antes mesmo de se obter respostas do laboratório, em relação à cultura do agente microbiano e provas de sensibilidade, salva a vida de muitos pacientes de qualquer espécie animal. Principalmente por este motivo, a antibioticoterapia empírica passou a ser reavaliada e a ganhar força enquanto prática médica[17]. Obviamente, a situação ideal seria saber sempre, exatamente, qual a susceptibilidade da bactéria, antes de empregar drogas de ação antimicrobiana. No entanto, tais resultados normalmente demoram para chegar ao clínico e consomem tempo que, muitas vezes, seria incompatível com qualquer tentativa de reversão de um quadro mórbido. Infecções sistêmicas são classificados como emergências médicas e devem ser tratadas de forma agressiva e eficiente no menor espaço de tempo possível[38, 22, 18, 42, 32].

Na antibioticoterapia empírica racional, utiliza-se a experiência de outros Médicos Veterinários que obtiveram sucesso com determinado protocolo terapêutico, ou conseguiram isolar e testar a sensibilidade de bactérias envolvidas em infecções. Estes dados servem como guia pra a utilização de antibióticos para casos semelhantes em pacientes de mesma espécie animal (ver apêndices). Tal prática já vem sendo realizada há muito tempo pelos médicos e tabelas sugerindo a bactéria e o tratamento de infecções rotineiras podem ser encontradas em quase qualquer livro de clínica médica.

Para algumas espécies de animais domésticos, como é o caso dos cães e gatos, os sinais clínicos em conjunto com os dados laboratoriais hematológicos permitem supor com razoável acurácia qual ou quais são os patógenos envolvidos no processo. Sabe-se, por exemplo, que o protocolo terapêutico de cães septicêmicos deve ser particularmente eficiente contra bactérias Gram-negativas (*Escherichia coli* e *Klebsiella pneumoniae*), Gram-positivas (*Staphylococcus intermedius, Streptococcus* spp e *Enterococcus* spp) e bactérias anaeróbicas (*Clostridium perfrigens*). Para os felinos, a terapia deve ser particularmente eficiente contra bactérias Gram-negativas (*E. coli, K. pneumoniae* e *Salmonella* spp) e contra bactérias anaeróbicas resistentes (*Propionibacterium acnes* e *Bacteroides* spp). Em pacientes septicêmicos com função renal ainda normal, indica-se a utilização de uma combinação de amicacina e ampicilina. Sabe-se, através de dados fornecidos pelos laboratórios de microbiologia da North Carolina State University e da Colorado State University, que nos Estados Unidos, aproximadamente 100% das cepas de *E. coli, K. pneumoniae* e *Staphylococcus intermedius* isolados de cães são sensíveis à amicacina, enquanto 95% a 99% das cepas de *Streptococcus* spp, 75% a 80% das cepas de *Enterococcus* spp e quase todos os Clostrídios são sensíveis à ampicilina. Adicionalmente, a maioria das cepas de *Proteus* spp, *Pseudomonas* spp e *Salmonella* spp isoladas de pequenos animais também são sensíveis à amicacina. O espectro de ação de tal combinação não afetaria apenas enterococos resistentes e bactérias anaeróbicas. Portanto, para cães e gatos septicêmicos, com provável envolvimento de bactérias anaeróbicas, drogas como o metronidazol ou a clindamicina devem ser adicionadas à combinação citada inicialmente[18]. A medicina de animais selvagens tenta caminhar para o mesmo patamar de conhecimento. Utilizar-se das vantagens da antibioticoterapia racional empírica parece ser o caminho correto na medicina de animais domésticos, exóticos ou selvagens. Entretanto, tal decisão deve ser sempre calcada num profundo conhecimento de alguns conceitos fundamentais de anatomia, fisiologia, farmacologia, microbiologia e de clínica médica geral. É extremamente necessário que o Médico Veterinário seja capaz de avaliar, mesmo que subjetivamente, o estado do sistema imune do paciente, o sítio primário da infecção, o tipo de microorganismo mais comumente isolado em infecções do local, o modo de ação dos antibióticos e os efeitos sinérgicos das drogas que pretende utilizar, para que possa obter sucesso no protocolo terapêutico.

Outro fator que deve ser considerado antes de se iniciar o tratamento sem os resultados laboratoriais, é a possibilidade da utilização em combinação futura da droga inicial escolhida pelo Médico Veterinário com aquela droga indicada pelo antibiograma. Sabe-se que os antibióticos bactericidas, como os beta-lactâmicos (penicilinas e cefalosporinas), aminoglicosídeos (gentamicina, amicacina, streptomicina e tobramicina) e fluoroquinolonas (ciprofloxacina, enrofloxacina), oferecem maiores possibilidades sinérgicas de combinação entre si, além de combinações sinérgicas com agentes quimioterápicos como o metronidazol[18].

A escolha racional e criteriosa do(s) antibiótico(s) que iniciará(ão) o protocolo terapêutico empírico é, sem dúvida, fundamental para o sucesso do tratamento. En-tretanto, a identificação rápida do patógeno envolvido e a execução dos testes de susceptibilidade apropriados são medidas indispensáveis [18]. Em um estudo, a tomada de tais medidas de identificação e susceptibilidade resultaram em alteração dos antibióticos empregados inicialmente em 37% dos pacientes[14]. Segundo FORD (1985), ao se iniciar o protocolo racional "empírico" da antibioticoterapia assinamos um contrato imaginário com o paciente, comprometendo-nos a realizar alterações quanto à escolha do antibiótico mais apropriado de acordo com a cultura do patógeno e todos os testes de susceptibilidade.

Cultura do patógeno e testes de susceptibilidade

Curiosamente, em muitas situações, observa-se infecções respondendo perfeitamente bem a uma droga antimicrobiana escolhida empiricamente, mas, no momento em que se recebe a análise de susceptibilidade, observa-se que nesses pacientes os microorganismos seriam resistentes *in vitro* àquela droga. O contrário também é verdadeiro: alguns microorganismos são plenamente susceptíveis a determinados antibióticos *in vitro*, mas quando se utiliza tal droga *in-vivo*, não há resposta adequada.

A explicação para tais fenômenos é que, muitas vezes, os fatores teciduais locais da infecção, como baixo pH, presença de pus, tecido necrótico, restos celulares, pouca disponibilidade de oxigênio, suprimento sangüíneo deficitário e presença de barreiras orgânicas, são condições limitantes que interferem na utilização de qualquer agente antimicrobiano.

A maioria dos testes de sensibilidade *in vitro* está padronizada tomando-se como base as concentrações da droga que podem ser atingidas no plasma. Infelizmente, elas não refletem as concentrações que podem ser alcançadas no sítio de infecção. Também não simulam os fatores locais que podem afetar a atividade da droga e fatores específicos como ausência de capilares fenestrados ou presença de barreiras anatomofisiológicas (como ocorre na próstata, no sistema nervoso central e no globo ocular, principalmente) que, em condições normais, impedem a difusão do antibiótico administrado sistemicamente. Portanto, a determinação da sensibilidade dos microorganismos aos antibióticos, tomando como base a concentração plasmática alcançada é, na melhor das hipóteses, uma ciência inexata[38, 22]. O conhecimento da concentração da droga antimicrobiana no líquido intersticial do tecido envolvido seria um parâmetro muito mais valioso[31].

Um exemplo prático é o da gentamicina, um aminoglicosídeo que utiliza oxigênio para penetrar na bactéria, podendo atuar muito bem *in vitro* contra uma série de bactérias anaeróbias facultativas, como o *Campilobacter* spp e de maneira péssima *in vivo*, devido às condições próprias do local de infecção[18]. Existem inúmeros fatores que influenciam, farmacocineticamente, a atividade antimicrobiana relativa de uma droga, como via de administração, tamanho da molécula do antibiótico, solubilidade lipídica da droga, produção de enzimas bacterianas que inativem antibióticos (beta-lactamases), osmolalidade, ausência de sítios-alvo de ligação de drogas na própria bactéria, difusão tecidual, anaerobiose etc.

Algumas regras básicas para utilização de antibióticos

Desenvolvemos algumas regras básicas aplicadas, rotineiramente, na forma de protocolos terapêuticos destinados para cada tipo de infecção, desde as mais banais até as mais sérias (que representem sérios riscos para a vida do paciente).

• Basicamente, nas infecções rotineiras utiliza-se a antibioticoterapia oral, tanto com drogas bacteriostáticas ou bactericidas, observando a maior probabilidade de susceptibilidade da bactéria frente ao tipo de infecção (tecido afetado e bactéria mais comumente isolada), sem utilizar combinações de fármacos e poucas vezes solicitando-se a cultura do microorganismo ou o antibiograma.

• Nos pacientes imunocompetentes, com infecções brandas, o tratamento é bem sucedido meramente impedindo a multiplicação do patógeno envolvido (efeito bacteriostático)[12].

• Freqüentemente, lança-se mão da análise microscópica de aspirados ou raspados teciduais para posterior análise, utilizando coloração de Wright, ou qualquer coloração do tipo Romanovsky para caracterização morfológica celular e/ou coloração de Gram para a classificação da bactéria (Tabela II). Tais procedimentos rápidos e relativamente simples, podem ser realizados pelos próprios clínicos do ambulatório, e servem de instrumento para melhor direcionar a escolha do agente antimicrobiano a ser utilizado.

Tabela II - Características morfológicas e tintoriais de algumas bactérias comuns na clínica de mamíferos

Patógeno	Coloração	Características Morfológicas
Clostrídios	Gram-positivo	Grandes bastões com endosporos
Estafilococos	Gram-positivo	Cocos em cachos
Estreptococos	Gram-positivo	Cocos em cadeias
Bordetella spp	Gram-negativo	Pequenos bastões e cocobacilos
E.coli	Gram-negativo	Bastões médios
Klebsiella spp	Gram-negativo	Bastões médios
Moraxella spp	Gram-negativo	Pequenos bastões
Neisseria spp	Gram-negativo	Cocos
Pasteurella spp	Gram-negativo	Pequenos bastões e cocobacilos
Proteus spp	Gram-negativo	Bastões médios
Pseudomonas spp	Gram-negativo	Bastões médios
Serratia spp	Gram-negativo	Bastões médios
Actinomyces spp, Nocardia spp	Gram-positivos	Filamentos ramificados

(Modificada de CONLON, 1990; GREENE & FERGUSON, 1990)

• Nos quadros clínicos mais sérios, como septicemia, endocardite bacteriana, quadros de imunossupressão e neutropenia, a droga é sempre administrada por via intravenosa, pois praticamente todas as outras vias podem estar comprometidas por hipotensão, baixa perfusão capilar, vasoconstrição periférica e distúrbios gastro-intestinais. Como o sistema imune em pacientes que possuam infecções severas, geralmente está comprometido, não se pode contar com a remoção de quaisquer microorganismos do sítio da infecção pelos leucócitos; portanto, utilizam-se somente drogas bactericidas[18]. A cultura e o antibiograma devem ser solicitados, no menor intervalo de tempo possível. Emprega-se uma droga antimicrobiana bactericida inicial e, com os resultados em mãos, reformula-se, ou não, o protocolo adotado.

• Sempre que possível, solicita-se ao laboratório os valores de concentração inibitória mínima (CIM), por ser um parâmetro mais quantitativo e útil, em detrimento do teste de difusão de discos em ágar também chamado teste de Kirby-Bauer[29, 32].

• Não recomendamos a utilização de antibióticos para gastroenterites não específicas. Antibióticos só devem ser administrados em casos de danos severos à mucosa entérica, presença de enteropatógenos bacterianos, aderência de vilos, supercrescimento de população bacteriana no intestino delgado e algumas formas de doenças entéricas idiopáticas. Contrariamente ao senso comum no meio médico, a antibioticoterapia não é indicada para o tratamento de rotina de doenças entéricas não específicas agudas ou crônicas[16].

• Outro ponto importante que deve ser considerado antes de se iniciar a antibioticoterapia é que a presença de febre ou alterações na contagem de células brancas não são, *per se*, evidências adequadas de infecção bacteriana. A hipertermia pode ser causada por alterações no sistema imune, neoplasia, reações adversas a drogas, excitação, excercício e temperatura ambiente elevada. Do mesmo modo, a neutrofilia pode ser conseqüência de outras causas além de um processo supurativo[29].

Efeito antibacteriano dos antibióticos

Alguns conceitos básicos de farmacologia e microbiologia devem ser revisados, neste segmento do texto, para que se possa melhor compreender a dinâmica do mecanismo de ação dos agentes antimicrobianos, bem como alguns motivos que possam afetar a eficiência do emprego dos mesmos. Toda vez que administrarmos qualquer antibiótico bactericida a um paciente, tal droga poderá exercer um efeito bactericida (matando o microorganismo), bacteriostático (inibindo o crescimento do microorganismo) ou nenhum efeito sobre o microorganismo. Por outro lado, algumas drogas conhecidas classicamente como bacteriostáticas poderiam exercer efeito bactericida se pudessem atingir concentrações muito altas no sítio de infecção[16, 18]. Há drogas bacteriostáticas que, quando usadas combinadas a outras bacteriostáticas, tornam-se bactericidas (sulfonamidas + diaminopirimidinas). Portanto, quando se utiliza a classificação bactericida ou bacteriostático para antibióticos, é possível encontrar drogas que se encaixam, eventualmente, nas duas categorias[32, 33].

De modo geral, os mecanismos de ação dos antibióticos contra as bactérias são: inibição da síntese protéica afetando as subunidades ribossomais 30 S (tetraciclinas) ou 50 S (cloranfenicol, macrolídeos e lincosamínicos); alteração da síntese protéica de modo letal à bactéria após a ligação com a subunidade ribossômica 30 S (aminoglicosídeos); inibição da síntese de ácidos nucléicos (quinolonas e rifamicinas); inibição do metabolismo intermediário (sulfonamidas, diaminopirimidinas ou sulfonamidas + diaminopirimidinas); síntese de parede celular (beta-lactâmicos, vancomicina e bacitracina) ou interferência no funcionamento normal da membrana celular, provocando um "vazamento" do conteúdo celular (polimixina)[12].

O motivo pelo qual um agente antimicrobiano, independentemente do mecanismo de ação, possa vir a exercer um efeito tanto bacteriostático como bactericida, ou até não exercer efeito algum sobre a bactéria, pode ser facilmente compreendido quando se tem em mente três conceitos farmacológicos fundamentais: 1 - a concentração antibacteriana mínima (CAM), 2 - a concentração inibitória mínima (CIM), 3 - a concentração bactericida mínima (CBM), da droga, no sítio de infecção.

A CAM pode ser definida como a menor concentração da droga que afete, de algum modo, a estrutura bacteriana, a capacidade de crescimento ou ambos. A CIM 90 é a menor concentração da droga (ou a maior diluição) na qual o crescimento bacteriano é inibido em torno de 90%. A CIM 50 é a menor concentração do antibiótico na qual o crescimento é inibido em 50%. A CBM é a menor maior diluição do antibiótico que irá produzir morte de 99, 9% da população de bactérias[32]. Existem sistemas disponíveis no comércio (importadoras) para a determinação de valores de CIM, como o E test (AB Biodisk)[35].

A relação entre CIM e CBM varia de acordo com a droga. Para algumas drogas, a A CBM é apenas levemente superior à CIM, tornando-se possível de se administrar doses altas o suficiente, para matar as bactérias envolvidas. Tais drogas são normalmente denominadas bactericidas.

Para drogas como a eritromicina, lincomicina, tetraciclinas e cloranfenicol, a CBM é muito maior que a CIM, portanto, para que concentrações bactericidas de tais drogas fossem atingidas no tecido haveria grande risco de toxicidade ao organismo. Tais drogas são utilizadas numa dose bacteriostática, mesmo que para algumas o mecanismo de ação seja bactericida em doses mais altas[31]. Portanto, para um antibiótico poder ser considerado bactericida a relação entre a CBM e a CIM não deve ser menor do que quatro ou seis [32]. Os valores de CAM, CIM e CBM são geralmente expressas em µg/ml (Tabela III).

Tabela III - Concentração inibitória mínima* de alguns antibióticos (CIM 90) para patógenos que freqüentemente causam infecções no trato urinário

Droga	E.coli	Staph.spp	Strep. spp	Klebs. spp	Kleb.pneum.	Pseud. aerug
Amoxic.	>256	32	< 1	128	128	>512
Cefadroxil	128	< 1	16	128	128	>512
Amox.+ Ac.clav	32	< 1	<1	32	32	>512
TMP+Sulfa	32	16	>32	4	4	>32
Gentamicina	8	4	>8	4	4	>32
Amicacina	< 2	4	>32	< 2	< 2	32
Enrofloxacina	< 0,03	0,5	4	< 0,03	< 0,03	1
Ciprofloxacina	< 0,03	0,5	4	< 0,03	< 0,03	0,12

(Segundo AUCOIN, 1990)

* valores em µg/ml

Os antibióticos que são eficientes contra uma grande variedade de bactérias Gram-positivas e Gram-negativas são classificados como de amplo espectro de ação. As tetraciclinas, cloranfenicol, cefalosporinas e aminopenicilinas são considerados antibióticos deste tipo. Os antibióticos de espectro de ação estreito são aqueles que atuam somente contra poucos grupos de bactérias. O espectro de alguns antibióticos pode ser tão limitado que a droga só atua contra uma ou duas bactérias. Por exemplo, a rifampicina, basicamente, é utilizada para tratar a tuberculose e a espectinomicina é utilizada somente para tratar gonorréia causada por cepas de *Neisseria gonorrhoeae*, resistentes à penicilina em pacientes humanos.

As bactérias, por sua vez, podem ser resistentes, pouco susceptíveis ou verdadeiramente susceptíveis à ação de um antibiótico. É importante também lembrar que a resistência ao agente antimicrobiano não está ligada à virulência da bactéria[31].

Farmacocinética dos antibióticos nos tecidos

A absorção dos antibióticos, assim como de qualquer droga, é influenciada pela formulação do medicamento, fluxo sangüíneo no local de absorção e propriedades bioquímicas da droga, como solubilidade na água ou em lipídeos.

A chamada biodisposição pode ser definida como a quantidade e proporção do antibiótico que tem acesso à circulação sistêmica após a administração. A biodisposição é muito influenciada por fatores que afetam a absorção, tais como excessivo metabolismo entérico ou hepático da droga antes de chegar à circulação.

Vários fatores influenciam o volume de distribuição e a eficiência dos antibióticos nos tecidos. Por muitos anos, acreditou-se que a concentração plasmática do antibiótico deveria exceder a CIM durante o intervalo das administrações da droga. Hoje sabe-se que tal afirmação não é verdadeira por duas razões: (1) A concentração de um antibiótico no plasma não reflete a concentração presente no tecido. Para ilustrar, a concentração de penicilina encontrada nos tecidos é de aproximadamente 20% da concentração plasmática. Drogas mais lipossolúveis como cloranfenicol, macrolídeos e tetraciclinas atingem concentrações teciduais de até 65% da concentração plasmática; (2) Muitos antibióticos exercem efeitos antibacterianos prolongados após o contato com a bactéria, mesmo quando em concentrações abaixo da CIM. Tal fenômeno pode ser denominado efeito pós-antibiótico e pode ser observado com aminoglicosídeos e fluoroquinolonas. Testes indicam que o efeito pode durar de uma a três horas *in vitro* e mais do que 12 horas *in vivo* [31, 40].

Sabe-se, atualmente, que para um antibiótico exercer efeito antibacteriano desejado há a necessidade de que sua concentração seja superior a CIM no local da infecção. Entretanto, não precisa ser sempre superior a CIM durante o período que corresponde ao intervalo das doses. Existe uma inter-relação entre o tipo de bactéria envolvida (Gram-positiva ou negativa), o antibiótico a ser utilizado e a CIM que deve ser atingida. Por exemplo, se utilizarmos um antibiótico beta-lactâmico para combater uma infecção gerada por uma bactéria Gram-negativa, precisaríamos manter a concentração local de antibiótico acima da CIM por mais tempo do que para uma bactéria Gram-positiva. Para aminoglicosídeos, o importante é alcançar uma concentração bactericida no local da infecção que pode vir a cair logo em seguida abaixo da CIM por um período relativamente grande, até a administração seguinte[31].

Geralmente, quando um antibiótico bactericida clássico (como os aminoglicosídeos) é utilizado e atinge uma concentração de quatro a oito vezes a CIM intermitentemente no sítio de infecção, obtém-se a morte do agente bacteriano e cura clínica[31, 32].

A concentração de um antibiótico em um dado tecido é muito influenciada pela duração e magnitude do pico de concentração plasmática alcançado. Os altos picos de concentração favorecem a passagem da droga do sangue para o tecido [31].

Antibióticos que possuam grande afinidade para a ligação com proteínas plasmáticas atingem concentrações teciduais mais baixas do que as drogas com pouca afinidade a proteínas, uma vez que a ligação protéica impede a saída da droga do sangue em direção ao tecido. Da mesma forma, drogas com altos índices de ligação a tecidos atingem maiores concentrações no local da infecção[31].

Drogas que possuem alta solubilidade lipídica (cloranfenicol, macrolídeos e tetraciclinas) penetram melhor nas membranas celulares e são muito indicadas para o tratamento de infecções no sistema nervoso central, próstata e globo ocular. Os capilares de praticamente todos os mamíferos possuem fenestras grandes o suficiente para permitir a passagem de substâncias de peso molecular de até 1.000 Da, como é o caso da maioria dos antibióticos. Os leitos capilares do SNC, próstata e globo ocular não são fenestrados e, portanto, impedem que as drogas os atravessem, em condições normais, a não ser que sejam bastante lipossolúveis[6].

Segundo Le FROCK *et al.*, 1984 em certas doenças pode haver um maior poder de penetração de antibióticos em tecidos onde, normalmente, não penetrariam, como é o caso da boa penetração da penicilina nas meninges em pacientes com meningite.

Os tecidos com fluxo sangüíneo pobre, como algumas áreas de tecido conjuntivo, valvas cardíacas e tecidos necróticos, não permitem, de modo geral, que o antibiótico atinja concentrações adequadas nos mesmos.

O choque e a desidratação resultam em perfusão sangüínea pobre e, conseqüentemente, baixa penetração do antibiótico nos tecidos. Da mesma forma, barreiras como cápsulas, fibrina, e tecido cicatricial diminuem a penetração de antibióticos em abscessos e tecidos infectados. De modo geral, todos os antibióticos têm certa dificuldade em atravessar fibrina e entrar em abscessos[31].

Em termos gerais, pode-se afirmar que a eficiência de um determinado antibiótico depende do grau de susceptibilidade da bactéria invasora, concentração da droga atingida no local da infecção, estado patofisiológico do paciente, severidade da infecção e utilização de protocolos terapêuticos de suporte, como drenagem de abscessos e remoção de tecidos necróticos.

A maioria dos antibióticos consiste em bases ou ácidos orgânicos fracos e existe em solução tanto na forma ionizada como não ionizada. A última costuma ser lipossolúvel e pode difundir-se prontamente através de membranas celulares para alcançar a mesma concentração de equilíbrio do outro lado. A metade ionizada praticamente não penetra as membranas, em decorrência de sua baixa lipos-solubilidade. O grau de ionização de um eletrólito orgânico depende do valor de pKa e do pH do ambiente. O valor de pKa, o logaritmo negativo da constante de ionização acídica (ou dissociação), é constante para ácidos ou bases[39].

Para um ácido: % ionizada = 100 / 1+ antilog (pKa - pH)

Para uma base: % ionizada = 100 / 1+ antilog (pH - pKa)

O volume de distribuição de um antibiótico é um parâmetro farmacocinético que indica a quantidade da droga que foi distribuída nos tecidos após a administração e pode ser dado pela fórmula[20]:

Volume de distribuição = Quantidade do antibiótico administrado
Concentração plasmática do antibiótico

Drogas que são muito hidrossolúveis ou com grande tendência de se ligarem a proteínas plasmáticas tendem a permanecer na circulação, resultando em alta concentração plasmática e baixo volume de distribuição.

Tecidos moles em geral

Em um modelo experimental, realizado em animais saudáveis, após a administração de vários antibióticos, a razão da concentração da droga no tecido em relação ao plasma foi maior nos órgãos com maior quantidade de fluido extracelular (ex: pulmões e fígado). De modo geral, na presença de inflamação tecidual, a concentração do antibiótico na maioria dos tecidos tende a ser mais alta[31]. Entretanto, segundo SCHENTAG (1984), a influência de diferentes doenças na disposição tecidual dos antibióticos ainda não está completamente estabelecida e merece ser melhor estudada no futuro.

Trato urinário

Altas concentrações de antibiótico são quase sempre alcançadas na urina porque a mesma representa a maior rota de eliminação de antibióticos, sendo que a maioria deles é concentrada pelos túbulos renais[31]. Entretanto, apesar de que muitas drogas atingem altas concentrações na urina, a eliminação completa dos patógenos que mais comumente causam infecções no trato urinário, muitas vezes, necessita de antibióticos com espectro de ação amplo ou específico. As bactérias mais comumente isoladas nas infecções do trato urinário de cães e gatos são predominantemente coliformes Gram-negativos, sendo *E.coli* a bactéria mais predominante, correspondendo a 60 - 70% dos casos; *Proteus mirabilis e Klebsiella pneumoniae*, juntas correspondendo a 20 - 25% dos casos; *Staphylococcus* spp, que corresponde a 10 - 20% dos casos; além de estreptococos do grupo D, *Pasteurella* spp, *Pseudomonas aeruginosa*[4].

Geralmente, para o tratamento de infecções do trato urinário, as drogas que melhor apresentam sucesso terapêutico são: sulfonamidas, sulfonamidas com trimetoprim, fluoroquinolonas, amoxicilina com ácido clavulânico, ampicilina e antissépticos do trato urinário, por um período de tratamento de 10 dias, na maioria dos mamíferos[4; 26].

A pielonefrite crônica deve ser tratada por, pelo menos, 6 semanas com um antibiótico que posssua boa capacidade de penetração tissular (ex: cloranfenicol e fluoroquinolonas)[16].

Ossos e articulações

As membranas capilares dos ossos não representam uma barreira significante e são prontamente atravessadas por penicilinas, cefalosporinas e aminoglicosídeos (gentamicina)[33]. As fluoroquinolonas (enrofloxacina, ciprofloxacina) e a clindamicina também parecem atingir boas concentrações no tecido ósseo[10, 43, 10]. Os mecanismos de difusão do antibiótico para o tecido ósseo parecem não ser afetados por processos infecciosos como a osteomielite. Na verdade, um estudo mostra que a difusão dos antibióticos é, até, maior em ossos infectados por bactérias[38]. Níveis mais altos de cefalosporinas são encontrados em animais com inflamação óssea do que em animais normais[33]

Nas articulações, os antibióticos também penetram com certa facilidade, uma vez que não há uma membrana basal que impeça que as drogas penetrem no espaço sinovial. Em humanos, os antibióticos via de regra atingem boas concentrações articulares em condições inflamatórias ou em condições normais[27]. Como em outros tecidos, a presença de pus e fibrina diminui o poder de penetração e inativa muitos antibióticos[10].

Sistema nervoso central

No sistema nervoso central (SNC), a penetrabilidade de algumas drogas é comprometida pela barreira hemato-encefálica e pela barreira hemato-liquórica. A barreira hemato-encefálica consiste de capilares cerebrais que possuem células endoteliais com fortes complexos juncionais intercelulares, uma membrana basal endotelial não fenestrada e da membrana dos astrócitos. A barreira hemato-liquórica consiste das células endoteliais dos capilares fenestrados do plexo coróide, da respectiva membrana basal e do epitélio do plexo coróide, compostos por células com fortes complexos juncionais que restringem a passagem de compostos do sangue para o SNC. As células da glia parecem influenciar muito a passagem de drogas para o SNC. A antibioticoterapia eficiente do SNC deve incluir drogas lipossolúveis o bastante para penetrar as células endoteliais dos capilares cerebrais e as células epiteliais do plexo coróide. O cloranfenicol é considerado uma das drogas mais lipossolúveis; mesmo assim, muitas vezes é incapaz de atingir concentrações bactericidas para alguns estafilococos e enterobactérias Gram-negativas no SNC.

As penicilinas e cefalosporinas penetram pobremente o SNC, porque no pH fisiológico são pouco lipossolúveis. Os aminoglicosídeos não penetram bem no líquido cefalorraquidiano. Uma cefalosporina de segunda geração, a cefuroxima, penetra melhor no SNC do que as cefalosporinas de primeira geração. As cefalosporinas de terceira geração são mais lipossolúveis que as outras cefalosporinas e penetram no SNC com maior facilidade. As fluoroquinolonas atingem concentrações baixas no líquido cefalorraquidiano (6 a 10% da concentração sérica)[31, 33]. As tetraciclinas têm melhor solubilidade lipídica do que os aminoglicosídeos e antibióticos beta-lactâmicos. Dentre as tetraciclinas, a doxiciclina distribui-se melhor no SNC do que a tetraciclina ou oxitetraciclina[9].

As combinações de trimetoprim-sulfonamidas atingem concentrações terapêuticas efetivas no SNC (aproximadamente 50% da concentração sérica), podendo ser utilizadas para o tratamento de infecções encefálicas, principalmente pela moderada solubilidade lipídica que apresentam[24, 33]. No entanto, recomenda-se utilizar doses superiores àquelas utilizadas para o tratamento de infecções em outros tecidos[31].

Existem evidências de que há uma maior penetrabilidade das drogas antimicrobianas no SNC quando as meninges estão inflamadas, devido ao comprometimento das barreiras hemato-encefálica e hemato-liquórica. Entretanto, devido à grande variação dos graus de inflamação possíveis no SNC, é impossível generalizar. Deve-se optar sempre pelas drogas mais lipossolúveis nas infecções do SNC[31].

Tabela IV - Penetração dos antibióticos no SNC em pequenos animais

Droga	Penetração no SNC	Espectro de Ação
Penicilina	Intermediária (exceto na meningite)	Gram-positivos, bacteróides, anaeróbios
Ampicilina	Intermediária	Gram-positivos, enterococos, *Pasteurella* spp.
Ticarcilina	Intermediária	*Proteus* spp, *Pseudomonas* spp
Mezlocilina	Intermediária	*Proteus* spp, *Pseudomonas* spp
Cloxacilina, oxacilina	Intermediária a ruim	Gram-positivos
Vancomicina	Intermediária a ruim	Gram-positivos
Cloranfenicol	Boa	Gram-negativos (*Pseudomonas* spp, *Salmonella* spp)
Cefuroxima	Intermediária	Gram-negativos
Cefalosporinas de Terceira Geração	Intermediária a boa	Gram-negativos
Sulfonamidas + TMP	Boa	Pneumococos, meningococos *Listeria* spp, *Haemophilus* spp, *Staphylococcus* spp, Gram-negativos
Metronidazol	Boa	Anaeróbios
Aminoglicosídeos	Ruim	Gram-negativos
Fluoroquinolonas	Ruim	Gram-negativos
Anfotericina B	Ruim	Fungos
Cetoconazole	Intermediário	Fungos

(Modificada de PLUMB, 1991; FENNER, 1995)

Aparelho reprodutor

Segundo ARONSON & KIRK (1983), para que um antibiótico atinja concentração terapêutica eficiente no útero deve ter boas propriedades de difusão tecidual como é o caso do cloranfenicol, das sulfonamidas combinadas a uma diaminopirimidina e da lincomicina. ALLEN *et al.* (1993), também recomendam para o tratamento das infecções do trato reprodutivo, como vaginite, piometra e metrite, drogas mais lipofílicas, como o cloranfenicol. Teoricamente, a concentração uterina de uma droga que seja um ácido fraco (ex: penicilinas, sulfonamidas e cefalosporinas) será maior em um paciente com endometrite do que em animais saudáveis[29].

Muito se discute a respeito da administração de antibióticos por via intra-uterina. Sabe-se que após a administração intra-uterina, concentrações maiores são antingidas no útero (principalmente na mucosa ao redor do lume), entretanto, atinge-se concentrações menores em outros tecidos do trato genital. A administração sistêmica da droga proporciona concentrações adequadas em todos os tecidos genitais, inclusive na mucosa uterina[29].

Próstata

Existe, também, uma barreira hemato-fluido-prostática composta pela membrana bilipídica do epitélio da próstata. As infecções prostáticas representam um desafio para o clínico, tanto pelo diagnóstico da doença como pela escolha do antibiótico mais adequado. Curiosamente, o tecido prostático é capaz de produzir uma substância antibacteriana, um polipeptídeo, que possui o elemento zinco, também conhecido como fator antibacteriano prostático (FAP), que possui boa ação contra organismos entéricos Gram-negativos.

As únicas drogas capazes de se difundir na próstata são aquelas mais lipossolúveis e com baixo índice de ligação às proteínas plasmáticas. Os antibióticos utilizados devem ser capazes de atravessar os ácidos prostáticos, como o cloranfenicol, por exemplo. As fluoroquinolonas também penetram bem o tecido prostático e sistema reprodutivo de modo geral. Se o microorganismo causador da infecção prostática for Gram-positivo, recomenda-se a utilização de cloranfenicol, eritromicina, clindamicina ou trimetoprim/sulfonamida. Se a bactéria for Gram-negativa, recomenda-se enrofloxacina, cloranfenicol ou trimetoprim/sulfonamida (Tabela V).

Devido às diferenças de pH do líquido prostático humano (alcalino) em relação ao canino (mais ácido), a capacidade de penetração dos antibióticos, como a das fluoroquinolonas, difere nas duas espécies[33, 8, 12].

As prostatites devem ser tratadas com antibióticos apropriados por longos períodos (3 a 6 meses) em pequenos animais[4].

Tabela V - Penetração dos antibióticos na próstata de cães

Antibiótico	Penetração no tecido prostático
Cloranfenicol	Boa
Macrolídeos	Boa
Tetraciclinas	Limitada
Oxitetraciclina	Ruim
Norfloxacina e ciprofloxacina	Razoável (melhor em humanos que em animais)
Rosoxacina	Ruim
Cinoxacina	Ruim
Cefalosporinas	Ruim
Penicilinas naturais	Ruim
Hetacilina	Boa
Carbecilina	Boa
Trimetoprim	Boa
Trimetoprim/Sulfonamida	Razoável

(Segundo BARSANTI & FINCO, 1995)

Globo ocular

Devido às particularidades anatômicas do globo ocular, existem várias barreiras para a difusão de antibióticos. No que tange à penetrabilidade de drogas, infecções severas do globo tomam características de verdadeiros abscessos. As alterações bioquímicas e as altas densidades bacterianas presentes nas endoftalmites prejudicam muito a eficiência dos antibióticos[6].

Na córnea, por ser um tecido avascular, a antibioticoterapia administrada por via tópica é superior à sistêmica. Entretanto, o epitélio da córnea possui complexos juncionais que servem de barreira para a passagem de antibióticos não lipossolúveis para o estroma. Tal obstáculo pode ser parcialmente contornado pela administração de drogas hidrossolúveis, não muito lipossolúveis, em concentrações altíssimas e em intervalos pequenos (ex: tobramicina e gentamicina). Vale lembrar que a passagem de antibióticos é facilitada na presença de úlceras de córnea, situação em que a barreira epitelial está parcialmente comprometida[6].

As injeções subconjuntivais podem proporcionar altas concentrações de antibióticos na córnea, porque boa parte da droga é difundida diretamente para o estroma após a injeção. Contudo, a maioria das úlceras de córnea pode ser tratada apenas pela administração tópica de antibióticos, deixando a administração pela via subconjuntival para agentes antimicrobianos específicos em pacientes com infecções que apresentam resistência a outras drogas[6].

Existem barreiras que impedem a penetração de antibióticos no segmento posterior do globo ocular, principalmente entre o sangue e o humor vítreo, devido à ausência de capilares fenestrados. Algumas drogas como cloranfenicol, rifampicina e metronidazol são lipossolúveis e penetram nas barreiras oculares, mas apresentam algumas limitações, principalmente quanto ao espectro de ação ou porque são potencialmente tóxicas ao paciente. As drogas de modo de ação bactericida mais comumente empregadas na clínica médica geral como cefalosporinas e aminoglicosídeos são hidrossolúveis e não muito lipossolúveis. De modo geral, a administração de qualquer antibiótico pela via sistêmica não proporciona níveis adequados do medicamento no humor vítreo. Do mesmo modo, os antibióticos não penetram bem no humor vítreo após a administração tópica, porque as drogas têm que atravessar o epitélio da córnea, o estroma e a úvea anterior. Tendo em vista a pobre penetração no humor vítreo pelos antibióticos administrados por qualquer via extra-ocular, é consenso entre os oftalmologistas "humanos" que as injeções intra-vitreanas constituem, ainda, a melhor via de administração de antibióticos no tratamento de endoftalmites bacterianas[6].

Tabela VI - Penetração intra-ocular de alguns antibióticos (em condições normais)

	Via de Administração		
Antibiótico	Sistêmica	Tópica	Subconjuntival
Ampicilina	+	+	+++
Cloranfenicol	+++	+++	++++
Eritromicina	+	+	++
Gentamicina	+	+	++
Kanamicina	+	+	++
Polomixina	+	++	+++
Neomicina	+	++	++
Penicilina G	+	++	+++
Tetraciclinas	++	++	+

(Segundo PRESCOTT & BAGGOT, 1988)

Eliminação dos antibióticos

A eliminação dos antibióticos ocorre, principalmente, por excreção biliar e urinária (tabela VII). As enzimas que metabolizam antibióticos são sujeitas à regulação. Por exemplo, a atividade das enzimas microssomais hepáticas é reduzida pelo metabolismo do cloranfenicol ocasionando uma redução na eliminação de outras drogas como anestésicos e barbitúricos.

A excreção urinária de algumas drogas pode ser modificada também. A probenecida pode diminuir a excreção urinária de muitas drogas ácidas inibindo a secreção tubular. O pH urinário também pode afetar a eliminação de antibióticos. A alcalinização da urina aumenta a solubilidade e eliminação de muitas drogas ácidas. Finalmente, a eliminação de antibióticos pode variar grandemente em pacientes com insuficiênia renal, hepática ou cardíaca[20].

Tabela VII - Principais vias de eliminação dos antibióticos

Antibióticos eliminados principalmente pelo fígado	Antibióticos eliminados principalmente pelos rins
Cefoperazona	Aminoglicosídeos
Cloranfenicol	Aztreonam
Clindamicina	Cefalosporinas (menos a cefoperazona)
Doxicilina	Imipenema
Eritromicina	Fluoroquinolonas
Metronidazol	Penicilina e maioria dos derivados
Nafcilina	Trimetoprim
Rifampicina	Tetraciclinas
Sulfametoxazol	Vancomicina

(Segundo REESE & BETTS, 1995)

Referências Bibliográficas

1. Allen, D.G.; Pringle, J.K.; Smith, D.: Handbook of Veterinary Drugs, pg. 1-687, J.B. Lippincott Company, Philadelphia, PA, 1993.
2. Anderson, D.M.: Dorland's Illustrated Medical Dictionary; 28th ed.; pg. 1-1939; W.B. Saunders Company, Philadelphia, PA; 1994.
3. Aronson, A.L., Kirk, R.W.: Antimicrobial drugs. In: Ettinger, S.J.: Textbook of Veterinary Internal Medicine. Diseases of the dog and cat, pg. 338-366, W.B. Saunders Company, Philadelphia, PA, 1983
4. Aucoin,D.P.: Rational Approaches to the Treatment of First Time, Relapsing and Recurrent Urinary Tract Infections. In: Wilcke, J.R.: Problems in Veterinary Medicine. Clinical Pharmacology, vol. 2, pg. 290-297, J.B. Lippincott Company, Philadelphia, PA, 1990.
5. Aucoin, D.P.: Target. The Antimicrobial Reference Guide to Effective Treatment. First Edition, pg. 1-161. North American Veterinary Compendiums Inc, Port Huron, MI, 1993.
6. Axelrod, J.; Daly, J.S.; Glew, R.H.; Barza, M. & Baker, A.S.: Antibacterials. In: Albert D.M. & Jakobiec, F.A.: Principles and Practice of Ophthalmology. Basic Sciences; pg. 940-961, W.B. Saunders Company, Philadelphia, PA, 1994.
7. Baggot, J.D: Distribuição, metabolismo e eliminação das drogas no organismo. In: Booth, N.H. & McDonald, L.E.: Farmacologia e Terapêutica em Veterinária, pg. 29-55, Guanabara Koogan, Rio de Janeiro, RJ, 1992.
8. Barsanti,J.A. & Finco, D.R.: Prostatic diseases. In: Ettinger, S.J. & Feldman, E.C.: Textbook of Veterinary Internal Medicine, 4th ed., vol. 1, pg. 1662-1684; W.B. Saunders Company, Philadelphia, PA; 1995.

9. Barza M.; Brown R.B.; Shanks C.; Gamble C.; Weinstein L.: Relation between lipophilicity and pharmacological behavior of minocyclina, doxicilina, tetraciclina and oxitetraciclina in dogs. Antimicrobial Agents and Chemotherapy, v. 8, pg. 713-720, Washington, DC, 1975.
10. Braden T.D.; Johnson, C.A.; Wakenell P. et al.: Efficacy of clindamycin in the treatment of *Staphylococcus aureus* osteomyelitis in dogs. Journal of the American Veterinary Medical Association, pg. 1721-1725, 192 , Schaumburg, IL, 1988.
11. Bryant R.E.: Effect of the suppurative environment on antibiotic activity. In: Root R.K.; Sande, M. A.: New Dimensions in Antimicrobial Therapy, pg.313-337; Churchill Livingstone, New York, NY, 1984.
12. Chambers, H. F. & Sande, M.A.: Antimicrobial agentes. The Aminoglicosides. In: Hardman, J.G. & Limbird, L.E.: Goodman and Gilman's The Pharmacological Basis of Therapeutics, 9th ed., pg. 1103-1121; International Edition, New York, NY; 1996.
13. Daly, R.C.; Fitzgerald R.H.; Washington J.A.: Penetration of cefazolin into normal and osteomyelitic canine cortical bone. Antimicrobial Agents and Chemotherapy, v.22, pg.461-469, Washington, DC, 1982.
14. Dow, S.W. *et al.*: Central nervous system toxicosis associated with metronidazole treatment of dogs: 5 cases (1984 - 1987). Journal of the American Veterinary Medical Association, pg. 365-368, vol. 195 , Schaumburg, IL, 1989.
15. Fenner, W.R.: Diseases of the brain. In: Ettinger, S.J. & Feldman, E.C.: Textbook of Veterinary Internal Medicine, 4th ed., vol. 1, pg. 578-629; W.B. Saunders Company, Philadelphia, PA, 1995.
16. Ferguson, D.C.; Lappin, M.R.: Antimicrobial Therapy. In: Small Animal Medical Therapeutics, pg. 457-478, J.B. Lippincott Company, Philadelphia, PA, 1992.
17. Ford, R.: How to treat respiratory tract infections. Selection and use of antimicrobials. SmithKline Beecham Managing Microbes Symposium. The North American Veterinary Conference; Video Collection, set 3, tape 1; Veterinary Learning Systems Co., Inc., Trenton, NJ, 1995.
18. Garvey, M: How to treat systemic infections. SmithKline Beecham Managing Microbes Symposium. The North American Veterinary Conference; Video Collection, set 3, tape 2; Veterinary Learning Systems Co., Inc., Trenton, NJ, 1995.
19. Greene, C.E. & Ferguson, D.C.: Antibacterial Chemotherapy. In: Greene, C.E.: Infectious Diseases of The Dog and Cat; pg.461-497; W.B. Saunders Company, Philadelphia, PA; 1990.
20. Hardie, E.M.: Sepsis Versus Septic Shock. In: Murtaugh, R.J.; Kaplan, P.M.: Veterinary Emergency and Critical Care Medicine, pg. 176-193, Mosby-Year Book, Inc., St. Louis, Missouri, 1992.
21. Irwin, R.P. & Nutt, J.G.: Principles of neuropharmacology: I. Pharmacokinetics and pharmacodynamics. In: Klawans, H.L.; Goetz,C.G. & Tanner, C.M.: Textbook of Clinical Neurpharmacology and Therapeutics, 2nd ed., Raven Press, New York, NY, 1992.

22. Kapusnik-Uner, J.E.; Sande, M. A. & Chambers, H.F.: Antimicrobial Agents. Tetracyclines, Chloramphenicol, Erytromycin and Miscellaneous Antibacterial Agents. In: Hardman, J.G. & Limbird, L.E.: Goodman and Gilman's The Pharmacological Basis of Therapeutics, 9th ed., pg. 1123-1153; International Edition, New York, NY, 1996.
23. Ketchum, P.A.: Microbiology Concepts and Applications, pg. 1 -795, John Wiley and Sons, USA, 1988.
24. Levitz, R.; Quintiliani, R.: Trimethropim-sulfamethoxazole for bacterial meningitis. Annals of Internal Medicine, v. 100, pg. 881-886, Philadelphia, PA, 1984.
25. Loeb,S.: Physician's Drug Handbook, 5th ed., pg. 817-820; Springhouse Corporation, Springhouse, PA, 1993.
26. Mandell,G.L.; Douglas Jr & Bennett, J.E.: Princípios e Prática de Doenças Infecciosas. Manual de Tratamento Antimicrobiano; pg.1-147; Livraria Editora Artes Médicas Ltda, 1992.
27. Mielants, H.; Dhondt, E.; Goethals L.; Verbuggen G.; Veys E.: Long-term functional results of the non-surgical treatment of common bacterial infections of joints. Scandinavian Journal of Rheumatology, v.11, pg. 101-105, Stockholm, Sweden, 1982.
28. Ott, R.S.: The Efficacy of Uterine Treatment with Antimicrobial Drugs, pg. 39-44. In: Morrow, D.A.: Current Therapy in Theriogenology 2, W.B. Saunders Company, Philadelphia, PA, 1986.
29. Pachaly, J. R. & Brito, H. F. V.: Emprego da extrapolação alométrica na definição de protocolos anestesiológicos individuais para animais selvagens. XV PANVET. Campo Grande, Mato Grosso do Sul - 25 de outubro de 1996.
30. Papich, M.G.: Tissue Concentration of Antimicrobials. In: Wilcke, J.R.: Problems in Veterinary Medicine. Clinical Pharmacology, vol. 2, pg.312-328, J.B. Lippincott Company, Philadelphia, PA, 1990.
31. Papich, M.G.: Tissue Concentration of Antimicrobials. In: Wilcke, J.R.: Problems in Veterinary Medicine. Clinical Pharmacology, vol. 2, pg.312-328, J.B. Lippincott Company, Philadelphia, PA, 1990.
32. Papich,M.: Clinical pharmacology and selection of antimicrobial drugs. Selection and use of antimicrobials. SmithKline Beecham Managing Microbes Symposium. The North American Veterinary Conference; Video Collection, set 3, tape 1; Veterinary Learning Systems Co., Inc., Trenton, NJ, 1995
33. Plumb, D.C.: Veterinary Drug Hanbook. Pharma Vet Publishing and Veterinary Software Publishing, White Bear Lake, MN, 1991.
34. Prescott, J.F. & Baggot, J.D.: Terapêutica antimicrobiana veterinária, pg. 1- 414, Editorial Acribia, S.A, Zaragoza, Spain, 1988.
35. Quinn, P.J.; Carter, M.E.; Markey, B. & Carter, G.R.: Clinical Veterinary Microbiology, pg. 497-628; Mosby-Year Book Europe Limited, London, UK, 1994.
36. Raef, T.A. & Dunham, B. M.: Flexible labeling, streamlined drug approval advocated at workshop. Journal of The American Veterinary Medical Association; July, Vol.207, Nr.1, Schaumburg, IL, 1995.

37. Reese, R.E. & Betts, R.F.: Manual de Antibióticos, segunda edição, 633 pg., tradução de Penildon Silva, MEDSI, Editora Médica e Científica Ltda., Rio de Janeiro, RJ, 1995.
38. Sande, M.A; Kapusnik-Uner, J.E. & Mandell, G.L.: Chemotherapy of Microbial Diseases. In Gilman, A.G.; Rall, T.W.; Nies, A.S. & Taylor, P.: Goodman and Gilman's The Pharmacological Basis of Therapeutics, 8th ed., pg. 1018-1046; Pergamon Press, New York, NY; 1990.
39. Schentag, J.S.: Antimicrobial kinetics and tissue distribution: Concepts and Applications. In: Ristuccia A.M.; Cunha, B.A.: Antimicrobial Therapy, pg. 81-93, Raven Press, New York, NY, 1984.
40. Spreng M.; Deleforge J.; Thomas V.; Boisrame B.; Drugeon H.: Antibacterial activity of marbofloxacin. A new fluoroquinolone for veterinary use against canine and feline isolates. Journal of Veterinary Pharmacology and Therapeutics; vol. 18: 4, pg. 284-289, 1995.
41. Tavares, W.: Manual de Antibióticos, terceira edição, pg. 1-374, Livraria Atheneu, RJ, 1986.
42. Vaden, S.L. & Papich, M.G.: Empiric Antibiotic Therapy. In: BONAGURA, J.D.: Kirk's Current Veterinary Therapy XII - Small Animal Practice, pg. 276-286, W.B., Saunders, Philadelphia, PA, 1995.
43. Waldvogen, F.A.: Use of quinolones for treatment of osteomyelitis and septic arthritis. Reviews of Infectious Diseases, pg. 1259-1263, 11, Chicago, IL, 1989.

Capítulo II
Classes de Antibióticos

Fabiano Montiani Ferreira

Antibióticos Beta-lactâmicos

O homem teve conhecimento da penicilina pela primeira vez em 1928, devido às famosas observações de Alexander Fleming sobre um fungo, pertencente ao gênero *Penicillium* spp que, ao contaminar uma das culturas de estafilococos que estudava, produziu lise das bactérias. A penicilina foi então isolada do fungo *Penicillium notatum* em 1929 e introduzida ao uso clínico por FLOREY, CHAIN *et al.*, (1941). Numerosos outros agentes antimicrobianos foram produzidos baseados na estrutura da penicilina natural e ainda constituem drogas amplamente utilizadas na medicina[6].

Todas as penicilinas e derivados possuem uma estrutura básica que consiste de um anel tiazolidínico ligado a um anel beta-lactâmico ao qual está ligada uma cadeia lateral, variável de acordo com a penicilina. Por isso tais fármacos são chamados beta-lactâmicos.

O mecanismo de ação das penicilinas e derivados envolve a ligação da droga a sítios-alvo específicos presentes na grande maioria das bactérias: as proteínas de ligação de penicilinas (PLP). As bactérias podem conter de duas a oito PLPs. Algumas PLPs são peptidases responsáveis pela integridade da parede celular da bactéria. Geralmente as PLP-1, 2 ou 3, essenciais à bactéria, são o principal alvo de ação dos antibióticos beta-lactâmicos. Após a ligação da droga na PLP ocorre a inibição, por alteração enzimática, da síntese de um peptideoglicano (hexapeptídeo), componente essencial da parede celular das bactérias. As penicilinas e derivados também interferem na ação de outras enzimas envolvidas na síntese da parede bacteriana, como carboxipeptidases, transpeptidases e endopeptidases (efeito bacteriostático). O segundo estágio da ação dos antibióticos beta-lactâmicos é fundamentalmente bactericida iniciando-se no momento em que há ativação das enzimas autolíticas das bactérias[58, 74, 32]. As cefalosporinas inibem a síntese da parede celular de modo muito semelhante ao das penicilinas[59].

Muitos microorganismos são intrinsecamente resistentes aos antibióticos beta-lactâmicos, devido a diferenças estruturais nas PLP's. Além disso, é possível que uma determinada cepa de bactéria adquira resistência através de mutação da sua estrutura. Algumas bactérias Gram-positivas e negativas podem hidrolisar o anel beta-lactâmico estrutural dos antibióticos derivados da penicilina, por meio de enzimas chamadas beta-lactamases, ou penicilinases e cefalosporinases. Geralmente as beta-lactamases produzidas por bactérias Gram-negativas são cefalosporinases. Tais enzimas podem transformar a penicilina e seus derivados em uma forma inativa, o ácido penicilóico. As bactérias *E. coli*, *Haemophilus* spp, *Klebsiella* spp, *Pasteurella* spp, *Proteus* spp, *Pseudomonas* spp e *Salmonella* spp são comumente produtoras de beta-lactamases. Nas bactérias Gram-negativas a enzima beta-lactamase localiza-se no espaço periplasmático, entre a membrana externa e interna, numa localização estratégica para a proteção da bactéria, porque as enzimas envolvidas na síntese de parede celular encontram-se na superfície externa da membrana interna[58, 71]. Uma característica importante das beta-lactamases é a capacidade que têm de liberar-se do sítio de ligação de uma molécula de antibiótico, após a destruição do mesmo, e ligar-se a outra molécula para iniciar nova destruição[32].

Outras formas de aquisição de resistência aos antibióticos beta-lactâmicos ainda incluem a ineficiência de um antibiótico não apropriado em penetrar a membrana externa de uma bactéria Gram-negativa e ausência de parede celular em algumas bactérias como ocorre em micoplasmas e bactérias de forma L.

Muitas outras drogas foram desenvolvidas, utilizando somente a estrutura básica da penicilina, nos últimos anos para tentar contornar o problema da resistência bacteriana às penicilinas naturais. Dentre elas, existem as aminopenicilinas, penicilinas anti-pseudomonas, penicilinas beta-lactamase resistentes e penicilinas aumentadas. As penicilinas de espectro de ação aumentado são combinações de aminopenicilinas ou penicilinas anti-pseudomonas com inibidores beta-lactâmicos como o ácido clavulânico e o sulbactam. Os inibidores da beta-lactamase ligam-se irreversivelmente a essa enzima bacteriana, impedindo sua ação sobre o antibiótico. A combinação também tem a propriedade de reduzir a concentração inibitória mínima[72].

De modo geral, podemos definir que os fármacos beta-lactâmicos, penicilinas e derivados, possuem boa ação bactericida e que alguns aspectos farmacológicos como espectro de ação e susceptibilidade à enzima beta-lactamase variam muito de acordo com a droga. A possibilidade de boa absorção oral e estabilidade frente a compostos ácidos também devem ser analisados para cada droga do grupo. Grande parte dos microorganismos anaeróbios são susceptíveis a penicilinas, com exceção dos *Bacterioides fragilis* só sensíveis às penicilinas anti-pseudomonas.

As principais vantagens das penicilinas e derivados são o baixo custo do tratamento, o alto índice terapêutico e a baixa toxicidade[58].

Efeitos colaterais dos antibióticos beta-lactâmicos

Efeitos colaterais são raramente observados em pacientes tratados com antibióticos beta-lactâmicos, sendo as reações alérgicas o efeito mais comumente observado. Eles não são antigênicos, mas podem formar grupo peniciloil, que, ligados a proteínas séricas, são capazes de desencadear reação anafilática. Em cobaias (*Cavia porcellus*), as reações alérgicas à penicilina são observadas freqüentemente[42]. Existe ainda a chance de ocorrer o crescimento exacerbado de bactérias intestinais do tipo *Clostridium* spp, alterando a flora entérica normal do paciente. Vômito, anorexia, erupções cutâneas, salivação, trombocitopenia imuno-mediada (cefalosporinas), salivação, taquipnéia, neutropenia, nefrotoxicidade (cefaloridine) e febre já foram relatados como efeitos colaterais do tratamento com antibióticos beta-lactâmicos[10, 47, 33, 80]. Alguns antibióticos beta-lactâmicos como cefalosporinas e combinações de amoxicilina com ácido clavulâncico podem causar febre alta em gatos[12].

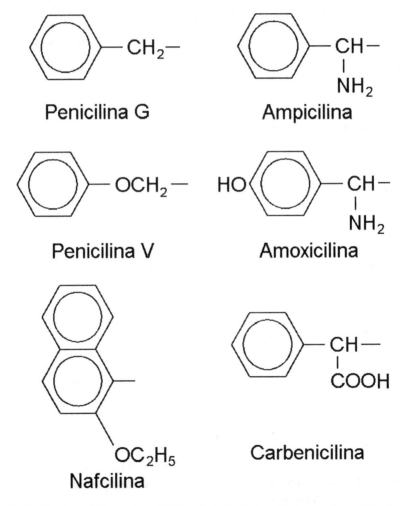

Figura 1 - Estrutura geral das penicilinas. A cadeia lateral é R que varia de penicilina para penicilina. A flecha indica a ligação reativa do anel beta-lactâmico. A ligação é também o sítio de ação da beta-lactamase. O apelido carinhoso da fórmula estrutural das penicilinas é "casa com garagem lateral".

Figura 2 - Cadeias laterais R de seis antibióticos beta-lactâmicos (derivados da penicilina).

Penicilinas Naturais

A penicilina G, ou benzilpenicilina, foi o primeiro antibiótico introduzido na medicina e pode ser considerado como um antibiótico beta-lactâmico básico. Também é classificada como penicilina natural por ser produzida naturalmente pelo *Penicilum notatum* e *Penicilum chrysogenum*. As benzipenicilinas são ativas contra a maioria dos organismos Gram-positivos aeróbicos, sendo até mais ativas do que algumas penicilinas semi-sintéticas contra cocos Gram-positivos. A grande desvantagem da penicilina G é sua ineficiência contra a maioria dos cocos Gram-negativos e sua impossibilidade de absorção oral. As penicilinas naturais são consideradas antibióticos de espectro de ação estreito, sendo facilmente inativadas pela beta-lactamase. Não penetram a superfície externa da parede celular da bactéria, portanto são ineficientes contra bacilos Gram-negativos. Podem ser utilizadas nas infecções estreptococais, gonocócicas e treponêmicas[59]. A dosagem das penicilinas G, geralmente, são expressas em Unidades Internacionais (UI), sendo que 1mg de penicilina G potássica equivale a 1.440-1.680 UI, 1mg da penicilina G sódica equivale a 1.500-1.750 UI, 1mg da penicilina G procaína equivale a 900-1.050 UI e 1mg da penicilina benzatina equivale a 1.090-1.272 UI[75].

A penicilina V é considerada por alguns como uma penicilina semi-sintética, outros a incluem na lista das penicilinas naturais. De qualquer modo, uma vantagem da penicilina V é a possibilidade de administração por via oral, devido à sua resistência aos ácidos gástricos[59].

Aminopenicilinas

Com o isolamento do ácido 6-amino penicilânico (6-APA), na Grã-Bretanha, em 1959, os cientistas puderam produzir derivados da penicilina, inserindo diferentes radicais, ou grupamentos R na cadeia 6-APA. Algumas das chamadas penicilinas semi-sintéticas são resistentes aos ácidos gástricos, sendo outras resistentes até à ação de beta-lactamases.

A ampicilina e amoxicilina (derivado hidroxilado da ampicilina) são antibióticos aminopenicilínicos similares à penicilina G, mas com a adição do grupamento amina à sua estrutura. Tal fato potencializa a entrada do antibiótico na camada externa das bactérias Gram-negativas, ampliando o espectro de atividade contra bactérias Gram-negativas aeróbicas, que não sofrem ação das penicilinas naturais ou das penicilinas penicilinase-resistentes. Possuem alguma ação contra bactérias anaeróbicas, principalmente contra clostrídios. Outro fator que diferencia as aminopenicilinas da penicilina G é a possibilidade de serem administradas por via oral, devido à sua estabilidade frente aos compostos ácidos do estômago, principalmente a amoxicilina. As aminopenicilinas, como as penicilinas naturais, são suscetíveis à ação das beta-lactamases. Geralmente, *Pseudomonas aeruginosa* e *Serratia* spp são resistentes[59, 32, 75, 19]. A administração de ampicilina sódica pela via intra-óssea pode ser realizada em animais sem que ocorram efeitos colaterais locais ou sistêmicos[33]. A ciclacilina é uma droga muito semelhante à ampicilina mas com menor espectro de ação[79]. Ataxia e nistagmo já foram relacionados ao uso de amoxicilina em gatos[34].

Tabela I - Concentração inibitória mínima (CIM) da amoxicilina e análise da eficiência in vitro contra diversas bactérias

Bactéria	Eficiência (%)	CIM (μg/ml)	Análise de eficiência
Streptococcus beta-hemolítico	≥ 99	< 0, 12	Excelente
Enterococcus faecalis	> 90	≤ 1, 00	Excelente
Pasteurella multocida	≥ 95	≤ 0, 25	Excelente
Proteus mirabilis	60-70	2 - 4, 00	Boa/Razoável
Staphylococcus intermedius	≥ 60	32, 00	Boa/Razoável
E. coli	40-60	4 - 8, 00	Boa/Razoável
Bactérias anaeróbicas			Excelente
Klebsiella pneumoniae			Sem efeitos
Pseudomonas aeruginosa			Sem efeitos
Bordetella bronchiseptica			Sem efeitos
Chlamydia psittaci			Sem efeitos

(Modificada de AUCOIN, 1993)

Inibidores da Beta-lactamase

Existem compostos chamados inibidores da enzima beta-lactamase que possuem apenas uma pequena ação antibacteriana, mas tem a notável capacidade de inibir a beta-lactamase produzida por bactérias Gram-positivas e Gram-negativas, por meio de uma reação que transforma a enzima em um composto inativo, "atraindo" a ação da enzima por ser muito semelhante quimicamente a uma penicilina básica (Fig. 1 e Fig.3). Tais compostos são sempre combinados com antibióticos beta-lactâmicos que podem então exercer seu efeito antimicrobiano sem que sejam destruídos. A combinação resultante é extremamente ativa contra infecções causadas por bactérias resistentes a antibióticos beta-lactâmicos, como aquelas causadas por *E. coli*, no trato urinário de cães. As drogas deste grupo incluem o ácido clavulânico, produzido pelo *Streptomyces clavuligerus* e o sulbactam, que podem ser combinados com amoxicilina, ticarcilina e ampicilina, respectivamente. A combinação de uma aminopenicilina com o ácido clavulânico geralmente é ineficiente contra cefa-losporinases do tipo I[75]. O tazobactam, um ácido triazolilmetil penicilânico, representa a última geração de inibidores da beta-lactamase, é utilizado em combinação com a piperacilina, uma penicilina anti-pseudomonas[35,32]. A combinação ticarcilina/ácido clavulânico é a mais ativa contra bactérias anaeróbicas. A combinação piperacilina/tazobactam, de modo geral, é mais ativa contra bactérias Gram-positivas, Gram-negativas, *Pseudomonas* spp e anaeróbicas[87].

Segundo AXELROD *et al.* (1994), a combinação de aminopenicilinas com inibidores da beta-lactamase possui um espectro de ação bastante amplo (bactérias Gram-positivas, Gram-negativas e anaeróbicas). Entretanto, tais drogas não devem ser utilizadas em severas infecções porque existem agentes, comprovadamente, mais eficientes em alguns aspectos da terapia (ex: metronidazol para bactérias anaeróbicas, oxacilina para estafilococos e cefalosporinas de terceira geração para Gram-negativas). Além disto, os inibidores da beta-lactamase são ineficientes contra a classe I de beta-lactamases comumente produzidas por *P. aeruginosa, Citrobacter* spp, *Enterobacter* spp, *Morganella* spp, *Providencia* spp e *Serratia marcencens.*

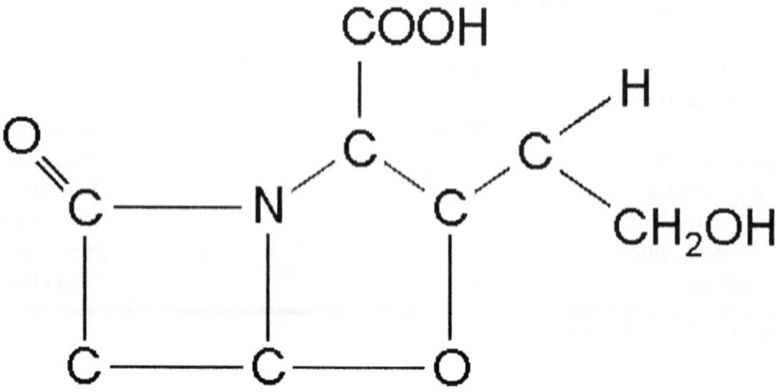

Figura 3 - Representação da estrutura do ácido clavulânico, um inibidor da lactamase típico. Compare com a estrutura geral das penicilinas e derivados na figura 1.

Tabela II - Concentração inibitória mínima (CIM) da amoxicilina com ácido clavulânico e análise da eficiência* in vitro *contra várias bactérias

Bactéria	Eficiência (%)	CIM (µg/ml)	Análise de eficiência
Staphylococcus intermedius	≥ 95	< 2,00	Excelente
Streptococcus beta-hemolítico	≥ 99	< 0,12	Excelente
Enterococcus faecalis	> 90	< 1,00	Excelente
Pasteurella multocida	> 95	< 2,00	Excelente
Bordetella bronchiseptica	> 95	8,00	Excelente
E. coli	80-85	16,00	Boa
Proteus mirabilis	> 85	16,00	Boa
Klebsiella pneumoniae	70-80	16,00	Boa
Bactérias anaeróbicas			Excelente
Pseudomonas aeruginosa			Sem efeitos
Chlamydia psittaci			Sem efeitos

(Modificada de AUCOIN, 1993)

Penicilinas Antipseudomonas

Nos últimos anos as penicilinas antipseudomonas estão sendo cada vez mais utilizadas na medicina veterinária, por possuírem amplo espectro contra bactérias Gram-negativas, principalmente em pacientes com infecções causadas por bactérias Gram-negativas resistentes a outros antibióticos beta-lactâmicos. Existem dois grupos de penicilinas antipseudomonas: as carboxipenicilinas (carbenicilina e ticarcilina) e as ureidopenicilinas (mezlocilina, azlocilina e piperacilina). A ação da carbecilina e ticarcilina contra bactérias Gram-negativas é ampla, mas a da azlocilina, mezlocilina e piperacilina é ainda maior. Não são bem absorvidas quando administradas por via oral. A grande vantagem deste grupo é que todas as drogas penetram facilmente na parede externa da *Pseudomonas* spp e de outras bactérias Gram-negativas. Geralmente são utilizadas em combinação com aminoglicosídeos, porque quando utilizadas como agente único induzem resistência bacteriana rapidamente. A ticarcilina é utilizada com sucesso no tratamento de endometrites causadas por streptococos beta-hemolíticos em cavalos[59, 32, 75, 19]. As drogas do grupo, comparadas às cefalosporinas, levam algumas vantagens como maior atividade contra *Enterococcus* spp, contra *Clostridium* spp e maior sinergismo com aminoglicosídeos. Outros antibióticos que possuem efeito contra *Pseudomonas* spp são a cefoperazona, a ceftazidima e a cefepima (chamadas cefalosporinas antipseudomonas), além do aztreonam, imipenema, meropenema, fluoroquinolonas, gentamicina, tobramicina, netilmicina e amicacina[92].

Penicilinas resistentes à Beta-lactamase

Um grupo particular de penicilinas, chamado por alguns autores de penicilinas anti-estafilocócicas, tem grande valor devido à resistência à beta-lactamase, produzida, principalmente, por *Staphylococcus* spp. O grupo é composto por isoxazolylpenicilinas (oxacilina, cloxacilina e dicloxacilina), que possuem boa absorção oral, e dos derivados sintéticos da penicilina. A meticilina não apresenta boa absorção oral. Todas as drogas do grupo não apresentam boa atividade contra bactérias Gram-negativas, por penetrarem pouco na membrana externa das bactérias. Devido à sua excelente atividade contra *Staphylococcus* spp, o grupo é considerado, por alguns, como o grande segredo, ou "coringa", dos dermatologistas. Entre as drogas mais conhecidas estão a meticilina e a nafcilina. No entanto, já foram relatadas algumas cepas de estafilococos resistentes à ação da meticilina e da cloxacilina[53, 32, 71, 75, 19].

Cefalosporinas

BOTZU (1948) isolou, de águas marinhas, mais precisamente na costa da Sardenha, o fungo *Cephalosporium acremonium*, primeira fonte de cefalosporinas. No entanto, as cefalosporinas só foram liberadas para comercialização a partir de 1962. Atualmente existem cerca de 30 tipos de cefalosporinas disponíveis no mercado.

O núcleo ativo das cefalosporinas é o ácido 7- aminocefalosporânico e, adicionando-se cadeias laterais, obtém-se diferentes cefalosporinas semi-sintéticas com atividade antimicrobiana muito maior que a das penicilinas aparentadas. Algumas alterações no anel beta-lactâmico de sua estrutura, principalmente na posição 7, provocadas em laboratório, podem resultar em melhorias da atividade antibacteriana.

Concentrações terapêuticas de algumas cefalosporinas de terceira geração podem ser alcançadas no líquor de pacientes com meningite. As cefalosporinas penetram no leite de animais em lactação em baixas concentrações. Entretanto, atravessam a barreira placentária, sendo que as concentrações séricas fetais podem alcançar 10% da concentração sérica materna e penetram o tecido prostático de maneira pobre[74].

As cefalosporinas são classificadas em cefalosporinas de primeira, segunda e terceira geração. A separação de classes das cefalosporinas é feita principalmente de acordo com diferenças quanto à estrutura e ao espectro de ação da molécula. As cefalosporinas de primeira geração são mais ativas contra cocos Gram-positivos, possuindo a grande vantagem de serem bastante ativas contra *Staphylococcus* spp produtores de beta-lactamase. Os estreptococos/enterococos do Grupo D (*S.faecalis, S. faecium*), bem como estafilococos resistentes à meticilina, *Proteus* spp indol positivos, *Pseudomonas* spp, *Serratia* spp e *Citrobacter* spp, são regularmente resistentes às cefalosporinas de primeira geração[58, 74].

As cefalosporinas de segunda geração são mais ativas que as de primeira geração contra bacilos Gram-negativos e, em algumas situações, podem substituir os aminoglicosídeos que são potencialmente nefrotóxicos. Com exceção da cefuroxima, as cefalosporinas de segunda geração não penetram no líquor em níveis terapêuticos adequados, nem mesmo com as meninges inflamadas[74].

As cefalosporinas de terceira geração são indicadas para o tratamento de infecções por bactérias Gram-negativas resistentes à outras drogas, incluindo muitas enterobactérias, com exceção dos enterococos.

Uma cefalosporina de quarta geração, chamada cefepima, em pouco tempo estará disponível para utilização nos Estados Unidos da América. Outras cefalosporinas de quarta geração estão sendo desenvolvidas; dentre elas estão a cefpiroma, a cefaclidina e a E1077 (nome-código provisório). A cefepima, por possuir modificações na estrutura química, na posição 7 do anel cefêmico, não é hidrolisada por beta-lactamases codificadas por plasmídeos (as chamadas TEM-1, TEM-2 e SHV-1), sendo também pouco indutora e relativamente resistente a beta-lactamases do tipo-I, codificadas por cromossomos. Portanto, a cefepima é ativa contra muitas enterobacteriáceas resistentes a outras cefalosporinas[58, 24, 59, 56, 57].

Neutropenia e trombocitopenia imuno-mediada já foram relatadas como efeitos colaterais decorrentes do uso das cefalosporinas em animais[10, 47]. O uso da cefaloridine já foi relacionado com nefrotoxicidade, principalmente nos túbulos proximais[33].

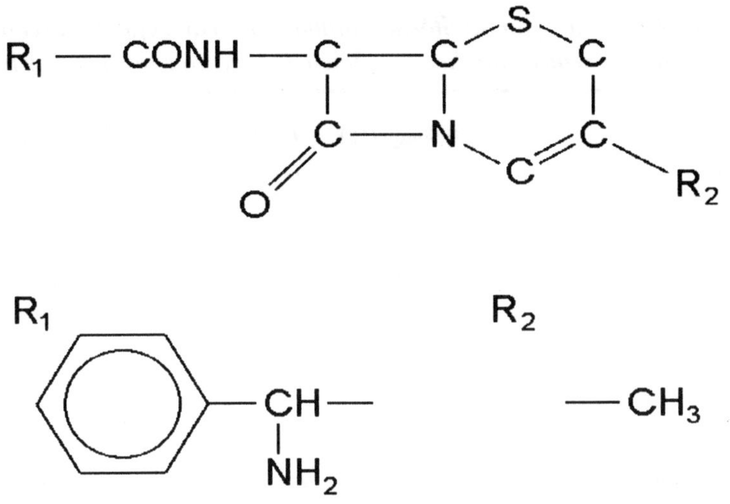

Figura 4 - Acima está representada a estrutura geral das cefalosporinas. Os radicais R1 e R2 são próprios da cefalexina, uma cefalosporina de primeira geração. Se o R2 fosse o cloro, em vez de um grupo metil, teríamos o cefaclor, de segunda geração.

Tabela III - Concentração inibitória mínima (CIM) da cefalexina (cefalosporina de primeira geração) e análise da eficiência in vitro contra várias bactérias

Bactéria	Eficiência(%)	CIM (µg/ml)	Análise da ação
Staphylococcus intermedius	≥ 95	$\leq 2,00$	Excelente
Streptococcus beta-hemolítico	≥ 99	$\leq 2,00$	Excelente
Pasteurella multocida	≥ 95	$\leq 2,00$	Excelente
Bordetella bronchiseptica	50-60	$\leq 2,00$	Excelente
E. coli	70-80	16,00	Boa
Proteus mirabilis	60-70	$\leq 4,00$	Boa
Klebsiella pneumoniae	50	$\leq 4,00$	Boa
Pseudomonas aeruginosa			Sem efeito
Enterococcus faecalis			Sem efeito
Chlamydia psittaci			Sem efeito

(Modificada de AUCOIN, 1993)

Tabela IV - Concentração inibitória mínima (CIM) da cefoxitina (cefalosporina de segunda geração) e análise da eficiência in vitro *contra várias bactérias*

Bactéria	Eficiência(%)	CIM (μg/ml)	Análise da ação
E. coli	75-80	< 2	Excelente
Proteus mirabilis	60-70	< 2	Excelente
Klebsiella pneumoniae	90	< 2	Excelente
Pasteurella multocida	≥ 95	<2, 00	Excelente
Streptococcus beta-hemolítico	> 95	8, 00	Excelente
Staphylococcus intermedius	> 95	8, 00	Excelente
Bordetella bronchiseptica	60-70	2, 00	Razoável
Bactérias anaeróbicas			Excelente
Pseudomonas aeruginosa			Sem efeito
Enterococcus faecalis			Sem efeito
Chlamydia psittaci			Sem efeito

(Modificada de AUCOIN, 1993)

6-Metoxipenicilinas

O único representante do grupo das 6-metoxipenicilinas é a temocilina, um derivado 6-metoxi da ticarcilina. A droga é extremamente resistente à ação das beta-lactamases, sendo também muito eficiente contra bactérias Gram-positivas e *Pseudomonas* spp[35].

Amdinopenicilinas

A amdinopenicilina é extremamente ativa contra bactérias Gram-negativas mas possui pouca atividade contra bactérias Gram-positivas, *Pseudomonas* spp e bactérias anaeróbicas. Produz efeito sinérgico quando utilizado com outros antibióticos beta-lactâmicos mas não quando utilizadas com aminoglicosídeos. Não pode ser administrada por via oral. A droga é capaz de atravessar as meninges de maneira mais eficiente que a ampicilina e é indicada para o tratamento de meningites causadas por bactérias Gram-negativas[35].

Antibióticos beta-lactâmicos monobactâmicos, carbapenêmicos e carbacefêmicos

Os grupos mais novos de antibióticos beta-lactâmicos são: os antibióticos monobactâmicos, representados pelo aztreonam; o grupo dos carbapenêmicos, também conhecidos como tienamicinas, representados pelo imipenema, meropenema e biapenema; e o grupo dos carbacefêmicos, representados pelo loracarbef.

O aztreonam, um antibiótico beta-lactâmico monocíclico, possui espectro de ação estreito, indicado somente para infecções causadas por bactérias Gram-negativas produtoras de beta-lactamase por possuir alta afinidade pela PLP-3 em bactérias Gram-negativas. Não possui afinidade por qualquer PLP de bactérias Gram-positivas, não possuindo, portanto, atividade contra bactérias Gram-positivas e bactérias anaeróbicas incluindo *Bacteroides fragilis*[68]. Os antibióticos mono-bactâmicos possuem apenas um único anel estrutural que não é afetado pela beta-lactamase. São ativos contra inúmeras enterobactérias como *E. coli*, *Klebsiella* spp, *Proteus* spp, *Serratia marcescens*, *Salmonella* spp e *Enterobacter* spp, além de atuar contra *Pseudomonas aeruginosa*, *Haemophilus influenzae* e *Neisseria meningitides*[6, 53, 32, 71].

A imipenema (N-formimidoiltenamicina) foi descoberta em 1983, quando foi isolado como produto do *Streptomyces cattleya*; é um antibiótico de amplo espectro que quando utilizado sozinho é inativado por uma enzima renal, a dihidropeptidase -I (DHP-I), resultando em um composto potencialmente tóxico aos próprios rins. Para evitar a nefrotoxicidade (necrose tubular aguda) da imipenema utiliza-se uma substância, combinada na mesma formulação, chamada cilastatina, que não possui ação antibacteriana mas inibe a dihidropeptidase renal irreversivelmente[6, 32]. A combinação produz um agente antimicrobiano de amplo espectro, resistente à ação da beta-lactamase bacteriana. A estrutura compacta e o pequeno tamanho da molécula ativa são responsáveis pela possibilidade de atravessar a membrana externa de bactérias Gram-negativas. É um potente indutor da produção de beta-lactamases que podem degradar outros antibióticos beta-lactâmicos[79]. A imipenema é o antibiótico de maior espectro de ação conhecido pelo homem, sendo efetivo também para alguns enterococos como o *Enterococos faecalis*. Possui excelente atividade contra *Pseudomonas aeruginosa*[32]. Segundo AXELROD *et al.* (1994) o grande espectro de ação da imipenema deve-se à capacidade de a droga atravessar a matriz protéica da membrana de muitas bactérias Gram-negativas, possuir alta afinidade pelas PLP de várias bactérias e apresentar resistência à hidrólise de várias beta-lactamases. O alto preço da droga é um fator que limita sua utilização. Outros antibióticos carbapenêmicos, como o meropenem e biapenem são mais estáveis à DHP-I. A meropenema é o membro do grupo que possui a maior estabilidade frente à enzima e pode ser administrado sem a cilastatina[66].

O loracarbef é um antibiótico de administração por via oral muito semelhante às cefalosporinas de segunda geração quanto à estrutura e ação anti-bacteriana. Na Medicina, vem sendo utilizado para tratar infecções respiratórias, cutâneas e do trato urinário. O loracarbef ainda não foi muito explorado na Medicina Veterinária[53, 68, 32, 71].

Tabela V - Concentração inibitória mínima (CIM) do imipenema e análise da eficiência in vitro contra várias bactérias

Bactéria	Eficiência (%)	CIM (μg/ml)	Análise da ação
E.coli	90	< 0, 50	Excelente
Proteus mirabilis	70-75	2 - 4, 00	Excelente
Pasteurella multocida	≥ 99	0, 50	Excelente
Bordetella bronchiseptica	≥ 95	0, 50	Excelente
Staphylococcus intermedius	≥ 95	< 0, 50	Excelente
Klebsiella pneumoniae	90	< 0, 50	Excelente
Pseudomonas aeruginosa	40-50	< 0, 50	Excelente
Streptococcus beta-hemolítica	≥ 99	< 0, 50	Excelente
Enterococcus faecalis	≥ 90	< 0, 50	Excelente
Bactérias anaeróbicas	≥ 99	< 1	Excelente
Chlamydia psittaci			Sem efeito

(Modificada de AUCOIN, 1993)

Tabela VI - Relação de Antibióticos beta-lactâmicos

Penicilinas Naturais
Penicilina G (sódica, potássica, procaína e benzatina), penicilina v e feneticilina
(Ativas contra cocos aeróbicos Gram-positivos, algumas bactérias anaeróbicas *como C. Perfrigens, Fusobacterium* spp e *Actinomyces israelii* espiroquetas e alguns poucos cocos Gram-negativos aeróbicos como *Neisseria meningitidis* e *Pasteurella multocida.*)

Penicilinas beta-lactamase resistentes (penicilinas anti-estafilocócicas)
Meticilina, nafcilina, oxacilina, cloxacilina e dicloxacilina
(Indicadas para infecções por estafilococos produtores de beta-lactamase, mantendo espectro de ação semelhante ao das penicilinas naturais. Também chamadas de penicilinas do tipo isoxazolil. Não são ativas contra enterobacteriáceas e *Pseudomonas* spp.)

Aminopenicilinas (penicilinas de amplo espectro)
Ampicilina, amoxicilina, ciclacilina, bacampicilina e hetacilina
(Espectro de ação mais amplo contra bactérias Gram-negativas incluindo *E. coli, Proteus mirabilis, Salmonella* spp, *Listeria monocytogenes* e *Haemophilus* spp, mantendo espectro de ação contra bactérias Gram-positivas semelhante à das penicilinas naturais, incluindo ação contra algumas bactérias anaeróbicas.)

Penicilinas anti-pseudomonas (carboxipenicilinas e ureidopenicilinas)
Ticarcilina, carbenicilina, piperacilina, azlocilina e mezlocilina
(Mais ativas contra *Pseudomonas aeruginosa, Klebsiella* spp, *Serratia* spp, *Citrobacter* spp e *Proteus* spp, possuindo amplo espectro contra bactérias Gram-positivas e negativas, incluindo algumas bactérias anaeróbicas, mais comumente utilizadas em combinação a um aminoglicosídeo.)

Penicilinas de espectro aumentado (com inibidores da beta-lactamase)
Amoxicilina + ácido clavulânico, ampicilina + sulbactam, ticarcilina + ácido clavulânico e piperacilina + tazobactam
(Apresentam espectro de ação do antibiótico beta-lactâmico usado na combinação, incluindo ainda ação contra bactérias produtoras de beta-lactamase. Geralmente, possuem boa ação contra *E. coli, Proteus mirabilis* e *Klebsiella pneumoniae*. Utilizadas, principalmente, contra infecções do trato urinário causadas por *E. coli* resistentes à amoxicilina. O ácido clavulânico não inibe a ação das beta-lactamases produzidas por *Pseudomonas* spp, *Serratia* spp e *Citrobacter* spp.)

Tabela VI (continuação) - Relação de Antibióticos beta-lactâmicos

Cefalosporinas de primeira geração
Cefalotina, cefazolina, cefadroxil, cefalexina, cefapirina e cefaradina
(Boa atividade contra bactérias Gram-positivas, atividade não muito ampla contra bactérias Gram-negativas. Ativas contra estafilococos produtores de beta-lactamase, *Streptococcus* beta-hemolíticos, *Pasteurella multocida* e *Bordetella bronchiseptica*. A maioria das *Corynebacteria* spp são suscetíveis, salvo o *C. equi* (*Rhodococcus* spp.)

Cefalosporinas de segunda geração
Cefamandole, cefonicida, cefaclor, cefuroxima, cefprozil, cefmetazole, ceforanida, cefotetan e cefoxitina
(Boa atividade contra bactérias Gram-positivas, algumas bactérias anaeróbicas e ação potencializada contra bactérias Gram-negativas, incluindo *E. coli, Proteus mirabilis, Klebsiella pneumoniae* e *Pasteurella multocida*.)

Cefalosporinas de terceira geração
Cefotaxima, ceftizoxima, ceftiofur, cefpodoxima proxetil, ceftriaxona, *cefoperazona, *ceftazidima e moxalactama
(Excelente ação contra bactérias Gram-negativas, incluindo bactérias produtoras de beta-lactamase, menos ativa que as de primeira geração contra bactérias Gram-positivas. *De modo geral, são ativas contra *Pseudomonas* spp, também chamadas de cefalosporinas anti-pseudomonas.)

Cefalosporinas de quarta geração
Cefepima, cefpiroma, cefaclidina e E1077
(Espectro de ação comparável ao das cefalosporinas de terceira geração, sendo mais resistente à ação de algumas beta-lactamases produzidas por bactérias. Ativa contra *Pseudomonas* spp.)

6-Metoxipenicilinas
Temocilina
(Extremamente resistente à beta-lactamase, mais eficiente contra *Pseudomonas* spp.)

Penicilinas Anti-entéricas (amdinopenicilinas)
Amdinocilina
(Ação excelente contra bactérias Gram-negativas)

Monobactâmicos
Aztreonam
(Espectro de ação estreito, só para bactérias Gram-negativas aeróbicas, incluindo a maioria das enterobactérias. Especialmente ativa contra *E.coli* e *K.pneumoniae*, resiste à ação de beta-lactamases, pobre contra bactérias anaeróbicas. Pouca ou nenhuma atividade contra estafilococos e estreptococos.)

Carbapenêmicos
Imipenema, meropenema e biapenema
(A imipenema é comercializada em combinação com a cilastatina. Os carbapenêmicos possuem espectro de ação muito amplo, resistem à ação de beta-lactamases. Indicados para pacientes com septicemias de origem entérica. Ativo contra a maioria das bactérias Gram-positivas, Gram-negativas aeróbicas e anaeróbicas. Não possui ação contra *Chlamydia psittaci*.)

Carbacefêmicos
Loracarbef
(Ação antibacteriana semelhante à das cefalosporinas de segunda geração.)

Aminoglicosídeos

Os aminoglicosídeos são antibióticos que possuem aminoaçúcares ligados a um anel do tipo aminociclitol por pontes glicosídicas. São cationtes, sendo que a polaridade da droga é, em parte, responsável pelas propriedades farmacocinéticas. Por exemplo, todas as drogas do grupo não são mal absorvidas quando ministradas por via oral e não alcançam concentrações adequadas no líquido cefalorraquidiano, bile, próstata e são eliminadas rapidamente pelos rins, atingindo um bom nível urinário. Alguns aminoglicosídeos são utilizados por via oral no tratamento de infecções intestinais[93, 83, 32].

A estreptomicina, a neomicina, a tobramicina e a kanamicina foram isoladas a partir de cepas de *Streptomyces* spp; entretanto, a gentamicina e a netilmicina são derivadas do actinimiceto *Micromonospora* spp. Tal diferença quanto à origem é refletida na grafia anglo-saxônica das drogas: gentamicina e drogas derivadas, que incluem sisomicina e netilmicina têm sua terminação em (-*micin*), sendo que os outros aminoglicosídeos terminam em (-mycin). Os créditos da descoberta dos aminoglicosídeos são de Selman Waxman em 1944, pela descoberta da estreptomicina[90, 19].

Os aminoglicosídeos são principalmente indicados no combate a infecções causadas por bactérias Gram-negativas. Ao contrário do que muitos clínicos pensam, antibióticos aminoglicosídicos atuam contra bactérias Gram-positivas como *Staphylococcus* spp, no entanto não são utilizados com tal finalidade. São ineficientes contra algumas bactérias anaeróbicas facultativas como *Campilobacter* spp. Também não atuam contra qualquer bactéria anaeróbica. Os aminoglicosídeos não são muito lipossolúveis e fatores teciduais locais como restos celulares e pus são particularmente prejudiciais para sua ação[32; 71].

O mecanismo de ação dos aminoglicosídeos envolve a interferência na síntese protéica da bactéria. Ao contrário da maioria dos antibióticos que atuam inibindo a síntese protéica microbiana, são basicamente bactericidas e não bacteriostáticos, quando administrados em doses adequadas. Os aminoglicosídeos entram nos microorganismos por transporte ativo, consumindo O_2 (por isso não atuam contra bactérias anaeróbicas), em seguida ligam-se irreversivelmente a ribossomos (mais precisamente na subunidade ribossômica 30-S), produzindo um erro de leitura que induz à formação de uma série de proteínas anômalas e, conseqüentemente, letais para a bactéria [32, 71]. Podem, portanto, ser classificados como antibióticos de mecanismo de ação bactericida, no entanto a morte bacteriana é dependente e diretamente proporcional à concentração da droga. Outra característica favorável dos aminoglicosídeos é a produção do efeito pós-antibiótico[19].

Mutações afetando as proteínas dos ribossomos bacterianos, o principal alvo de ação dos aminoglicosídeos pode conferir resistência bacteriana à droga. A resistência pode resultar também da aquisição de plasmídeos que contenham genes que decodifiquem enzimas que metabolizem aminoglicosídeos. Conhece-se pelo menos nove tipos de enzimas que podem atuar, isolada ou associadamente, sobre componentes da estrutura de um antibiótico aminoglicosídeo[83]. De modo geral, os aminoglicosídeos não atingem altas concentrações nos tecidos. A penetração no trato respiratório é pobre. No sistema nervoso central, as concentrações que seriam realmente eficientes são potencialmente tóxicas[91]. Altas concentrações podem ser alcançadas no córtex renal, principalmente nos túbulos contornados proximais, como também na endolinfa e na perilinfa do conduto auditivo interno, contribuindo, provavelmente, para a oto e nefrotoxicidade daquelas drogas[23, 40]. Os aminoglicosídeos são eliminados quase que exclusivamente por filtração glomerular, sendo que grande parte de uma dose administrada por via parenteral é eliminada nas primeiras 24 horas sem sofrer qualquer alteração[83].

O espectro de ação da kanamicina é limitado. A gentamicina, tobramicina e netilmicina são ativas contra uma ampla variedade de microorganismos Gram-negativos, enquanto a amicacina tem uma variação ainda mais ampla de atividade antibacteriana[83, 59].

Embora a utilização conjunta de aminoglicosídeos com antibióticos beta-lactâmicos produza efeito sinérgico, os antibióticos aminoglicosídeos podem ser inativados por muitos antibióticos beta-lactâmicos devido à formação de uma ligação covalente entre o grupo carboxila de um anel beta-lactâmico cindido e um grupo amina de um aminoglicosídeo. Tal fato é clinicamente importante quando são utilizadas altas doses de antibióticos beta-lactâmicos como no caso da carbecilina ou ticarcilina[83, 59].

Vários estudos realizados em animais demonstraram que a administração de aminoglicosídeos na freqüência de uma vez a cada 24 horas e em doses maiores que as recomendadas é superior à administração de doses totais menores divididas em duas ou três aplicações por dia[67, 76, 54]. A administração de uma única dose diária resulta em concentrações tissulares menores nos rins e ouvido interno e, conseqüentemente, há menores riscos de toxicidade. Alguns autores pressupõem que a lesão renal e do sistema auditivo causada pelos aminoglicosídeos é diretamente relacionada com a freqüência de administração[67, 76, 54]. A administração de uma única grande dose diária de aminoglicosídeos, ao que tudo indica, produz maior efeito pós-antibiótico, melhor efeito sinérgico com antibióticos beta-lactâmicos, melhor penetração tecidual, melhor distribuição da droga e morte bacteriana mais rápida[64, 54].

Tabela VII - Enzimas que inativam os aminoglicosídeos e bactérias que as produzem

Enzima produzida	Bactérias produtoras
Aminoglicosídeo 3" fosfotransferase (estreptomicina fosfotransferase)	E.coli; P.aeruginosa; S.aureus
Aminoglicosídeo 3" adeniltransferase (estreptomicina-espectinomicina adeniltransferase)	E.coli
Aminoglicosídeo 3' fosfotransferase I (neomicina-canamicina fosfotransferase I)	E.coli; P.aeruginosa; S.aureus
Aminoglicosídeo 3" fosfotransferase II (neomicina-canamicina fosfotransferase II)	E.coli; P.aeruginosa; S.aureus
Aminoglicosídeo 2" nucleotidiltransferase (gentamicina adeniltransferase)	E.coli; K.pneumoniae; Enterobacter
Aminoglicosídeo 6' acetiltransferase (canamicina acetiltransferase)	E.coli, P.aeruginosa
Aminoglicosídeo 3' acetiltransferase I (gentamicina acetiltransferase II)	Pseudomonas spp; Klebsiella spp; E.coli
Aminoglicosídeo 3' acetiltransferase II	Pseudomonas spp
Aminoglicosídeo 3' acetiltransferase III	Pseudomonas spp; Klebsiella spp
Aminoglicosídeo 2' acetiltransferase	Proteus spp; Providencia spp
Aminoglicosídeo 5" fosfotransferase	E.coli; Pseudomonas spp

(Segundo TAVARES, 1986)

Estreptomicina

Isolado a partir de culturas de *Streptomyces griseus*, a estreptomicina foi o primeiro antibiótico descoberto que mostrou atividade contra bacilos Gram-negativos, especialmente sobre o bacilo da tuberculose, o *Mycobacterium tuberculosis*, vindo a modificar o prognóstico e evolução conhecidos da doença. Apresenta ação contra bactérias Gram-positivas também, como o *Streptococcus pyogenes*, *Streptococcus viridans*, *Streptococcus faecalis*. Sua principal indicação encontra-se nas endocardites e septicemias causadas por *Streptococcus* spp. Não é muito utilizada como agente único por induzir muita resistência bacteriana, no entanto é amplamente utilizada na Medicina Veterinária em combinação com a penicilina benzatina (ex: endocardite bacteriana). Geralmente, produzem reações no sítio de administração intra-muscular, que é a via mais indicada para a droga[93, 19, 56, 57].

Kanamicina

Isolado a partir de culturas de *Streptomices kanamyceticus*, a kanamicina é um antibiótico complexo, formado por três frações denominadas A, B e C. Tem efeito bactericida em concentrações, geralmente, duas vezes superiores à concentração inibitória mínima. Apresenta atividade contra bactérias Gram-negativas, estafilococos e o bacilo da tuberculose. Não tem ação contra estreptococos nem clostrídios, possuindo atividade menor que a estreptomicina contra *Mycobacterium tuberculosis*. Atua muito bem em estafilococos mesmo em alguns daqueles que produzem penicilinase. Possui boa ação sinérgica quando combinada à ampicilina. A principal indicação da droga encontra-se no combate a infecções por Gram-negativas com exceção à *Pseudomonas aeruginosa*. Quando utilizada como agente único, possui espectro de ação inferior ao dos outros aminoglicosídeos. A resistência cruzada pode ocorrer em bactérias que apresentem prévia resistência à neomicina ou gentamicina (pois as mesmas enzimas podem inativar as duas drogas)[93, 19].

Gentamicina

A gentamicina é um antibiótico extraído de culturas de fungos do gênero *Micromonospora*, principalmente o *Micromonospora purpurea*. Possui espectro de ação amplo, sendo ativa contra bactérias Gram-negativas e Gram-positivas, micobactérias e micoplasmas. Destaca-se pela excelente ação contra *Pseudomonas aeruginosa*. Tendo em vista que outros antibióticos são utilizados de maneira mais prática e eficaz contra bactérias Gram-positivas, a gentamicina não é utilizada para tal finalidade. Existe boa ação sinérgica quando combinada à penicilina, que se manifesta mesmo sobre bactérias resistentes à canamicina ou estreptomicina. Via de regra, é considerada como o aminoglicosídeo de primeira escolha por ser mais barato que os demais, além de ter boa atividade contra as bactérias aeróbicas Gram-negativas. A gentamicina, a tobramicina, a amicacina e a netilmicina possuem características muito similares e são utilizadas intercambiavelmente. No entanto, cada droga possui suas particularidades[93, 19].

Tobramicina

A atividade antimicrobiana e as propriedades farmacocinéticas da tobramicina são muito similares às da gentamicina (Figura 5). Inclusive, a dosagem é idêntica. Isolada a partir de culturas do *Streptomyces tenebrarius*, a tobramicina é muito utilizada em combinação com uma penicilina do tipo anti-pseudomonas, ao aztreonam ou à ceftazidima. Em contraste à gentamicina, a tobramicina mostra menor atividade contra enterococos quando combinada com uma penicilina. Entretanto, mostra maior atividade contra *Pseudomonas* spp[19].

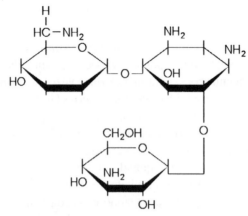

Figura 5- As estruturas químicas dos antibióticos aminoglicosídicos (gentamicina, netilmicina, amicacina e tobramicina) são bastante semelhantes. Eis aqui a representação da estrutura da tobramicina.

Amicacina

O espectro de ação da amicacina é o mais amplo dentre todos os aminoglicosídeos, possuindo resistência única às enzimas inativantes produzidas por algumas bactérias. Poucas enzimas bacterianas são capazes de alterar a estrutura da amicacina enquanto que para a gentamicina há um grande número de enzimas inativantes. Portanto, a utilização da amicacina é importante naqueles casos de infecções hospitalares provocadas por bactérias resistentes à gentamicina e tobramicina [19]. A amicacina é um aminoglicosídeo semi-sintético introduzido por KAWAGUCHI et al., (1972) no Instituto de Pesquisas Bristol-Banyu, Japão e, ao que tudo indica, é o aminoglicosídeo de menor nefrotoxicidade conhecido[93, 5].

Tabela VIII - Concentração inibitória mínima (CIM) da amicacina e análise da eficiência in vitro *contra várias bactérias*

Bactéria	Eficiência (%)	CIM (µg/ml)	Análise da ação
E. coli	> 98	8, 00	Excelente
Proteus mirabilis	> 98	8, 00	Excelente
Klebsiella pneumoniae	> 95	16, 00	Excelente
Pasteurella multocida	> 99	2, 00	Excelente
Pseudomonas aeruginosa	> 90	16, 00	Excelente
Bordetella bronchiseptica	> 95	32, 00	Excelente
Staphylococcus intermedius	> 90	2, 00	Excelente
Streptococcus beta-hemolítico			Sem efeito
Enterococcus faecalis			Sem efeito
Bactérias anaeróbicas			Sem efeito
Chlamydia psittaci			Sem efeito

(Modificada de AUCOIN, 1993)

Netilmicina

A netilmicina é o mais novo dos aminoglicosídeos comercializados. Possui amplo espectro. Possui, como a amicacina, excelente resistência a enzimas produzidas por bactérias, podendo ser ativa mesmo contra cepas de bactérias resistentes à gentamicina. Como a amicacina, é bastante utilizada em infecções resistentes[19].

Neomicina

A neomicina é um aminoglicosídeo de amplo espectro, isolado a partir de culturas do *Streptomyces fradiae*, disponível em preparações de administração por via tópica e oral. É utilizada, junto com a polimixina B, em soluções destinadas à irrigação da bexiga urinária para prevenção de bacteriúria e bacteremia associadas à colocação de cateteres urinários. No entanto, a neomicina é bastante nefrotóxica [71]. A neomicina é encontrada em cremes e pomadas, associada à polimixina, bacitracina e outros antibióticos, além de corticosteróides[19].

Sisomicina

A sisomicina é um aminoglicosídeo obtido de culturas do *Micromonospora inyoensis*. As propriedades antimicrobianas, farmacodinâmicas e toxicológicas se assemelham à da gentamicina, havendo habitualmente resistência cruzada entre os dois antibióticos[93].

Efeitos colaterais dos antibióticos aminoglicosídeos

A alta toxicidade dos antibióticos aminoglicosídeos é o principal fator limitante da utilização daquelas drogas. O mesmo espectro de toxicidade é compartilhado por todos os aminoglicosídeos, sendo a nefrotoxicidade o efeito colateral mais sério. Os gatos parecem ser mais sensíveis à nefrotoxicidade dos aminoglicosídeos, principalmente da tobramicina[12]. Pacientes desidratados, apresentando perdas hidroeletrolíticas ou com doença renal, são mais predispostos a sofrer a toxicose do que os pacientes saudáveis. A neomicina é o aminoglicosídeo mais nefrotóxico[71]. A ototoxicidade pode envolver tanto as funções auditivas como as vestibulares do nervo vestíbulo-coclear (Ver tabela III). A dihidroestreptomicina e a estreptomicina são conhecidas por serem extremamente ototóxicas, principalmente em gatos[12]. Uma reação tóxica, não muito freqüente, dos aminoglicosídeos, descrita em humanos, é o bloqueio neuromuscular agudo e apnéia, sendo a neomicina o agente mais freqüente da reação. Estudos em animais indicam que os aminoglicosídeos podem inibir a liberação de acetilcolina pré-sináptica além de diminuir a sensitividade pós-sináptica para o neurotransmissor, principalmente quando certos agentes anestésicos são utilizados junto ao aminoglicosídeo. A administração de estreptomicina pode produzir disfunção do nervo óptico e escotomas[88, 83, 71, 19]. Prurido, alopecia, edema facial e eritema já foram associados ao uso de antibióticos aminoglicosídeos (gentamicina) em pequenos animais[33].

Tabela IX - Antibióticos aminoglicosídeos comprovadamente ototóxicos em animais

Amicacina
Dibecacina
Gentamicina
Kanamicina
Neomicina
Netilmicina
Sisomicina
Estreptomicina
Tobramicina

(Modificada de ROSYCHUCK & LUTTGEN, 1995)

Tabela X - Antibióticos Aminoglicosídicos

Gentamicina
(Ação contra estreptococos, estafilococos e pneumococos, principalmente contra bacilos Gram-negativos como *E.coli, Enterobacter* spp, *Klebsiella* spp, *Proteus mirabilis, Salmonella* spp, *Serratia* spp, *Shigella* spp, *Citrobacter* spp, *Providencia* spp entre outros. Destaca-se pela excelente ação contra *Pseudomonas aeruginosa.*)

Tobramicina
(Como a gentamicina, possui ação contra estreptococos, estafilococos e pneumococos e principalmente contra bacilos Gram-negativos como *E.coli, Enterobacter* spp, *Klebsiella* spp, *Proteus mirabilis, Salmonella* spp, *Serratia* spp, *Shigella* spp, *Citrobacter* spp, *Providencia* spp e outros. Possui menor ação que a gentamicina contra enterococos. Possui ação superior à da gentamicina contra *Pseudomonas aeruginosa.*)

Kanamicina
(Espectro de ação limitado comparado com os outros aminoglicosídeos; atua bem em estafilococos.) ·

Netilmicina
(Amplo espectro de ação, boa resistência contra enzimas bacterianas. Utilizada em infecções resistentes a outros aminoglicosídeos.)

Amicacina
(Aminoglicosídeo semi-sintético. Devido à grande resistência contra enzimas bacterianas, é utilizada em infecções resistentes a outros aminoglicosídeos. Excelente ação contra: *E. coli, Proteus mirabilis, Klebsiella pneumoniae, Pasteurella multocida, Pseudomonas aeruginosa, Bordetella bronchiseptica* e *Staphylococcus intermedius*. Possui ação menor que a gentamicina apenas contra enterococos.)

Estreptomicina
(Boa ação contra bacilos Gram-negativos como *Mycobacterium tuberculosis* e alguns cocos Gram-positivos como *Streptococcus pyogenes, Streptococcus viridans, Streptococcus faecalis.*)

Dihidroestreptomicina
(Espectro de ação idêntico ao da estreptomicina, existindo muitas cepas resistentes.)

Neomicina
(Boa ação contra bactérias Gram-negativas e algumas Gram-positivas. *Pseudomonas aeruginosa* é, geralmente, resistente. É mais utilizada em preparações de aplicação por via tópica.)

Sisomicina
(Mesmas indicações da gentamicina.)

Isepamicina
(Atividade excepcional contra enterobactérias e *Pseudomonas aeruginosa.*)

Paromomicina
(Utilizada por via oral para excercer efeitos locais no sistema gastro-intestinal.)

Framicetina
(Maior eficiência na presença de pus, debris e coágulos. Farmacologicamente parente da neomicina.)

Dactinomicina
(Maior atividade contra *Acinetobacter* spp e estafilococos.)

Quinolonas & Fluoroquinolonas

Quinolonas & Fluoroquinolonas

Os membros mais antigos deste grupo de antibióticos sintéticos, particularmente o ácido nalidíxico, já estavam disponíveis no comércio há anos para o tratamento de infecções no trato urinário. As primeiras quinolonas, no entanto, possuíam utilidade terapêutica limitada, principalmente porque induzem o desenvolvimento de resistência bacteriana de forma rápida.

Recentemente, a introdução das quinolonas 4-fluoradas, como a ciprofloxacina e a ofloxacina, representou um grande avanço terapêutico, uma vez que tais drogas possuem amplo espectro de ação antimicrobiana e são eficientes quando administradas por via oral. Entretanto, o alimento no trato gastrointestinal inibe a absorção de tais drogas, sendo que as mesmas devem ser administradas uma hora antes ou duas horas depois das refeições[38]. Poucos efeitos colaterais parecem acompanhar o uso das fluoroquinolonas e a resistência bacteriana não se desenvolve rapidamente[56, 57].

As quinolonas possuem um mecanismo de ação único, inibindo a enzima DNA girase bacteriana, que catalisa a conversão da fita de DNA do estado normal ao estado super-helicóide. A inibição da enzima causa uma diminuição da transcrição e translação do código genético e inibe a síntese protéica bacteriana. A enzima similar dos mamíferos, DNA topoisomerase do tipo II das células eucariotas, é resistente às concentrações antibacterianas utilizadas clinicamente. As fluoroquinolonas são rapidamente bactericidas quando em doses adequadas, produzido também um bom efeito pós-antibiótico[61, 71].

Na medicina de pequenos animais, a enrofloxacina e a ciprofloxacina possuem excelente atividade contra a maioria das bactérias e têm sido utilizadas contra infecções de tecidos moles, pneumonia, osteomielite e, principalmente, para infecções do trato urinário causadas por bactérias Gram-negativas e estafilococos. Tais drogas são de extremo valor na clínica devido à sua atividade contra bactérias que desenvolveram resistência para outras drogas. Por este motivo a enrofloxacina e a ciprofloxacina não devem ser utilizadas indiscriminadamente quando antibióticos mais baratos e igualmente eficazes estão disponíveis[32, 71].

As quinolonas não fluoradas são ativas contra algumas bactérias Gram-negativas apenas, atuam contra enterobactérias somente em concentrações muito altas e são completamente ineficientes contra *Pseudomonas* spp.

As fluoroquinolonas, entretanto, são rapidamente bactericidas contra a grande maioria das bactérias Gram-negativas incluindo enterobactérias e possuem, de modo geral, baixa CIM. Atuam sobre *Pseudomonas* spp, entretanto, a ciprofloxacina e a ofloxacina são mais eficientes do que a norfloxacina contra *Pseudomonas aeruginosa*, enterococos e pneumococos. A ciprofloxacina, ofloxacina, pefloxacina e sparfloxacina possuem boa atividade contra *Staphylococcus* spp, incluindo cepas resistentes à metilcilina. Muitas bactérias intracelulares são inibidas pelas fluoro-quinolonas, incluindo *Chlamydia* spp, *Mycoplasma* spp, *Legionella* spp, *Brucella* spp e *Mycobacterium* spp. Uma nova quinolona, a marbofloxacina, parece ter as mesmas propriedades farmacológicas que a enrofloxacina[89]. A enrofloxacina combinada com a estreptomicina possui grande atividade sinérgica contra *Brucella canis*[60]. As quinolonas, de modo geral, se distribuem muito bem em todos os tecidos do paciente, atingindo altas concentrações nos rins, urina, pulmões, próstata e bile. A principal via de eliminação das quinolonas é renal, com exceção da perfloxacina e ácido nalidixico[56, 57].

As fluoroquinolonas possuem atividade muito variável contra a maioria dos estreptococos, mas não são indicadas com tal finalidade. Possuem também pouca atividade contra a grande maioria das bactérias anaeróbicas[74].

Tabela XI - Concentração inibitória mínima (CIM) da enrofloxacina e análise da eficiência in vitro *contra várias bactérias*

Bactéria	Eficiência (%)	CIM (µg/ml)	Análise da ação
Chlamydia psittaci		1 - 2, 00	Excelente
E. coli	90	< 0, 12	Excelente
Proteus mirabilis	90	< 0, 12	Excelente
Klebsiella pneumoniae	90	< 0, 06	Excelente
Pasteurella multocida	> 99	< 0, 12	Excelente
Staphylococcus intermedius	> 95	< 0, 50	Excelente
Bordetella bronchiseptica	80-90	0, 50 - 1, 00	Excelente
Pseudomonas aeruginosa	60-70	< 0, 50	Excelente
Streptococcus beta-hemolítico	< 50	< 0, 50	Boa/Razoável
Enterococcus faecalis	< 50	< 0, 50	Razoável
Bactérias anaeróbicas		< 2, 00	Pobre

(Modificada de AUCOIN, 1993)

Efeitos colaterais das quinolonas e fluoroquinolonas

As reações adversas às quinolonas, mais comumente descritas em humanos, são náusea e desconforto abdominal. Segundo JERGENS (1994), as fluoroquinolonas alteram muito pouco a flora intestinal. Todas as quinolonas podem produzir artropatias em várias espécies de animais imaturos, provocando alterações espongiformes nas cartilagens. O uso das fluoroquinolonas é contraindicado em cães de 2 a 8 meses de idade[74]. Artralgias e inchaço das articulações também foram descritos em crianças que receberam fluoroquinolonas. Portanto, a utilização das quinolonas não é recomendada para animais imaturos, crianças e mulheres grávidas[74, 56, 57]. Há relatos de aparecimento de sinais nervosos durante o tratamento de alguns animais com fluoroquinolonas[80].

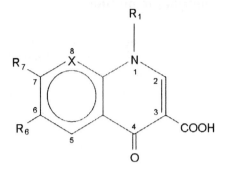

Figura 6 - Representação da estrutura-base de uma quinolona. Na posição 6 da estrutura, se houver um hidrogênio trata-se de uma quinolona, se houver o flúor trata-se de uma fluoroquinolona. Os elementos ligados à R1, R7 e X variam de acordo com a quinolona ou fluoroquinolona em questão.

Tabela XII - Quinolonas & Fluoroquinolonas

Quinolonas
(Possuem hidrogênio na posição 6 de sua estrutura molecular. Boa ação contra as bactérias Gram-negativas mais comumente isoladas de infecções do trato urinário.)
Ácido nalidíxico
Cinoxacina

Fluoroquinolonas*
(Possuem componente fluorado na posição 6 de sua estrutura molecular. Excelente ação contra bactérias Gram-negativas, possuem ação rapidamente bactericida e potente contra várias espécies de *Salmonella* spp, *Proteus mirabilis*, *Klebsiella pneumoniae*, *Staphylococcus intermedius*, *Citrobacter* spp, *Serratia* spp, *Shigella* spp, *Enterobacter* spp, *Campylobacter* spp, *Neisseria* spp, *Bordetella bronchiseptica*, *Pasteurella multocida* e *E. coli*. Ação também contra bactérias intracelulares como *Chlamydia psittaci*, *Micoplasma* spp, *Brucella* spp e *Mycobacterium* spp. Não possui ação contra estreptococos e bactérias anaeróbicas. Pode ocorrer resistência em cepas de *P. aeruginosa* e *S. aureus*.)

Enrofloxacina
Marbofloxacina (mesmas propriedades que a enrofloxacina)
Norfloxacina
Ciprofloxacina (mais ativa que a norfloxacina contra *Pseudomonas aeruginosa*, enterococos
    e pneumococos, boa atividade contra estafilococos meticilina-resistentes)
Ofloxacina (boa atividade contra estafilococos meticilina-resistentes)
Esparfloxacina (boa atividade contra estafilococos meticilina-resistentes)
Perfloxacina (boa atividade contra estafilococos meticilina-resistentes)
Lomefloxacina
Fleroxacina
Amifloxacina
Danofloxacina (utilizada experimentalmente em pequenos animais)
Sarafloxacina
Enofloxacin
Tosufloxacin
Temafloxacina

* Algumas destas drogas ainda não estão disponíveis no comércio no Brasil ou mesmo no exterior.

Sulfonamidas & Diaminopirimidinas

O termo sulfonamida é empregado como um nome genérico para todos os derivados da para-aminobenzonesulfonamida. As sulfonamidas foram os primeiros agentes quimioterapêuticos eficientes a serem empregados sistemicamente para a prevenção e cura de infecções bacterianas em seres humanos. O protótipo das sulfonamidas foi a sulfanilamida, descoberta em 1908 e utilizada clinicamente pela primeira vez em 1933. Os créditos da descoberta dos valores quimioterapêuticos da sulfa pertencem ao cientista Gerhard Domagk, diretor de pesquisas da I.G. Farbenindustrie, na Alemanha, que recebeu o Prêmio Nobel de Medicina em 1938 pela descoberta. Mais tarde, a I.G. Farbenindustrie tornou-se a Bayer Company[90]. Com o advento da penicilina e, subseqüentemente, de outros antibióticos, houve grande diminuição na utilização das sulfonamidas. No entanto, a introdução da combinação do trimetoprim com sulfametoxazole, em meados dos anos 70, resultou em um grande aumento do uso das sulfonamidas no tratamento de infecções microbianas específicas, principalmente nas infecções do trato urinário[53, 56, 57].

Sulfonamidas

As sulfonamidas são análogos estruturais e antagonistas competitivos do ácido para-aminobenzóico (PABA) e inibem a utilização do PABA normal pelas bactérias para síntese do ácido fólico, necessário para o crescimento bacteriano. Portanto, o mecanismo de ação da droga é essencialmente bacteriostático. Mais especificamente, as sulfonamidas são inibidores competitivos da dihidropteroato sintase, a enzima bacteriana responsável pela incorporação do PABA no ácido dihidropteróico, o precursor imediato do ácido fólico. Os microorganismos sensíveis são aqueles que devem sintetizar o próprio ácido fólico. Bactérias capazes de utilizar o folato pré-formado não são afetadas. As células dos mamíferos não são afetadas pelo mecanismo de ação da droga porque não sintetizam ácido fólico[56, 57].

O espectro de ação das sulfonamidas é amplo, abrangendo bactérias Gram-negativas e Gram-positivas. Entretanto, cepas de bactérias resistentes tornaram-se mais comuns nos últimos anos. Por exercer efeito bacteriostático sobre as bactérias, a utilização da droga só é indicada quando o sistema imune, humoral e celular do paciente não está comprometido[56, 57].

Pesquisas em humanos indicam que 70% a 80% de uma dose oral é absorvida. O intestino delgado é o principal ponto de absorção, mas parte da dose é absorvida já no estômago.

As sulfonamidas rapidamente penetram nos fluidos pleural, peritoneal, sinovial e até ocular, atingindo concentrações que variam de 50% a 80% da concentração plasmática. A sulfadiazina e sulfisoxazole atingem concentrações no líquor que podem ser eficientes contra infecções nas meninges.

A maior fração das sulfonamidas é excretada na urina. A meia-vida da droga, portanto, é dependente da função renal.

A classificação das sulfonamidas pode ser realizada tomando-se como parâmetro a velocidade de absorção e excreção (tabela VI).

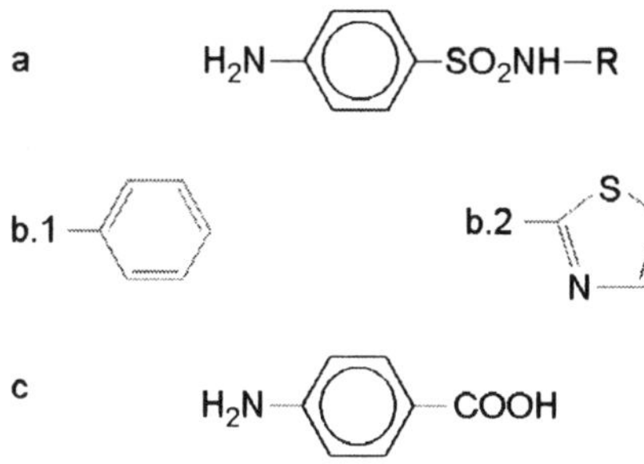

Figura 7 - Em **a** está a representação da estrutura geral das sulfonamidas. Os desenhos b.1 e b.2 representam as cadeias laterais R da sulfadiazina e do sulfatiazol, respectivamente. Em **c** está representado o ácido para-aminobenzóico. Compare **a** e **c**.

Efeitos colaterais das sulfonamidas

Já foram relatados como efeitos colaterais das sulfonamidas em animais: ceratoconjuntivite seca, dermatite alérgica, emese, icterícia e diminuição da contagem de espermatozóides[33].

Sulfonamidas combinadas com diaminopirimidinas

A introdução da combinação do trimetoprim, uma diaminopirimidina (Figura 8), com sulfametoxazol, uma sulfonamida, constitui um avanço importante no desenvolvimento de drogas antimicrobianas eficientes clinicamente. O efeito sinérgico da combinação promove efeito antibacteriano em passos seqüenciais de uma reação enzimática bacteriana da síntese do ácido tetrahidrofólico. Como mostrado anteriormente as sulfonamidas inibem a incorporação do PABA para a formação do ácido fólico, o efeito sinérgico do trimetoprim impede a redução do dihidrofolato em tetrahidrofolato. O tetrahidrofolato é a forma do folato essencial para reações bacterianas de transferência de um carbono, como ocorre na síntese de timidilato a partir do desoxiuridilato. As células dos mamíferos utilizam folatos pré-formados da dieta e não necessitam sintetizá-lo. A enzima dihidrofolato redutase da bactéria possui maior afinidade com o trimetoprim do que a enzima dos mamíferos. A combinação sinérgica das drogas é bactericida para algumas bactérias. Inibidores da atividade do trimetoprim-sulfametoxazol podem estar presentes em tecidos necróticos associados com infecções por bactérias anaeróbicas[61, 71, 56, 57].

O espectro de ação da combinação de uma sulfonamida com trimetoprim é bastante amplo. Entre as bactérias geralmente suscetíveis estão: *Streptococcus* spp, *Pasteurella* spp, *Proteus mirabilis*, *Salmonella* spp, *Toxoplasma* spp e *Coccidia* spp. Geralmente, *Pseudomonas aeruginosa* e enterococos são resistentes. O tratamento de infecções por *Nocardia asteroides* requer doses maiores. Possui boa ação somente *in vitro* contra bactérias anaeróbicas. O trimetoprim vem sendo combinado com diferentes sulfonamidas como sulfametoxazole e sulfadiazina. Tanto o trimetoprim como as sulfonamidas podem ser encontradas em formulações separadas, mas raramente são utilizados isoladamente[71, 56, 57].

As diaminopirimidinas geralmente são absorvidas mais rapidamente que a sulfonamida combinada. Em humanos, o pico da concentração plasmática de trimetoprim ocorre aproximadamente duas horas após a administração de uma dose única por via oral, sendo que o pico do sulfametoxazol ocorre geralmente após 4 horas da administração. O trimetoprim possui uma meia-vida de aproximadamente 11 horas e a sulfametoxazol possui meia-vida de aproximadamente 10 horas[56, 57]. A meia-vida do trimetoprim é 2,5 horas (cães), 1,91-3 (cavalos) e 1,5 horas (bovinos)[74]. A pirimetamina é uma diaminopirimidina que possui modo de ação semelhante ao do trimetoprim. A principal diferença é que a pirimetamina liga-se mais ativamente à enzima dihidrofolato redutase de protozoários do que das bactérias. Vem sendo utilizada no tratamento de malária em pessoas e toxoplasmose em animais, sendo utilizada em combinação à clindamicina ou à sulfadoxina[71].

Das novas diaminopirimidinas, o aditoprim destaca-se pelo amplo espectro de ação antibacteriana, boa atividade contra bactérias Gram-negativas e meia-vida longa, que permite uma administração a cada 24 horas. Outra diaminopirimidina de nova geração é o baquiloprim que também possui meia-vida maior que o trimetoprim e pode, inclusive, ser administrado por via oral para ruminantes, apresentando ainda boa disponibilidade sistêmica[61]. O ormetoprim, outra nova diaminopirimidina, possui ação idêntica à do trimetoprim e vem sendo utilizado em combinação com a sulfa-dimetoxina[71, 56, 57].

A meia vida da sulfadiazina é 9,84 horas (cães), 2,71 horas (cavalos) e 2,5 horas em bovinos[74]. As diaminopirimidinas são eliminadas por filtração glomerular e secreção tubular ativa na forma de moléculas e metabólitos ativos, as sulfonamidas são eliminadas pelo fígado[65, 79].

Tabela XIII - Concentração inibitória mínima (CIM) de sulfonamidas combinadas com diaminopirimidinas e análise da eficiência in vitro contra várias bactérias

Bactéria	Eficiência (%)	CIM (μg/ml)	Análise da ação
Pasteurella multocida	≥ 95	≤ 0, 50	Excelente
Staphylococcus intermedius	80-85	≤ 0, 50	Boa
Bordetella bronchiseptica	80-90	≤ 0, 50	Boa
Streptococcus beta-hemolítico	≥ 95	≤ 0, 50	Boa
E. coli	60-70	≤ 0, 50	Boa
Proteus mirabilis	60-70	≤ 0, 50	Boa
Enterococcus faecalis	40-50	≤ 0, 50	Razoável
Klebsiella pneumoniae	60-70	≤ 0, 50	Ruim
Pseudomonas aeruginosa	25-30	≤ 1, 00	Ruim
Bactérias anaeróbicas			Ruim
Chlamydia psitacci			Sem efeito

(Modificada de AUCOIN, 1993)

Efeitos colaterais das sulfonamidas combinadas com diaminopirimidinas

Como já mencionado anteriormente, as células dos mamíferos são resistentes às ações do trimetoprim-sulfametoxazole, no entanto, alguns efeitos colaterais dose-dependentes são observados em algumas situações esporádicas. Reações de hipersensibilidade do tipo III já foram relatadas em cães da raça Dobermann Pinscher, aparentemente devido à sulfonamida e não ao trimetoprim[71]. Algumas reações cutâneas associadas ou induzidas pelas sulfonamidas e diaminopirimidinas como eritema multiforme, necrólise epidérmica tóxica, fotossensibilização, lúpus eritematoso e vasculite foram detalhadamente observadas e bem descritas em um estudo da Universidade de Utrecht realizado durante o período de 1985-1994[65]. Poliartrite, discrasias sangüíneas, midríase, retinite focal, glomerulonefrite, ataxia e necrose hepática já foram citadas como efeitos colaterais da sulfadiazina combinada ao trimetoprim[12, 33, 80] Outra reação adversa, também já relatada, é a ceratoconjuntivite seca, que pode ser irreversível[74]. As sulfonamidas possivelmente são tóxicas às células acinares do aparelho lacrimal. Esta reação é mais freqüentemente observada depois de tratamentos por períodos muito longos com a droga[53, 71].

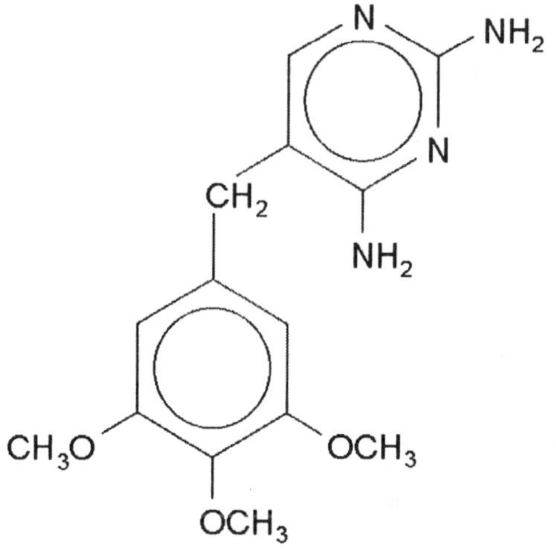

Figura 8 - Representação da fórmula estrutural do trimetoprim, uma diaminopirimidina.

Tabela XIV - Sulfonamidas & Diaminopirimidinas

Sulfonamidas

(Incluem no seu espectro de ação: *Streptococcus piogenes, S. pneumoniae, Haemophilus influenzae, H.ducreyi, Nocardia* spp, *Actinomyces* spp, *Calymmatobacterium granulomatis* e *Chlamydia trachomatis.*)

Sulfonamidas absorvidas e eliminadas rapidamente
    Sulfadiazina
    Sulfisoxazol
    Sulfametoxazol
    Sulfametizol

Sulfonamidas pobremente absorvidas
    Sulfasalazina

Sulfonamidas limitadas ao trato gastrointestinal
    Sulfaguanidina
    Sulfassuxidina
    Sulfatalidina
    Salicilazossulfapiridina

Sulfonamidas de uso tópico
    Sulfacetamida
    Sulfadiazina de Prata
    Acetato de Mafenida

Sulfonamidas de longa duração
    Sulfadoxina

Diaminopirimidinas

(Espectro de ação similar ao das sulfonamidas, sendo de 20 a 100 vezes menos potente, quando usado isoladamente. Algumas cepas de *Staphylococcus aureus* resistentes à meticilina, *Pseudomonas aeruginosa*, *Bacterioides fragilis* e enterococos são, geralmente, resistentes.)

    Trimetoprim
    Ormetoprim
    Aditoprim
    Baquiloprim
    Pirimetamina

Combinações sinérgicas de sulfonamidas com diaminopirimidinas

(Bactérias resistentes às sulfonamidas ou ao trimetoprim quando utilizados como agente único podem ser suscetíveis à combinação. Entre as bactérias suscetíveis encontram-se: *Bordetella bronchiseptica, N.meningiditis, Streptococcus pneumoniae, S. piogenes, Staphylococcus aureus, S. epidermidis, E. coli, Proteus mirabilis, P. morganii, P. rettgeri, Salmonella* spp, *Shigella* spp, *P. pseudomallei, Serratia* spp, *Brucella abortus, Pasteurella multocida, Yersinia pseudotuberculosis, Y. enterocolitica, N. asteroides* até algumas cepas de *Staphylococcus aureus* resistentes à meticilina. Não possui ação contra *Chlamydia psittaci* e bactérias anaeróbicas.)

    Sulfametoxazole & Trimetoprim
    Sulfadiazina & Trimetoprim
    Sulfadimetoxina & Ormetoprim
    Sulfonamidas & Baquiloprim
    Sulfadoxina & Pirimetamina- utilizada também para infecções por protozoários, podendo ser utilizada para tratamento de toxoplasmose e coccidiose.

Sulfonas

As sulfonas são derivadas do 4, 4'- diaminodifenilsulfona. São quimicamente muito semelhantes à sulfonamida (Figura 9). As sulfonas estão entre as drogas mais importantes no tratamento da lepra em humanos. Todas as sulfonas de interesse clí-nico são derivadas da dapsona.

A dapsona possui mecanismo de ação igual ao das sulfonamidas (bacteriostático para *Mycobacterium leprae*), possuindo um espectro de ação semelhante para os demais microorganismos. Como ocorre com as sulfonamidas, as sulfonas são antagonizadas pelo ácido para-aminobenzóico (PABA)[56, 57].

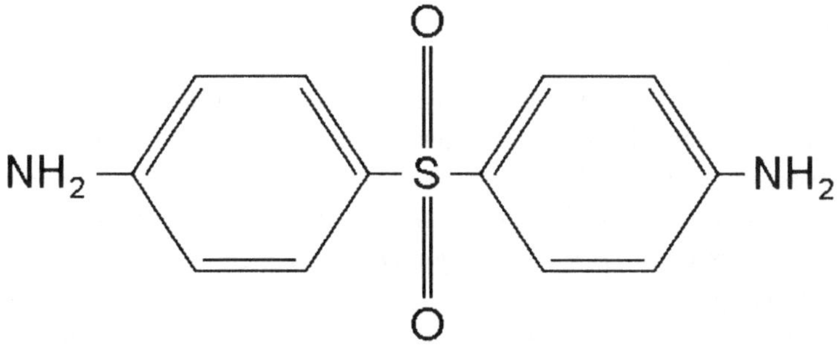

Figura 9- Fórmula estrutural da dapsona. Note a semelhança com as sulfonamidas.

Tetraciclinas

A primeira tetraciclina foi a clortetraciclina, isolada em 1948. A clortetraciclina foi considerada como o segundo antibiótico denominado como de amplo espectro descoberto. A clortetraciclina e a oxitetraciclina são produtos da fermentação do *Streptomyces aureofaciens* e *Streptomyces rimosus*, respectivamente. A tetraciclina é produzida semi-sinteticamente a partir da clortetraciclina. A demeclociclina é produzida a partir de uma cepa mutante do *Streptomyces aureofaciens,* sendo a metaciclina, doxiciclina e minociclina, todos classificados como derivados da demeclociclina potencializados semi-sinteticamente. As tetraciclinas e os respectivos derivados são considerados bioquimicamente como congêneres da naftacenecarboxamida policíclica[45].

As tetraciclinas possuem um amplo espectro de ação contra bactérias Grampositivas, Gram-negativas, aeróbicas e anaeróbicas. Algumas bactérias resistentes à ação de antibióticos de ação na parede celular (ex: beta-lactâmicos), são suscetíveis à ação das tetraciclinas, como rickétsias, *Coxiella burnetti, Mycoplasma pneumoniae, Chlamydia* spp, *Legionella* spp e *Plasmodium* spp.

O mecanismo de ação das tetraciclinas é de natureza bacteriostática. As tetraciclinas mais lipofílicas como a minociclina, doxiciclina seguida da tetraciclina, são também as mais eficientes. Acredita-se que todas as tetraciclinas inibem a síntese protéica bacteriana ligando-se ao ribossomo 30 S, impedindo o acesso do RNA transportador no sítio do complexo RNA mensageiro. A ligação é reversível, portanto as tetraciclinas são consideradas bacteriostáticas. Somente em concentrações muito altas, as tetraciclinas são capazes de inibir a síntese protéica das células dos mamíferos[71].

As bactérias inibidas a uma concentração ≤ 4 μg/ml (CIM) são consideradas suscetíveis à ação da tetraciclina. De modo geral organismos Gram-positivos são inibidos em concentrações de tetraciclina mais baixas que organismos Gram-negativos. No entanto, as tetraciclinas raramente são indicadas para o tratamento de infecções causadas por bactérias Gram-positivas devido à grande resistência existente em muitas cepas de tais bactérias, além de existirem antibióticos muito superiores para o combate de bactérias Gram-positivas[45]. A minocicline e a doxicilina são mais ativas que as demais tetraciclinas, contra bactérias anaeróbicas, bactérias anaeróbicas facultativas, além de bactérias e parasitas intracelulares. A minociclina é mais ativa que as outras tetraciclinas contra *Nocardia* spp e *Staphylococcus aureus*[38].

A maioria das cepas de *Brucella* spp são suscetíveis, bem como rickétsias e muitas espiroquetas como *Borrelia burgdorferi* (Doença de Lyme), *Chlamydia* spp e *Mycoplasma* spp[45].

A absorção das tetraciclinas é melhor quando administradas com o paciente em jejum, para a doxiciclina tal fato parece não ter tanta importância. As tetraciclinas, de modo geral, são minimamente metabolizadas e são eliminadas por filtração glomerular. A doxiciclina é uma exceção por ser eliminada por via entérica. A minociclina e a doxicilina sofrem recirculação entero-hepática, sendo que 10% da minociclina não metabolizada é excretada na urina[38]. Após a absorção, as tetraciclinas são bem distribuídas por todos os tecidos com exceção do SNC. Atingem excelentes concentrações intracelulares, por isso são usadas para o tratamento de infecções por rickétsias, *Chlamydia* spp e protozoários[71]. A doxicilina possui meia-vida mais longa do que as outras tetraciclinas, permitindo que o intervalo de administração seja estendido para cada 12 ou 24 horas[38].

Tabela XV - Concentração inibitória mínima (CIM) da doxicilina e análise da eficiência in vitro contra várias bactérias

Bactéria	Eficiência (%)	CIM (μg/ml)	Análise da ação
Pasteurella multocida	≥ 99	< 1, 00	Excelente
Bordetella bronchiseptica	≥ 90	< 1, 00	Excelente
Chlamydia psittaci	≥ 99	≤ 1, 00	Excelente
Streptococcus beta-hemolítico	80-90	1-2, 00	Boa
Staphylococcus intermedius	> 60	≤ 4, 00	Razoável
E. coli	40-50	2-4, 00	Ruim
Enterococcus faecalis	40-50	< 1, 00	Ruim
Klebsiella pneumoniae	40-50	4-8, 00	Ruim
Pseudomonas aeruginosa	50-60	32-64, 00	Ruim
Proteus mirabilis			Sem efeito

(Modificada de AUCOIN, 1993)

Efeitos colaterais das tetraciclinas

O efeito colateral mais sério causado pelas tetraciclinas é a capacidade de produção de lesões renais. As lesões são mais observadas quando são utilizadas tetraciclinas com o prazo de validade vencido. Os produtos de degradação da tetraciclina são nefrotóxicos. Todas as tetraciclinas, com exceção da doxicilina, devem ser utilizadas cautelosamente em cães e gatos com insuficiência renal[38]. Azotemia pode ocorrer em alguns pacientes recebendo tetraciclinas, em virtude da inibição de síntese protéica, sem ligação com lesão renal. Alguns pacientes felinos produzem uma elevação da temperatura corpórea (febre por droga) quando recebem tetraciclinas[71]. Outros efeitos colaterais relatados após o uso de demeclociclina, em pequenos animais, incluem reações de fotossensibilização, emese, hepatotoxicidade e indução de diabete insípida dose-dependente[35, 33].

As tetraciclinas têm a capacidade de alterar profundamente a flora entérica. Muitos coliformes aeróbicos e bactérias Gram-positivas formadoras de esporos são suscetíveis à tetraciclina, além de alguns coliformes anaeróbicos. As fezes tornam-se freqüentemente mais moles e sem odor, adquirindo uma coloração amarelo-esverdeada durante o tratamento com a droga. Um aumento do crescimento de microorganismos resistentes à tetraciclina geralmente ocorre durante o intervalo de administração da droga, particularmente leveduras e enterococos. As tetraciclinas ocasionalmente provocam a chamada colite associada à antibioticoterapia, além de serem capazes de se ligar ao cálcio, constituindo um problema para animais jovens ou em gestação. São capazes de inibir o crescimento de ossos longos e também de produzir descoloração e hipolasia do esmalte dentário em pacientes jovens[59, 71, 15].

A demeclociclina pode produzir como efeito colateral a *diabetes insipidus* em pessoas e, curiosamente, já foi utilizada como forma de tratamento para pacientes com pouca produção de hormônio anti-diurético[52].

De acordo com BOOTHE (1990), as tetraciclinas são capazes de causar febre (até 41 °C) acompanhada de vômito, diarréia e inapetência em gatos, mesmo quando usadas em dosagens recomendadas.

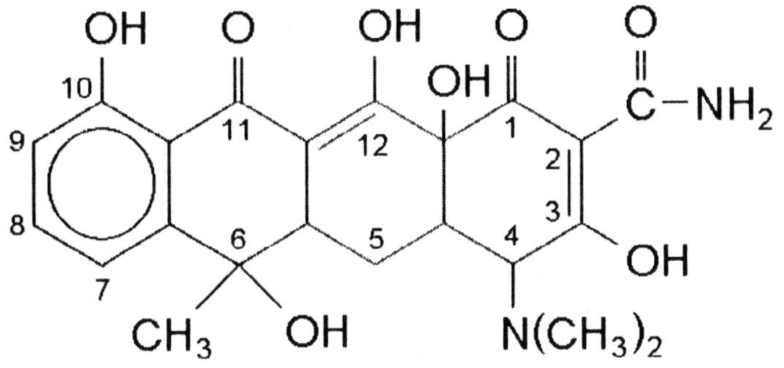

Figura 10- Representação da estrutura da tetraciclina. Observar no quadro XII os radicais e respectivas posições estruturais encontradas nos antibióticos derivados.

Tabela XVI - Tetraciclinas

(Amplo espectro de ação, incluindo bactérias Gram-negativas e positivas, *Chlamydia psittaci*, Bordetella *bronchiseptica*, rickétsias, espiroquetas, *Mycoplasma* spp, *Bacteroides fragilis* (doxiciclina), *Pasteurella* spp, *Aerobacter aerogenes*, *Borrelia burgdorferi*, *Ehrlichia canis* (principalmente a minociclina), *Haemobartonella* spp, *Brucella* spp, bactérias de forma L e alguns protozoários. Atividade contra *Staphylococcus* spp é limitada (a minociclina possui maior atividade), não é ativa contra enterococos. Geralmente, *E. coli*, *Klebsiella* spp e *Proteus* spp são resistentes.)

Droga	Adição de radical	Posição na estrutura da tetraciclina
De curta ação (solúveis em água)		
Clortetraciclina	-Cl	(7)
Oxitetraciclina	-OH e -H	(5)
Ação intermediária		
Demeclociclina	-OH, -H e -Cl	(6, 7)
Metaciclina	-OH, -H, =CH2	(5, 6)
De longa ação (lipossolúveis)		
*Doxiciclina	-OH, -H, -CH3 e -H	(5, 6)
*Minociclina	-H, -H, -N(CH3)2	(6, 7)

* Também chamadas tetracicilinas modificadas, geralmente mais eficientes que as demais.

Glicilciclinas

As glicilciclinas são antibióticos derivados da tetraciclina. Atualmente, dois compostos (CL 329, 998 e CL.331,002), derivados do N,N-dimetilglicilamido da minociclina e da 6-dimetil-6-desoxitetraciclina, respectivamente, encontram-se em fase de desenvolvimento e testes iniciais. O espectro de atividade antimicrobiana é similar ao da tetraciclina e inclui bactérias aeróbicas, anaeróbicas, Gram-negativas e positivas. Ao que tudo indica, as novas drogas são várias vezes mais potentes que a tetraciclina e a miniciclina[45].

Cloranfenicol, Tiafenicol & Florfenicol

Cloranfenicol

O cloranfenicol é um antibiótico produzido pelo *Streptomyces venezuelae*, actinomiceto isolado em 1947 a partir de uma amostra de solo colhido na Venezuela. Utilizado inicialmente para tratar o tifo, o cloranfenicol começou a ser produzido em grande escala em 1948. Foi o primeiro antibiótico a ser obtido de maneira totalmente sintética, no ano de 1949[14]. Em 1950, descobriu-se a capacidade da droga para causar discrasias sangüíneas[45].

O cloranfenicol é único entre os antibióticos naturais por possuir na estrutura básica o nitrobenzeno, um derivado do ácido dicloroacético[45].

Tanto o palmitato de cloranfenicol como o succinato sódico de cloranfenicol devem ser hidrolizados transformando-se em cloranfenicol para que possam exercer ação antibacteriana. O mecanismo de ação do cloranfenicol envolve a inibição da síntese protéica da célula bacteriana procariota e também, em menor grau, das células eucaritas. O cloranfenicol liga-se à subunidade ribossômica 50 S, próximo ao local de ação dos antibióticos macrolídeos e da clindamicina, prevenindo a formação das ligações peptídicas de novos aminoácidos. A ligação é reversível tornando a ação do cloranfenicol contra a bactéria de natureza bacteriostática, podendo, eventualmente, exercer efeito bactericida. Entretanto, como os mamíferos podem apresentar nas células o mesmo tipo de ribossomo bacteriano, pode haver ação da droga contra as células do paciente. As células da medula óssea parecem ser particularmente suscetíveis a este efeito colateral. É ativo contra muitas bactérias, incluindo espiroquetas, rickétsias, clamídias, salmonelas (incluindo a *S. typhi*), *Haemophilus* spp, *Brucella* spp, *Pasteurella* spp, muitas bactérias anaeróbicas e micoplasmas[93, 59, 53, 71, 45].

Após a absorção, o cloranfenicol é amplamente distribuído, penetrando especialmente bem na barreira hemato-encefálica, por ser altamente lipofílico. Possui um índice de ligação às proteínas plasmáticas de 50 a 60% com a droga livre não ionizável em qualquer pH[5].

Quando o cloranfenicol é metabolizado, sofre conjugação com o ácido glicurônico no fígado para uma forma inativa que é, posteriormente, eliminada pelo rim[59]. Tanto o sal succinato quanto o palmitato são metabolizados em cloranfenicol no fígado e intestinos, respectivamente[5]. O sal palmitato de cloranfenicol não é bem absorvido em felinos[71].

Paralelamente, o cloranfenicol inibe a síntese das proteínas mitocondriais que formam a membrana mitocondriana interna, provavelmente inibindo a enzima peptidiltransferase ribossômica, incluindo subunidades da citocromo *c* oxidase e ubiquinona-citocromo *c* redutase. Muito da toxicidade do cloranfenicol pode ser atribuída a tais efeitos[45].

Tabela XVII - Concentração inibitória mínima (CIM) do cloranfenicol e análise da eficiência in vitro *contra várias bactérias*

Bactéria	Eficiência (%)	CIM (µg/ml)	Análise da ação
Streptococcus beta-hemolítico	≥ 90	8	Excelente
Chlamydia psittaci	≥ 99	<8	Excelente
Pasteurella multocida	85-90	16	Excelente
Bordetella bronchiseptica	<90	8	Boa
Staphylococcus intermedius	>85	8	Boa
Enterococcus faecalis	70-80	8	Boa
Escherichia coli	50-60	16	Razoável
Proteus mirabilis	50-60	16	Razoável
Klebsiella pneumoniae	<40	16	Pobre
Bactérias anaeróbicas (Clostrídios e *Bacteroides* spp)			Alguma ação
Pseudomonas aeruginosa			Sem efeito

(Modificada de AUCOIN, 1993)

Tiafenicol

O tiafenicol é um antibiótico sintético, análogo ao cloranfenicol, obtido em laboratório por CUTLER *et al.*, (1952), no Instituto de pesquisas Sterling-Whinthrop. É uma substância pouco solúvel mas seu éster glicinato é hidrossolúvel, sendo, portanto, utilizado por via parenteral. Possui as mesmas propriedades antimicrobianas do cloranfenicol, apresentando boa ação contra bactérias Gram-positivas e Gram-negativas e excelente difusão tecidual. É eliminado pela urina e bile sem sofrer alterações na sua estrutura química[93, 1].

Florfenicol

O análogo estrutural do tiafenicol, que dele se diferencia pela substituição do grupo hidroxila da porção 1,3-propanodol por flúor, chama-se florfenicol. A droga possui o mesmo mecanismo de ação que o tiafenicol. Apresenta, aparentemente, menos efeitos colaterais e desenvolve menos resistência bacteriana que o cloranfenicol e o próprio tiafenicol. O florfenicol vem sendo utilizado com sucesso no tratamento de doenças respiratórias dos bovinos[77]. Ao substituir o grupo hidroxila do tiafenicol, impede-se a acetilação da estrutura pela enzima cloranfenicol-acetiltransferase. Assim, várias cepas bacterianas resistentes ao cloranfenicol e ao tiafenicol tornaram-se altamente sensíveis ao florfenicol[77].

Efeitos colaterais do cloranfenicol e derivados

Entre os mais freqüentes efeitos colaterais do cloranfenicol descritos na medicina veterinária, estão a irritação gastro-intestinal e as discrasias sangüíneas que, geralmente, são dose-dependentes, como anemia aplásica, leucopenia ou trombocitopenia. A supressão do funcionamento da medula óssea parece ser mais pronunciada em felinos[35, 71]. Os felinos são deficientes em algumas etapas do metabolismo hepático do cloranfenicol. Os gatos e humanos rescém-nascidos não conseguem eliminar o cloranfenicol como um conjugado de glicuronato[12].

Quando o cloranfenicol está presente na urina, há a possibilidade de resultados falsos positivos para testes em fita de determinação de glicose urinária[35].

Nos humanos, os efeitos colaterais do tiafenicol se manifestam por náuseas, vômitos, diarréias, dor no local de administração e reações alérgicas. Não são descritos casos de discrasias sangüíneas, embora se saiba que a droga apresenta ação depressora sobre a medula óssea[93].

$$O_2N - C_6H_4 - \underset{OH}{\underset{|}{CH}}\underset{CH_2OH}{\underset{|}{CH}} - NH - \underset{O}{\overset{\parallel}{C}} - CHCl_2$$

Figura 11- Representação da fórmula estrutural do cloranfenicol.

Tabela XVIII - Cloranfenicol, Tiafenicol & Florfenicol

(Amplo espectro de ação, incluindo *Haemophilus* spp, *Brucella* spp, *Pasteurella multocida*, *Salmonella* spp, *Staphylococcus* spp, *Streptococcus* spp, *Ricketsia* spp, *Bacillus anthracis*, *Erysi-pelothrix rhusiopathiae*, *Chlamydia psittaci* e *Haemobartonella* spp. Possui alguma ação contra bactérias anaeróbicas, muito pouca ação contra *Pseudomonas aeruginosa* e ação variável contra *E.coli*, *Klebsiella* spp e *Proteus* spp.)

Droga	Via de administração
Palmitato de cloranfenicol	Oral
Succinato sódico de cloranfenicol	Parenteral
Tiafenicol (análogo do cloranfenicol)	Parenteral
Florfenicol (análogo do tiafenicol)	Parenteral

Antibióticos macrolídeos, sinergistinas & lincosamínicos

Macrolídeos

Os antibióticos macrolídeos, lincomicinas e sinergistinas são grupos de antibióticos aparentados, constituídos quimicamente por heterosídeos. O macrolídeos contêm um anel lactona macrocíclico, as sinergistinas são antibióticos que possuem um macrolídeo como um dos elementos estruturais, as lincomicinas possuem estrutura química diferente mas o mecanismo de ação e o espectro de atividade são muito semelhantes aos demais[93].

A eritromicina foi descoberta por McGUIRE *et. al* (1952). O antibiótico é um produto metabólico de uma cepa de *Streptomyces erythreus* oriunda, originalmente, de uma amostra de solo proveniente do arquipélago das Filipinas. Os mesmos pesquisadores iniciaram as primeiras observações *in vitro*, determinando a toxicidade e o espectro de ação da droga. A claritromicina, azitromicina, rosamicina, josamicina, rokitamicina e diritromicina são derivados semi-sintéticos da eritromicina[35,45].

A eritromicina, assim como as outras drogas do grupo, são classificadas como macrolídeos porque possuem um anel lactona no qual se ligam um ou mais desoxiaçúcares. Alterações na estrutura da eritromicina resultaram no aparecimento da claritromicina e da azitromicina, que apresentam melhor estabilidade frente a compostos ácidos, melhor poder de penetração tecidual, além do espectro de atividade mais amplo[45]. Entretanto, REESE & BETTS (1995) afirmam que microorganismos resistentes à ação da eritromicina são também resistentes à ação da azitromicina. A claritromicina pode ser utilizada como antibiótico substituto para pacientes alérgicos a cefalosporinas de primeira geração[79]

Os macrolídeos são geralmente bacteriostáticos mas mostram poder bactericida quando atingem altas concentrações no local da infecção, dependendo da susceptibilidade do patógeno envolvido[71]. O mecanismo de ação baseia-se na inibição reversível da síntese protéica RNA-dependente da bactéria ligando-se à subunidade ribossômica 50 S de modo semelhante ao cloranfenicol[45]. Ao contrário do cloranfenicol, os macrolídeos não afetam as mictocôndrias de células animais[71].

A eritromicina difunde-se rapidamente dentro de quase todos os tecidos e compartimentos extracelulares, com exceção ao líquido cefalorraquidiano. Os macrolídeos são eliminados pela bile, passam pela circulação entero-hepática e são, finalmente, eliminadas nas fezes. Altas concentrações dos macrolídeos podem ser encontradas em todos os líquidos e secreções orgânicas, com exceção da urina, constiuindo uma classe de drogas segura para a utilização em pacientes com insuficiência renal[35].

Tabela XIX - Concentração inibitória mínima (CIM) da eritromicina e análise da eficiência in vitro contra várias bactérias

Bactéria	Eficiência (%)	CIM (g/ml)	Análise da ação
Streptococcus beta-hemolítico	≥ 99	< 0, 50	Excelente
Chlamydia psittaci		< 0, 50	Excelente
Bactérias anaeróbicas	≥ 99	≤ 1, 00	Excelente
Staphylococcus intermedius	70-80	< 0, 50	Boa
Enterococcus faecalis	40-50	< 1	Razoável
Escherichia coli			Sem efeito
Proteus mirabilis			Sem efeito
Klebsiella pneumoniae			Sem efeito
Pasteurella pneumoniae			Sem efeito
Pseudomonas aeruginosa			Sem efeito
Bordetella bronchiseptica			Sem efeito

(Modificada de AUCOIN, 1993)

Efeitos colaterais dos antibióticos macrolídeos

A eritromicina possui toxicidade relativamente baixa. O efeito colateral mais freqüente é a irritação gastrointestinal. Há relatos de hepatotoxicidade em humanos, por inibição de algumas enzimas microssomais, relacionada ao uso prolongado de eritromicina. Em animais também há relatos de neurotoxicidade e emese provocada por macrolídeos[35, 33, 71].

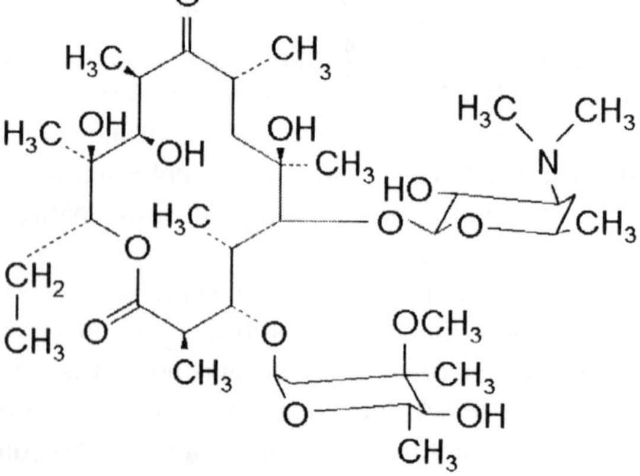

Figura 12- Representação da fórmula estrutural da eritromicina, um antibiótico macrolídeo.

A tilosina é um macrolídeo produzido a partir de cepas do *Streptomyces fradiae*, semelhante à eritromicina quanto às características farmacológicas e espectro de ação. Possui boa capacidade de absorção oral, é metabolizada pelo fígado, sendo eliminada pela urina e pela bile. A tilosina vem sendo utilizada no tratamento da colite ulcerativa em cães e da peritonite infecciosa felina. A droga prima pela sua boa ação contra bactérias Gram-positivas, *Campylobacter* spp e micoplasmas[35].

A espiramicina é outro antibiótico macrolídeo, oriunda de culturas do *Streptomyces ambofaciens* e introduzida pelos Laboratórios Rohne-Poulenc da França. Suas propriedades são muito semelhantes e menos potentes que as da eritromicina. Possui boa atividade contra estreptococos, estafilococos, pneumococos, gonococos e *Toxoplasma gondii*[93, 1].

Sinergistinas

O grupo de antibióticos das sinergistinas, ou também chamadas de estreptograminas, possui todas as características farmacológicas muito semelhantes à dos macrolídeos, sendo que as duas classes podem ser estudadas, clinicamente, como pertencentes a um mesmo grupo. As sinergistinas são representadas pelas drogas: pristinamicina e virginiamicina[93].

Lincosamínicos

A lincomicina e o respectivo derivado sintético, a clindamicina (antibióticos lincosamínicos), são diferentes dos antibióticos macrolídeos quanto à estrutura química, mas algumas propriedades farmacológicas como o mecanismo de ação das duas classes são bastante semelhantes (interferem na formação de ligações peptídicas por ligarem-se na subunidade ribossômica 50 S)[71]. A lincomicina foi isolada do *Streptomyces lincolnensis* por MASON et al. (1962), nos laboratórios da Upjohn Company. A clindamicina, também elaborada pelos laboratórios Upjohn, Estados Unidos, difere da lincomicina pela substituição de um grupo clorado por um hidroxilado, parece possuir um espectro de ação antibacteriana maior do que o da lincomicina e possui alto poder de ligação às proteínas plasmáticas[93, 71]. A clinda-micina é de 4 a 16 vezes mais ativa que a lincomicina, possuindo a capacidade de penetrar em leucócitos e agir contra bactérias fagocitadas. A clindamicina, na Medicina Veterinária, é recomendada para o tratamento de infecções de tecidos moles, abscessos, infecções dentárias e osteomielite causadas por cepas susceptíveis de *Staphylococcus* spp, *Bacteroides fragilis*, *B. Melaninogenicus*, *Fusobacterium necrophorum* e *Clostridium perfrigens* [13, 24].

*Tabela XX - Concentração inibitória mínima (CIM) da clindamicina e análise
da eficiência <u>in vitro</u> contra várias bactérias*

Bactéria	Eficiência (%)	CIM (µg/ml)	Análise da ação
Streptococcus beta-hemolítico	≥ 99	< 0, 50	Excelente
Chlamydia psittaci		< 4	Excelente
Bactérias anaeróbicas	≥ 99	≤ 4, 00	Excelente
Staphylococcus intermedius	≥ 75	< 0, 50	Boa
Enterococcus faecalis			Sem efeito
Escherichia coli			Sem efeito
Proteus mirabilis			Sem efeito
Klebsiella pneumoniae			Sem efeito
Pasteurella pneumoniae			Sem efeito
Pseudomonas aeruginosa			Sem efeito
Bordetella bronchiseptica			Sem efeito

(Modificada de AUCOIN, 1993)

Efeitos colaterais dos antibióticos lincosamínicos

Os efeitos colaterais observados em animais tratados com clindamicina parecem estar restritos a distúrbios gastroentéricos[93, 35, 24, 71]. Entretanto, a clindamicina deve ser utilizada cautelosamente em felinos com toxoplasmose pulmonar. Um trabalho recente relata que vários gatos com toxoplasmose, induzida experimentalmente, morreram após a administração de clindamicina pela via parenteral[75]. Em animais, a toxicidade pela administração de lincomicina é raramente observada, há relatos de sistúrbios gastroentéricos em pessoas. Também já foram relatados como efeitos colaterais dos antibióticos lincosamínicos, em pequenos animais, a hematemese, o bloqueio neuromuscular e o choque depois de injeções intramusculares[33, 80].

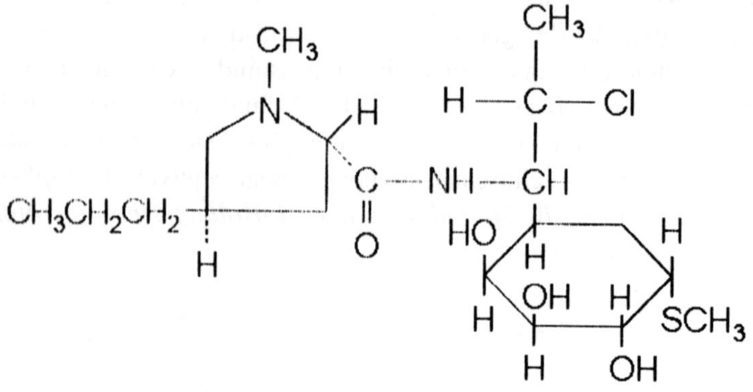

Figura 13 - Representação da fórmula estrutural da clindamicina.

Tabela XXI - Antibióticos macrolídeos, sinergistinas & lincosamínicos

Macrolídeos
(Atividade antimicrobiana ampla contra bactérias Gram-positivas, algumas Gram-negativas incluindo treponemas, micoplasmas, clamídias e rickétsias. Clinicamente, os organismos inibidos mais importantes incluem *Campylobacter jejuni*, *S. pneumoniae*, *S. pyogenes*, *C. diphteriae*, *B. pertussis*, *L. pneumophila*, *M. pneumoniae*, *C. trachomatis* e *C. pneumoniae*.)

Eritromicina
(Recomendada para infecções por *Borrelia burgdorferi*, *Chlamydia psittaci*, *Streptococcus* betahemolíticos e infecções por bactérias anaeróbicas.)

Claritromicina
(Substituição do radical da posição 6 do anel macrolídeo da eritromicina. Aprovada para utilização contra infecções cutâneas e respiratórias em humanos. Mais ativa contra estreptococos e estafilococos que a eritromicina.)

Azitromicina
(Utilizada, principalmente, contra infecções cutâneas e respiratórias em humanos. Ação limitada contra bacilos Gram-negativos.)

Oleandomicina
(Derivada da eritromicina, é um congênere sintético.)

Troleandomicina
(Derivada da oleandomicina menos ativa e mais tóxica que a eritromicina.)

Rosamicina
(Derivada da eritromicina similar quanto ao espectro de ação e indicações de utilização.)

Josamicina
(Derivada da eritromicina, melhor absorvida, menos tóxica, induz menos resistência bacteriana.)

Roxitromicina
(Macrolídeo semi-sintético, muito estável em ambientes ácidos, atinge altas concentrações séricas após administração por via oral.)

Diritromicina
(Derivada da eritromicina (possui longa duração.)

Espiramicina
(Boa atividade contra cocos e alguns protozoários. Em pessoas há relatos da utilização da droga no tratamento da toxoplasmose.)

Tilmicosina
(Aprovada para utilização em bovinos.)

Tilosina
(Droga mais ativa que a eritromicina contra *Campylobacter* spp e micoplasmas.)

Sinergistinas
(Modo e espectro de ação semelhantes aos macrolídeos. Atua contra cocos Gram-positivos e Gram-negativos.)

Pristinamicina
(Utilizada na medicina contra infecções estafilocócicas, estreptocócicas (incluindo septicemias), gonocócicas e difterias.)

Virginamicina
(Propriedades semelhantes às da pristinamicina.)

Lincosamínicos
(Modo e espectro de ação similar aos antibióticos macrolídeos.)

Lincomicina
(Antibiótico não macrolídeo com propriedades farmacológicas semelhantes às da eritromicina. Bastante ativo contra bactérias anaeróbicas.)

Clindamicina
(Derivado semi-sintético da lincomicina, antibiótico não macrolídeo com propriedades farmacológicas semelhantes às da eritromicina, também utilizada para infecções por cocos Gram-positivos, bactérias anaeróbicas Gram-positivas e Gram-negativas e infecções por *Toxoplasma gondii*. Não é ativa contra enterococos, bacilos Gram-negativos aeróbios ou *Mycoplasma* spp. Também indicada no tratamento de infecções crônicas por estafilococos. É ativa contra *Chlamydia psittaci*, *Streptococcus* beta-hemolítico e bactérias anaeróbicas.)

RP 59500

Um dos mais novos antibióticos, ainda não disponível no comércio, de nome código provisório RP 59500, é uma combinação sinérgica de estreptogramina A e estreptogramina B (drogas aparentadas com os antibióticos macrolídeos e lincosamínicos). O mecanismo de ação dos dois compostos é de ligar-se à subunidade ribossômica 50 S do RNA 23 S e inibir a síntese protéica bacteriana. Ao contrário dos outros antibióticos similares, o RP 59500 é bactericida contra uma grande variedade de bactérias Gram-positivas. O novo antibiótico parece não induzir significativamente a produção da metilase, principal mecanismo de resistência aos macrolídeos e lincosamínicos.

Provavelmente, a droga será útil no tratamento de infecções resistentes a várias drogas por estafilococos, pneumococos e enterococos. Em um estudo de endocardite experimental em coelhos, o RP 59500 mostrou-se bactericida *in vivo* e tão ativo quanto à vancomicina contra cepas de estafilococos resistentes à meticilina[45].

Bacitracina

A bacitracina é um antibiótico polipeptídico, produzido pelo *Bacillus subtilis*, isolado pela primeira vez em 1943. Uma parte curiosa da história do aparecimento da bacitracina é que a cepa do bacilo que a produz foi isolada de uma infecção, pós-fratura, em um paciente de nome Tracy, de onde veio o nome bacitracina[35, 45].

O modo de ação exato da droga não é totalmente conhecido, mas tudo indica que o mecanismo de inibição bacteriana está ligado a uma interferência com a síntese da parede celular bacteriana. A bacitracina vem sendo utilizada em soluções e pomadas de administração por via tópica no trato genito-urinário, pele, olhos e orelhas. A atividade da droga não é prejudicada por restos celulares, coágulos, pus ou tecido necrótico, tornando-se útil em pacientes com furunculoses, impetigo, piodermas e conjuntivites supurativas[1, 45]. Também é utilizada por via oral no tratamento de diarréias causadas por *Entamoeba* spp[35]. Relatos de toxicidade à bacitracina geralmente são relacionados à hipersensibilidade observada no local de administração. Possui excelente atividade contra: streptococos, estafilococos, bactérias anaeróbicas como *Clostridium* spp e *Actinomyces* spp[35].

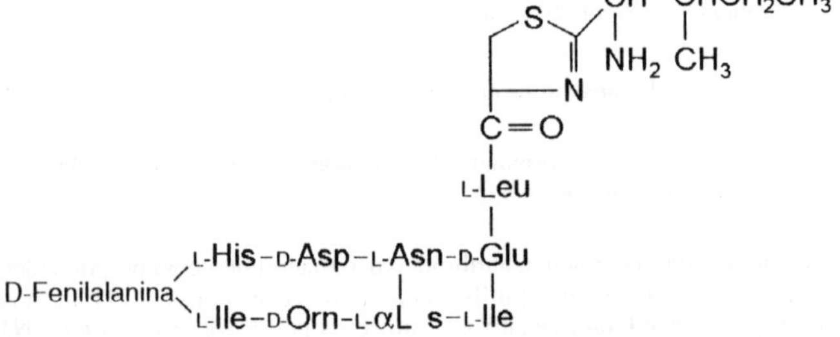

Figura 14- Representação da fórmula estrutural da bacitracina, um antibiótico polipeptídico, com as respectivas abreviaturas dos aminoácidos indicadas.

Novobiocina

A novobiocina é um antibiótico produzido a partir de cepas do *Streptomyces niveus* e do *Streptomyces spheroides* isolada em 1955. O composto é um heterosídeo não macrolídeo que apresenta propriedades farmacológicas semelhantes à da eritromicina[93]. Muitas bactérias Gram-positivas, incluindo estreptococos e estafilococos são susceptíveis. O mecanismo de ação envolve a inibição da síntese de RNA e interferência na síntese da parede celular, sendo que a resistência bacteriana não é transmitida para outros antibióticos. A novobiocina é bem absorvida após administração oral e é excretada na bile, urina e fezes. Atualmente, é utilizada como probiótico para aves e em combinação a uma tetraciclina, resultando em boa resposta terapêutica em pequenos animais. Ocorre efeito sinérgico quando a novobiocina e uma tetraciclina são administradas em combinação. Erupções cutâneas, discrasias sangüíneas, vômitos e diarréia já foram relatados em pacientes submetidos ao tratamento com a droga. A droga tem a capacidade de bloquear o transporte renal de outras drogas por ação no túbulo renal[35, 38, 75].

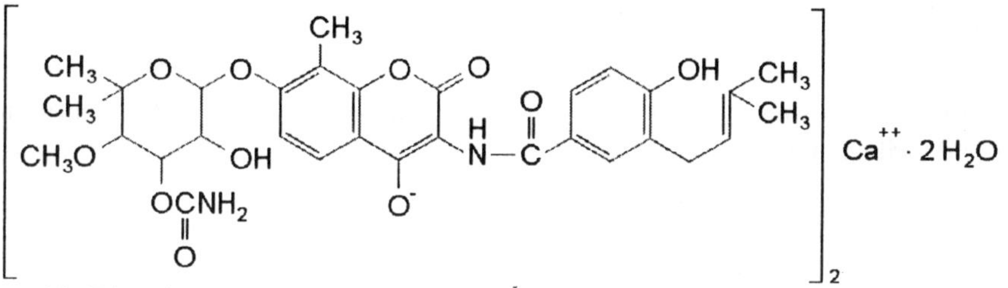

Figura 15 - Fórmula estrutural da novobiocina, um antibiótico heterosídeo.

Espectinomicina

A espectinomicina é uma antibiótico produzido a partir do *Streptomyces spectabilis*, introduzido no meio médico em 1961, pelos laboratórios Upjohn, Estados Unidos[93]. A droga é um aminociclitol e possui ação antibacteriana relativamente baixa. A forma de dihidrocloridrato pentahidrato de espectinomicina, possui melhor absorção por via I.M. e I.V.[93]. Sua utilização terapêutica restringe-se quase que exclusivamente ao tratamento da gonorréia não complicada causada por cepas resistentes às outras drogas ou em casos em que o paciente apresenta hipersensibilidade às outras classes de drogas, como aos antibióticos beta-lactâmicos e quinolonas. O modo de ação da droga é similar ao dos aminoglicosídeos envolvendo a inibição da síntese protéica bacteriana, ligando-se à subunidade ribossômica 30 S. No entanto, a espectinomicina é bacteriostática e induz alta resistência bacteriana[45]. Sua prinicipal indicação é como substituto para as cefalosporinas de terceira geração em pacientes alérgicos às mesmas[79].

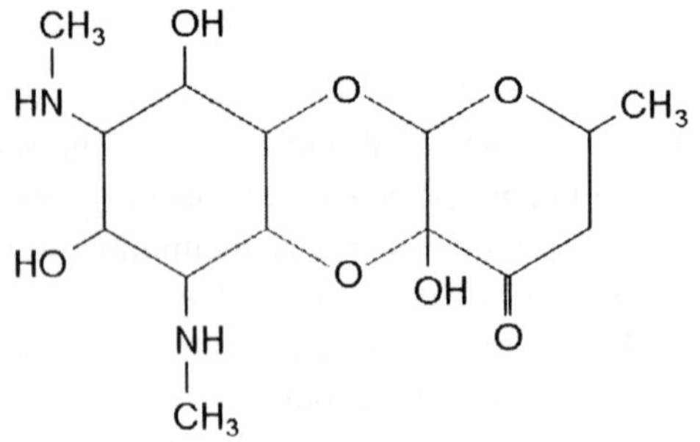

Figura 16 - Representação da fórmula estrutural da espectinomicina, um aminociclitol.

Polimixina B e colistina (polimixina E)

A polimixina B e a colistina (polimixina E) são antibióticos extremamente nefrotóxicos e são raramente utilizados, a não ser em preparações de utilização por via tópica [45].

As polimixinas compõem um grupo de antibióticos descoberto em 1947, por pesquisadores independentes dos Estados Unidos e Reino Unido, elaborados a partir de diferentes cepas do *Bacillus polymixa* e do *Aerobacillus colistinus*. São peptídeos simples com propriedades de detergentes catiônicos [93].

A atividade antimicrobiana das polimixinas é basicamente restrita às bactérias Gram-negativas, incluindo enterobactérias, *E. coli*, *Klebsiella* spp, *Salmonella* spp, *Pasteurella* spp, *Bordetella* spp, *Shigella* spp e algumas cepas de *Pseudomonas aeruginosa*. O antibiótico em geral não apresenta ação sobre *Proteus* spp, *Serratia* spp, *Neisseria* spp e *Brucella* spp [93]. As polimixinas têm a propriedade de interagir fortemente com fosfolipídeos bacterianos, atravessando e desestruturando as membranas da célula. Outra propriedade da polimixina B é de se ligar à porção lipídica A de endotoxinas, inativando a molécula. Existem evidências que indicam que a polimixina B também previne a maioria das conseqüências patofisiológicas da liberação de endotoxinas [45].

Tanto a polimixina B como a colistina não são bem absorvidas quando administradas por via oral. No entanto, a colistina é utilizada com sucesso na medicina pediátrica, pela via oral, para excercer ação na flora entérica, para pacientes com diarréia. Também são pobremente absorvidas pelas membranas mucosas e pela superfície de grandes queimaduras. Infecções na pele, membranas mucosas, globo ocular e orelha podem responder bem à aplicação tópica de medicamentos à base de polimixina B (soluções ou pomadas).

Há poucos relatos de efeitos colaterais à administração tópica de polimixinas na Medicina Veterinária. Segundo FERGUSON & LAPPIN (1992), é possível ocorrer bloqueio neuromuscular em animais tratados com polimixinas. Vômitos e diarréia são sinais comuns à intoxicação por polimixina, quando administrada oralmente em doses elevadas, em pacientes humanos[45].

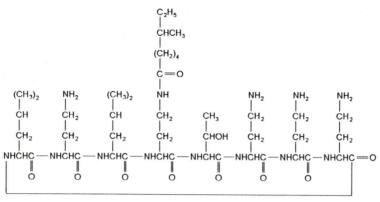

Figura 17 - Representação da estrutura da colistina, uma polimixina.

Rifamicinas

As rifamicinas, ou rifocinas, são antibióticos macrocíclicos complexos produzidos por cepas de *Streptomyces mediterranei*. A rifampicina e a rifabutina são derivados semi-sintéticos das rifamicinas naturais (rifamicina B e S, respectivamente), utilizados no tratamento da tuberculose em pessoas[24, 45]. As rifamicinas são derivadas de hidrocarbonetos aromáticos, sem qualquer parentesco com as tetraciclinas. Suas fórmulas estruturais são bastante complexas. Não apresentam resistência cruzada com outros antibióticos e suas propriedades antimicrobianas são diferentes entre si. Possuem ação primariamente bacteriostática, mas podem ser bactericidas dependendo do organismo e da concentração alcançada no tecido.

São membros deste grupo de antibióticos a rifamicina SV, a rifamicina M e a rifampicina. Todas possuem amplo espectro de ação antimicrobiana, sendo que o modo de ação das drogas afeta o metabolismo de ácidos nucléicos bacterianos, mais precisamente, ligando-se à RNA polimerase e inativando aquela enzima.

A rifampicina possui excelente solubilidade lipídica e pode atingir altas concentrações na maioria dos tecidos, incluindo o SNC, lágrima, saliva, globo ocular e cavidades de abscessos. Atinge, também, altas concentrações intracelulares e pode atacar bactérias fagocitadas por macrófagos[93, 24, 45].

As rifamicinas são ativas contra estafilococos, outros cocos Gram-positivos e bactérias anaeróbicas. São excelentes para o combate de infecções por *Chlamydia* spp. em pessoas[81]. As rifamicinas, quando utilizadas como agente antimicrobiano isolado, podem desenvolver resistência bacteriana rapidamente, tornando-se necessária a combinação com outro antibiótico, normalmente uma penicilina[27, 99]. As rifamicinas são metabolizadas no fígado e eliminadas, principalmente, via bile e parcialmente via renal. Possuem a capacidade de induzir a produção de enzimas microssomais, acelerando o próprio metabolismo dentro das primeiras duas semanas de tratamento[27, 24].

A rifampicina é utilizada no tratamento da osteomielite crônica por estafilococos, endocardites, pioderma profundo, abscessos e infecções no SNC. A rifampicina combinada à eritromicina, vem sendo utilizada com sucesso no tratamento de infecções por *Rhodococcus equi* em potros. A rifampicina pode também ser utilizada no tratamento de infecções por *Chlamydia* spp, *Brucella* spp e outras bactérias intracelulares.

Segundo AXELROD *et al.* (1994), a rifampicina deve ser sempre utilizada em combinação a outro antibiótico para evitar resistência bacteriana, que pode se desenvolver rapidamente quando a droga é usada isoladamente. Podendo ser utilizada, também, em combinação a antifúngicos, no tratamento de infecções fúngicas disseminadas[24, 45].

Efeitos colaterais das rifamicinas

Já foram relatados como efeitos colaterais do tratamento de animais com rifamicinas: problemas gastroentéricos, reações cutâneas, prurido, coloração de fluidos corpóreos (urina, saliva, lágrimas e fezes)[80].

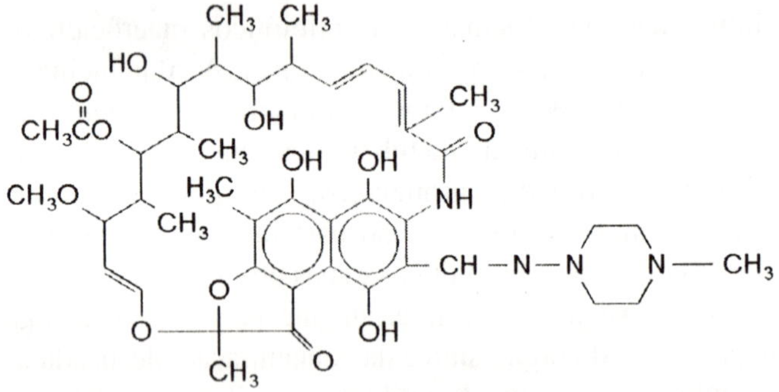

Figura 18 - Eis a estrutura da rifampicina, antibiótico macrocíclico complexo derivado semi-sintético da rifamicina B.

Tabela XXII - Rifamicinas

Rifamicina SV
(Age contra cocos Gram-positivos e micobactérias. Não apresenta boa atividade contra enterococos e clostrídios.)

Rifamicina M
(Age contra cocos Gram-positivos e micobactérias. Possui alguma ação contra bactérias Gram-negativas.)

Rifampicina (Rifampin)
(Age excelentemente contra estafilococos resistentes aos antibióticos convencionais, principalmente em locais onde outros antibióticos penetram pobremente. Vem sendo muito explorada na Medicina Veterinária. É ativa contra *Mycobacterium tuberculosis*, *M. kansasii*, *M. marinum*, *M. leprae*, *E. coli*, *Pseudomonas* spp, *Proteus* spp, *Klebsiella* spp, *Chlamydia* spp e *Brucella* spp. Também indicada no tratamento de infecções crônicas por *Staphylococcus* spp.)

Rifabutina
(De modo geral, mais ativa contra *Mycobacterium* spp que a rifampicina.)

Vancomicina

A vancomicina é um antibiótico produzido a partir do *Amycolatosis orientalis* (anteriormente *Nocardia orientalis*), um actinomiceto isolado de amostras de solo obtidas na Indonésia e Índia, fruto de pesquisas realizadas pelo laboratório de pesquisas Lilly, Estados Unidos, em 1956. A estrutura química da vancomicina corresponde a um glicopeptídeo tricíclico[62].

Geralmente, a vancomicina é ativa contra bactérias Gram-positivas incluindo cepas de estafilococos resistentes à meticilina. Possui efeito sinérgico *in vitro* quando combinada à gentamicina e tobramicina[45].

A ação da vancomicina ocorre por inibição da formação da parede celular bacteriana, pelo impedimento da síntese e associação do segundo estágio dos polímeros de peptidoglicanos, ligando-se à porção D-alanil-D-alanina das unidades precursoras da parede. A droga é bactericida para bactérias de divisão e crescimento rápido. É ativa contra *Staphylococcus aureus* e *Staphylococcus epidermidis* incluindo cepas resistentes à meticilina, *Streptococcos pyogenes*, pneumococos e *Clostridium difficile*[59].

A vancomicina é pobremente absorvida após a administração por via oral, pela via intramuscular a droga é extremamente irritante, o que obriga o uso exclusivo pela via intravenosa. Não há resistência cruzada comprovada entre a vancomicina e outros antibióticos[03, 62, 45].

Efeitos colaterais da vancomicina

Os efeitos colaterais reportados na medicina veterinária incluem febre, neurotoxicidade (ototoxicidade), perda da audição, febre e reações cutâneas[80]. Em pessoas, pode provocar a Síndrome do Homem Vermelho se administrada rapidamente pela via intravenosa[59].

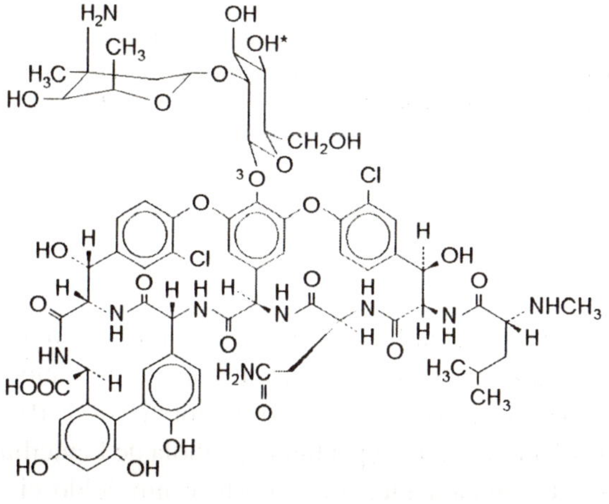

Figura 19 - Fórmula estrutural da vancomicina, um antibiótico glicopeptídico tricíclico. Sua fórmula foi determinada por análise de raio-X.

Teicoplanina

A teicoplanina (antigamente conhecida como teicomicina A2) é um antibiótico glicopeptídico, produzido pelo *Actinoplanes teichomyetius*. A droga é similar à vancomicina quanto à estrutura química, mecanismo de ação, espectro de atividade e rota de eliminação (principalmente renal)[45].

Como a vancomicina, a teicoplanina inibe a síntese de parede bacteriana, de modo diferente dos antibióticos beta-lactâmicos e possui atividade somente contra bactérias Gram-positivas aeróbicas e anaeróbicas. Seu modo de ação é bactericida, menos para enterococos. É ativa contra estafilococos resistentes à meticilina e cefalosporinas, estreptococos, *Listeria monocytogenes* e *Clostridium difficile*[62, 45].

As indicações clínicas da utilização da teicoplanina variam de endocardite, septicemia, infecções osteoarticulares, respiratórias, cutâneas e de tecidos moles[62].

A teicoplanina difunde-se bem na pele, tecido subcutâneo, miocárdio, pulmão, líquido pleural, osso, líquido sinovial, leucócitos, mas não em eritrócitos e, lentamente, no líquido cefalorraquidiano. Reações adversas à droga são raras[62].

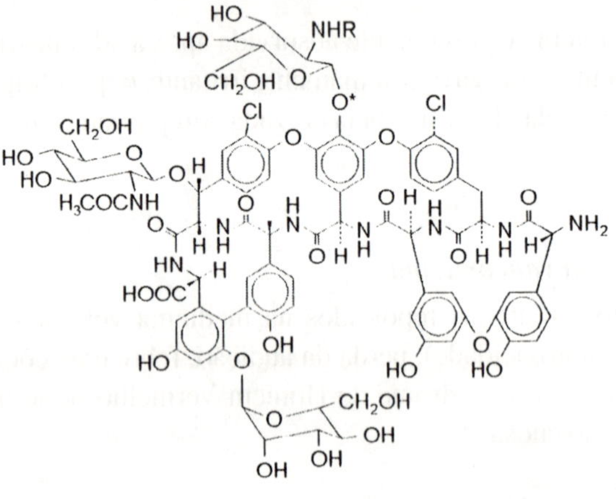

Figura 20- Fórmula estrutural da teicoplanina, um antibiótico glicopeptídico, que é uma mistura de seis compostos aparentados quimicamente. Um dos compostos possui um hidrogênio terminal marcado com um asterisco; os outros cinco compostos possuem como radicais R o ácido decanóico ou o ácido monanóico.

Fosfomicina

A fosfomicina é um antibiótico obtido de cepas do *Streptomyces fradiae*, *S. wedmorensis* e *S. virido-cromogenes* . Foi introduzido no meio médico em 1969, como resultado de pesquisas conduzidas pelos Laboratórios de Pesquisa Merk Sharp & Dohme, Estados Unidos e a Companhia Espanhola de Penicilina & Outros Antibióticos, Espanha. Quimicamente, o composto é um ácido cis-1,2-epoxipropil-fosfônico[93].

O mecanismo de ação bactericida da fosfomicina ocorre por inibição da fosfoenolpiruvato transferase, enzima responsável pela primeira etapa da síntese da parede bacteriana, com conseqüente lise da bactéria. Geralmente, não gera resistência cruzada com outros antibióticos[6].

Apresenta atividade contra bactérias Gram-negativas e Gram-positivas, principalmente contra estreptococos e estafilococos (incluindo os produtores de penicilinase), neisserias, *E. coli*, *Haemophilus* spp, *Proteus mirabilis*, *Salmonella* spp e *Shigella* spp[93].

A fosfomicina constitui outra opção no tratamento de infecções estafilocócicas e por bacilos Gram-negativos. Tem sido utilizada com resultados satisfatórios em infecções urinárias pulmonares e intestinais[93, 6].

Nitroimidazóis

O metronidazol é o principal composto nitroimidazólico (1-(β-hidroxietil)-2-metil-5-nitroimidazol), uma droga de ação antimicrobiana única, que atua contra muitas bactérias e protozoários[94]. Em condições de anaerobiose, ou condições de baixa oxidação/redução, as bactérias sensíveis reduzem o grupo nitroso do metronidazol, liberando um metabólito ativo que, presumivelmente, se liga ao DNA bacteriano, danificando-o. O metronidazol é ativo contra *Trichomonas* spp, *Giardia* spp e *Entamoeba histolytica*. Apresenta excelente ação contra cocos anaeróbicos, bacilos Gram-negativos anaeróbicos e bacilos anaeróbicos formadores de esporos[94].

O mecanismo de ação é bactericida para a maioria das bactérias anaeróbicas obrigatórias, incluindo *Bacteroides fragilis*, *Fusobacterium* spp e *Clostridium* spp e cocos Gram-positivos estritamente anaeróbicos. As bactérias aeróbicas, microaerofílicas e *Actinomyces* spp são resistentes à ação do metronidazol[26, 71]. O metronidazol possui excelente absorção oral difundindo-se passivamente em todos os tecidos animais, alcançando boas concentrações na bile, ossos, cérebro, líquor, ouvido médio, abscessos, próstata e vagina[79]. O metabolismo do metronidazol é, basicamente, hepático sendo que alguns metabólitos inativos e o próprio metronidazol inalterado são eliminados pelos rins.

As indicações para o uso do metronidazol incluem infecções sistêmicas provocadas por bactérias anaeróbicas resistentes a outros antibióticos, abscessos no SNC provocados por bactérias anaeróbicas, endocardites causada por *Bacteroides* spp, osteomielite causadas por organismos anaeróbicos e como antibiótico profilático nas cirurgias gastroentéricas[26].

Outra droga nitrimidazólica é o tinidazol, composto bastante similar ao metronidazol quanto ao mecanismo de ação, espectro antimicrobiano e toxicidade. Entretanto, possui meia-vida sérica mais prolongada, possibilitando o aumento dos intervalos entre as administrações[79].

Efeitos colaterais dos nitroimidazóis

Em cães, sinais sugestivos de lesão vestibular periférica ou central, além de ataxia (cerebelar), nistagmo e convulsões foram associados ao uso do metronidazol, tanto em doses normais[71], como em doses altas (superiores a 60mg/Kg/dia)[26, 12].

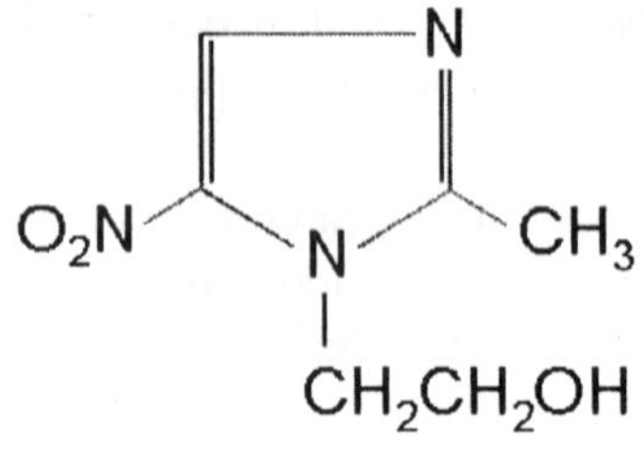

Figura 21 - Fórmula estrutural do metronidazol, um nitroimidazol.

Mupirocina

A mupirocina é um ácido pseudomônico, produto da fermentação da *Pseudomonas fluorescens*. Atua inibindo a síntese protéica bacteriana, ligando-se à isoleucil RNA sintetase, impedindo a incorporação de isoleucina em cadeias protéicas em construção.

O espectro de atividade da droga inclui *S. aureus* (incluindo os resistentes à meticilina e produtores de beta-lactamase), *S. epidermidis, Streptococcus pyogenes, S. pneumoniae, H. influenzae, N. gonorrhoeae* e *Moraxella* spp. Não é eficiente contra enterobactérias, *Pseudomonas* spp e difteróides.

A mupirocina é utilizada em preparações de administração por via tópica cutânea ou nas narinas. Muito utilizada no tratamento de impetigo[6, 79].

Figura 22 - Fórmula estrutural da mupirocina, um ácido psedomônico.

Derivados do nitrofurano

Os derivados dos nitrofuranos são compostos sintéticos que possuem grande atividade antimicrobiana. Possuem atividade *in vitro* para uma extensa gama de bactérias Gram-positivas e Gram-negativas, em concentrações que variam de 0,1 a 30 µg/ml. São utilizados principalmente pela atividade contra patógenos Gram-negativos. Não são ativas contra todos *Proteus* spp e raramente possuem atividade contra *Pseudomonas* spp. Possuem a vantagem de desenvolver pouca resistência *in vivo*. Podem ser bactericidas ou bacteriostáticos, dependendo da concentração atingida no local da infecção. A presença de sangue, plasma, leite e pus reduz a atividade da droga.

O mecanismo de ação exato dos nitrofuranos ainda é desconhecido. Sabe-se que a droga inibe processos oxidativos enzimáticos nas bactérias sensíveis[38].

Efeitos colaterais dos nitrofuranos

Vômitos, diarréias, hemorragias gastroentéricas, eosinofilia, neurite periférica e reações de hipersensibilidade são os efeitos colaterais dos nitrofuranos mais freqüentemente encontradas na literatura[38].

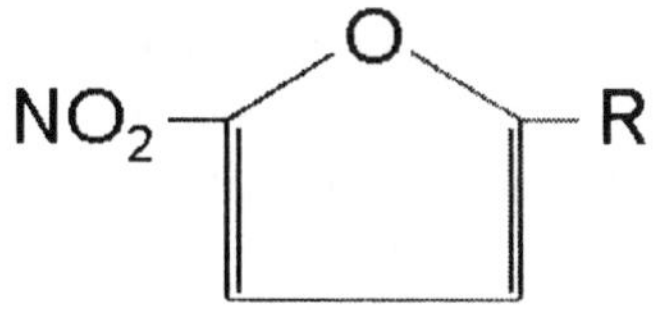

$$NO_2 \underset{\text{O}}{\longrightarrow} R$$

Figura 23 - Estrutura básica dos nitrofuranos, um composto sintético.

Tabela XXIII - Derivados do nitrofurano

Nitrofurazona
(Mais utilizado por via de administração tópica, em feridas. Possui pouco valor como agente quimioterápico sistêmico.)

Nitrofurantoína
(Antiséptico urinário de efeito local, possui amplo espectro de ação contra bactérias Gram-positivas e Gram-negativas. Atinge *E. coli, Staphylococcus aureus, Streptococcus pyogenes, Enterobacter aerogenes* e alguma ação contra *Pseudomonas aeruginosa*.)

Furazolidona
(Mais utilizada em preparados de administração oral para serem misturados nos alimentos em animais destinados à produção.)

Furaltadona
(Possui espectro médio de atividade antibacteriana e é prontamente absorvida a partir das vias gastroentéricas. Utilizada na água de bebida, sendo ativa contra cepas de *Salmonella* spp e *Mycoplasma* spp.)

Nifuralzedona
(Pouco absorvida quando administrada por via oral, mas é utilizada naquela via, para ação local na flora intestinal, no tratamento de doenças entéricas de bezerros.)

Agentes antimicrobianos utilizados no tratamento de infecções do trato urinário

Os chamados anti-sépticos do trato urinário inibem o crescimento de muitas espécies de bactéria. Não devem ser utilizados no tratamento de infecções sistêmicas porque não há qualquer possibilidade de se atingir concentrações eficientes no plasma com doses seguras destas drogas. No entanto, por serem concentrados nos túbulos renais, podem ser utilizados pela via de administração oral para tratar infecções do trato urinário. Atinge-se concentrações bactericidas eficientes na pelve renal e na bexiga urinária[56, 57].

Metenamina

A metenamina é uma hexametilenotetramina (hexametilenamina), que se decompõe apenas em ambientes ácidos (pH menor que 6,0), gerando formaldeído, que exerce a atividade anti-séptica no trato urinário[69].

Praticamente todas as bactérias são sensíveis ao formaldeído livre em concentrações de cerca de 20μg/ml. Entretanto, alguns organismos, como o *Proteus* spp, têm a capacidade de elevar o pH da urina, por uma reação de degradação da uréia, e podem inibir a liberação do formaldeído[56, 57]. Devido à necessidade de urina ácida para a liberação do formaldeído, a metenamina é, geralmente, administrada em combinação com acidificantes como o ácido mandélico (mandelato de metenamina) ou ácido hipúrico (hipurato de metenamina)[69].

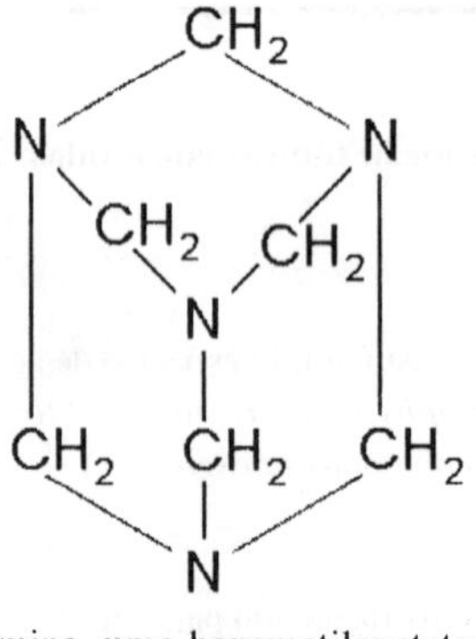

Figura 24 - Estrutura da metenamina, uma hexametilenetetramina que se decompõe formando o formaldeído.

Nitrofurantoína

A nitrofurantoína é um nitrofurano sintético utilizado na prevenção e no tratamento de infecções do trato urinário[56, 57].

Geralmente, a nitrofurantoína atua como um antimicrobiano bacteriostático de espectro moderadamente amplo, podendo também atuar como bactericida dependendo da concentração e susceptilidade do microorganismo. O mecanismo de ação da droga ainda não foi bem esclarecido. Ao que tudo indica, a nitrofurantoína inibe uma série de sistemas enzimáticos bacterianos, incluindo a acetilcoenzima A. Possui maior atividade em ambientes ácidos[74, 55].

O espectro de ação da nitrofurantoína inclui *E. coli, Klebsiella* spp, *Salmonella* spp, *Shigella* spp, entre outros. Possui pouca ou nenhuma atividade contra *Serratia* spp, *Proteus* spp, *Acinetobacter* spp e nenhuma atividade contra *Pseudomonas* spp[74, 55].

A nitrofurantoína é indicada, para efeito local, no tratamento de infecções do trato urinário inferior de mamíferos, não sendo, portanto, utilizada no tratamento de infecções do córtex renal ou infecções sitêmicas.

A droga já foi relacionada como causa de infertilidade de cães machos[74].

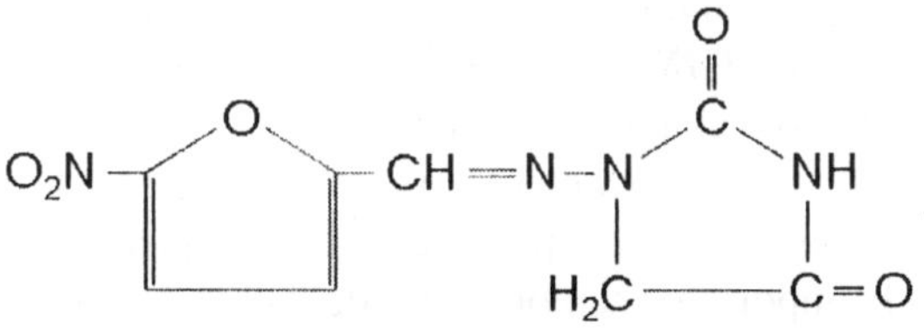

Figura 25 - Fórmula estrutural da nitrofurantoína, um nitrofurano sintético, anti-séptico do trato urinário.

Combinação de dois ou mais antibióticos na clínica médica veterinária

Na antibioticoterapia racional "empírica", ou mesmo quando se sabe qual o patógeno envolvido na infecção, o Médico Veterinário pode lançar mão da utilização conjunta de dois ou mais antibióticos. A combinação de antibióticos, ou politerapia, é uma arma muito potente que pode ser o fator determinante do sucesso da terapia antimicrobiana, ampliando o espectro de ação do protocolo terapêutico adotado, sem depender da ação de apenas uma droga. Quando se utiliza uma combinação de antibióticos, todos os parâmetros, já discutidos anteriormente, que devem ser analisados antes da escolha de apenas um antibiótico, devem ser checados de uma maneira ainda mais criteriosa. Além daqueles efeitos de cada droga sobre o paciente e sobre o microorganismo, devem ser levados em conta fenômenos farmacológicos freqüentemente observados nas politerapias medicamentosas como sinergismo, antagonismo, adição e potencialização da toxicidade de drogas.

O efeito farmacológico mais desejado na politerapia antimicrobiana é o sinergismo, ou seja, quando a ação antibacteriana de dois antibióticos é maior, ou mais rápida que o efeito obtido com apenas uma das drogas (ex: beta-lactâmicos + aminoglicosídeos). Em alguns casos, o efeito sinérgico faz com que a ação da combinação de drogas, individualmente bacteriostáticas, se torne bactericida (ex: sulfonamidas + diaminopirimidinas). Mais precisamente, define-se como sinergismo quando a inibição bacteriana realizada pela combinação dos antibióticos ocorre com uma concentração inibitória mínima (CIM) de 25% da CIM de cada droga utilizada sozinha[19]. Obtém-se, geralmente, o sinergismo quando se associa antibióticos com efeito bactericida, *in vitro*, pertencentes a classes diferentes que atuem em sítios diferentes da bactéria (ex: ampicilina + gentamicina).

A adição é um efeito farmacológico observado, mais comumente, quando se combina antibióticos de ação bacteriostática, *in vitro*, de classes diferentes. O efeito da adição é comumente confundido com o sinergismo, entretanto, o efeito antimicrobiano dos antibióticos não é potencializado mas apenas somado com o efeito da outra droga. Pode-se conseguir o efeito da adição combinando-se drogas bacteriostáticas que possuam mecanismo de ação diferentes (cloranfenicol + tetraciclinas) ou drogas bacteriostáticas combinadas a drogas bactericidas não antagônicas (ex: lincomicina, que atua na subunidade ribossômica 50 S + aminoglicosídeos que atuam na subunidade ribossômica 30 S)[29]. Farmacologicamente, se metade da CIM de cada droga é necessária para produzir inibição bacteriana, o resultado é chamado adição[19].

O antagonismo medicamentoso ocorre quando a ação antimicrobiana da combinação empregada é menor que a ação de qualquer uma das drogas utilizadas separadamente. É importante lembrar que devemos evitar o uso concomitante de antibióticos bacteriostáticos que inibam a síntese protéica e antibióticos bactericidas que inibam a formação da parede celular (ex: cloranfenicol + ampicilina). Também devemos evitar a utilização de inibidores da síntese protéica da mesma classe, com mesmo local de ação (ex: cloranfenicol + lincomicina ou tetraciclinas + aminoglicosídeos)[29]. O antagonismo ocorre porque antibióticos bacteriostáticos inibem a divisão celular e a síntese protéica, processos que são necessários e fundamentais para que outro antibiótico possa exercer efeito bactericida, como é o caso dos beta-lactâmicos. O resultado farmacológico do antagonismo é que para ocorrer inibição bacteriana utilizando a combinação, torna-se necessário mais da metade da CIM de cada droga sozinha[19]. Como já mencionado anteriormente, os antibióticos aminoglicosídeos podem ser inativados por muitos antibióticos beta-lactâmicos, principalmente quando os últimos são administrados em doses muito altas, fenômeno que se deve à formação de uma ligação covalente entre os grupos carboxila de um anel beta-lactâmico cindido com o amina de um aminoglicosídeo[59].

Se o efeito antibacteriano de uma combinação de antibióticos é igual ao efeito da droga mais potente da combinação, o fenômeno farmacológico é chamado de indiferença[19].

Na antibioticoterapia "empírica", quando o clínico não pode aguardar os resultados dos exames laboratoriais, aqueles pacientes com quadro clínico definido que permitem supor o patógeno envolvido ou em que o exame direto do material da lesão com coloração de Gram conduz a uma etiologia mais específica, indica-se a utilização de apenas um antibiótico supondo a susceptibilidade do microorganismo[03]. Recomenda-se recorrer à literatura para consultar tabelas de susceptibilidade de microorganismos.

Segundo GARVEY (1995), algumas indicações clínicas precisas para a utilização da combinação de dois ou mais antibióticos incluem: pacientes com sinais clínicos de infecção muito severa que signifiquem risco à vida do paciente, septicemia/ choque vasculogênico, pacientes leucopênicos febris, pacientes com sistema imune deprimido, quadros clínicos em que a resistência do patógeno é conhecida, fonte de infecção ou tipo de infecção desconhecida, infecções múltiplas (mistas) (ex: perfuração de cólon); e, para redução da dosagem de um antibiótico tóxico[79, 19], sugerem como indicação da politerapia a possibilidade de melhorar a atividade antimicrobiana mesmo de infecções específicas conhecidas. Outras indicações, já sugeridas por JAWETZ (1975), ainda incluem: impedir aparecimento de patógenos mutantes resistentes e utilizar criteriosamente efeitos sinérgicos. Segundo AUCOIN (1993), todas as condições já citadas, em que o patógeno é desconhecido, requerem tratamento antimicrobiano eficiente contra todas as bactérias possíveis, o qual denominou Antibioticoterapia dos Quatro Blocos. Os blocos seriam compostos por bactérias Gram-positivas aeróbicas, Gram-positivas anaeróbicas, Gram-negativas aeróbicas e Gram-negativas anaeróbicas. Para atingir o máximo de sucesso terapêutico, a combinação de drogas deve possuir boa atividade contra "os quatro blocos".

A combinação de antibióticos aumenta, certamente, o sucesso da terapia adotada, entretanto, jamais deve substituir a exploração total dos recursos laboratoriais e de um exame físico completo. Se o uso combinado de antibióticos não for encarado com seriedade haverá o encarecimento do custo do tratamento, indução de cepas bacterianas resistentes a antibióticos desnecessários, possibilidade de maiores efeitos colaterais e uma falsa segurança de se estar realizando uma bom protocolo terapêutico[93]. A vancomicina, por exemplo, quando administrada sozinha possui apenas uma nefrotoxicidade mínima como ocorre com a tobramicina. Entretanto, a combinação sinérgica das duas drogas é extremamente nefrotóxica[19]. Cabe aqui ressaltar que quando se utiliza dois ou mais antibióticos, deve-se respeitar as propriedades farmacológicas e a freqüência de administração de cada um deles, para tanto deve-se utilizar preparações individuais de cada droga (WATSON, 1979).

Utilizamos, na antibioticoterapia racional, dentro das indicações da politerapia antibiótica, em pacientes severamente neutropênicos ou septicêmicos, as seguintes combinações de antibióticos:

1) Beta-lactâmicos + aminoglicosídeos + nitroimidazol
(recomendamos amicacina + ampicilina + metronidazol ou amicacina + ticarcilina + metronidazol)
2) Beta-lactâmicos + fluoroquinolonas + nitroimidazol
(recomendamos enrofloxacina + amoxicilina/ácido clavulânico + metronidazol ou cefazolin + enrofloxacina + metronidazol)

Outros exemplos das combinações empregadas incluem:

Rifampicina + trimetoprim/sulfonamidas
(excelente penetração intracelular e no SNC)

Dos antibióticos beta-lactâmicos, o agente com maior espectro de ação é o imipenema cilastatina que, segundo AUCOIN (1993), é o único agente monoterápico capaz de atingir os quatro blocos de bactérias com a mesma eficiência que uma boa combinação de antibióticos.

Referências Bibliográficas

1. Anderson, D.M.: Dorland's Illustrated Medical Dictionary; 28th ed.; pg. 1-1939; W.B. Saunders Company, Philadelphia, PA, 1994.
2. Aronson, A.L.; Kirk, R.W.: Antimicrobial drugs. In: Ettinger,S.J.: Textbook of Veterinary Internal Medicine. Diseases of the dog and cat, pg. 338-366, W.B. Saunders Company, Philadelphia, PA, 1983.
3. Aucoin, D.P.; Barsanti, J.A.; Cotard, J.P. & Polzin, D.J.:Urinary tract disorders in the dog and cat; 16 pg.; Veterinary Exchange; Supplement to Compendium, Veterinary Learning Systems Co., Inc., Trenton, NJ, 1995.
4. Aucoin, D. P.: Rational Approaches to the Treatment of First Time, Relapsing and Recurrent Urinary Tract Infections. In: Wilcke, J.R.: Problems in Veterinary Medicine. Clinical Pharmacology, vol. 2, pg. 290-297, J.B. Lippincott Company, Philadelphia, PA, 1990.
5. Aucoin, D.P.: Target. The Antimicrobial Reference Guide to Effective Treatment. First Edition, pg. 1-161. North American Veterinary Compendiums Inc., Port Huron, MI, 1993.
6. Axelrod, J.; Daly, J.S.; Glew, R.H.; Barza, M. & Baker, A.S.: Antibacterials. In: Albert, D.M. & Jakobiec, F.A.: Principles and Practice of Ophthalmology. Basic Sciences; pg. 940-961, W.B. Saunders Company, Philadelphia, PA, 1994.
7. Baggot, J.D: Distribuição, metabolismo e eliminação das drogas no organismo. In: Booth, N.H. & McDonald, L.E.: Farmacologia e Terapêutica em Veterinária, pg. 29-55, Guanabara Koogan, Rio de Janeiro, RJ, 1992.
8. Barsanti,J.A. & Finco, D.R.: Prostatic diseases. In: Ettinger, S.J. & Feldman, E.C.: Textbook of Veterinary Internal Medicine, 4th ed., vol. 1, pg. 1662-1684; W.B. Saunders Company, Philadelphia, PA, 1995.
9. Barza, M.; Brown, R.B.; Shanks, C.; Gamble, C.; Weinstein, L.: Relation between lipophilicity and pharmacological behavior of minocyclina, doxicilina, tetraciclina e oxitetraciclina em cães. Antimicrobial Agents and Chemotherapy, v.8, pg. 713-720, Washington, DC, 1975.
10. Bloom, J.C.; Thiem P.A.; Sellers, T.S., et al.: Cephalosporin-induced immune cytopenia in the dog: Demonstration of erythrocyte-, neutrophil-, and platelet-associated IgG following treatment with cefazedone. American Journal of Hematology, vol. 28, pg. 71-78, 1988
11. Bloom, J.D.; Fitzgerald, R.H.; Washington, J.A.; et al.: The Transcapillary passage and intersticial fluid concentration of penicillin in canine bone. Journal Bone Joint Surgery, pg. 1168-1175, 6A, Boston, MA,1980.

12. Boothe, D. M.: Drug therapy in cats: A therapeutic category approach. Journal of the American Veterinary Medical Association (JAVMA), pg. 1659-1669, vol. 196, n. 10, May 15, Schaumburg, IL, 1990.

13. Braden T.D.; Johnson, C.A.; Wakenell P. et al.: Efficacy of clindamycin in the treatment of *Staphylococcus aureus* osteomyelitis in dogs. Journal of the American Veterinary Medical Association, pg. 1721-1725, 192, Schaumburg, IL, 1988.

14. Brander, G.C. & Pugh, D.M.: Veterinary Applied Pharmacology and Therapeutics. 2nd ed., pg. 01-515; Baillière Tindall, London, UK, 1971.

15. Braund,K.G.: Peripheral nerve disorders. In: Ettinger, S.J. & Feldman, E.C.: Textbook of Veterinary Internal Medicine, 4th ed., pg. 701-726; W.B. Saunders Company, Philadelphia, PA, 1995.

16. Breitschwerdt, E.B.: The Rickettsioses. In: Ettinger, S.J. & Feldman, E.C.: Textbook of Veterinary Internal Medicine, 4th ed., vol. 1, pg. 376-383; W.B. Saunders Company, Philadelphia, PA, 1995.

17. Brooks, D.L.: Rabbits, hares and pikas (Lagomorpha). In: Fowler, M.E.: Zoo & Wild Animal Medicine, 2nd ed., pg. 711-725; W.B. Saunders Company, Philadelphia, PA, 1986.

18. Bryant R.E.: Effect of the suppurative environment on antibiotic activity. In: Root R.K.; Sande M. A.: New Dimensions in Antimicrobial Therapy, pg.313-337; Churchill Livingstone, New York, NY, 1984.

19. Butler, R.: Bacterial Diseases (Monotremes and Marsupials). In: Fowler, M.E.: Zoo & Wild Animal Medicine, 2nd ed., pg. 572-577; W.B. Saunders Company, Philadelphia, PA, 1986.

20. Chambers, H. F. & Sande, M.A.: Antimicrobial agentes. The Aminoglicosides. In: Hardman, J.G.& Limbird, L.E.: Goodman and Gilman's The Pharmacological Basis of Therapeutics, 9th ed., pg. 1103-1121; International Edition, New York, NY, 1996.

21. Cox, H.U.; Luther, D.G.; Newman, S.S.; Roy, A. E.: Comparison of antibiograms determined by disk diffusion and microdilution methods for selected Gram-negative bacilli; American Journal of Veterinary Research, vol. 42, n. 3, pg. 546-551, Schaumburg, IL, 1981.

22. Daly R.C., Fitzgerald R.H.; Washington J.A.: Penetration of cefazolin into normal and osteomyelitic canine cortical bone. Antimicrobial Angents and Chemotherapy, v.22, pg.461-469, Washington, DC 1982.

23. Davies, B.D.; Brummett, R.E.; Bendrick,T.W.& Himes, D.L.: Dissociation of maximum concentration of kanamycin in plasma and perilymph from ototoxic effect. Journal of Antimicrobial and Chemotherapy, vol.14, pg. 291-302, Washington, DC, 1984.

24. Dow, S.W. & Papich, M.G.: An Update on Antimicrobials: New uses, modifications, and developments. Veterinary Medicine, pg. 707-715, July, Lenexa, KS, 1991.

25. Dow, S.W. & Papich, M.G.: Keeping Current on Developments in Antimicrobial Therapy. Veterinary Medicine, pg.600-609, June, Lenexa, KS, 1991.

26. Dow, S.W. *et al.*: Central nervous system toxicosis associated with metronidazole treatment of dogs: 5 cases (1984-1987). Journal of the American Veterinary Medical Association, pg. 365-368, vol. 195, Schaumburg, IL, 1989.
27. Farr, B. & Mandell, G.M.: Rifampin. Medical Clinics of North America; vol. 66 pg. 157-168; W.B. Saunders Company, Philadelphia, PA; 1982.
28. Fenner, W.R.: Diseases of the brain. In: Ettinger, S.J. & Feldman, E.C.: Textbook of Veterinary Internal Medicine, 4th ed., vol. 1, pg. 578-629; W.B. Saunders Company, Philadelphia, PA; 1995.
29. Ferguson, D.C.; Lappin, M.R.: Antimicrobial Therapy. In: Small Animal Medical Therapeutics, pg. 457-478, J.B. Lippincott Company, Philadelphia, PA, 1992.
30. Ford, R.: How to treat respiratory tract infections. Selection and use of antimicrobials. SmithKline Beecham Managing Microbes Symposium. The North American Veterinary Conference; Video Collection, set 3, tape 1; Veterinary Learning Systems Co., Inc., Trenton, NJ, 1995
31. Fowler, M.E.: Felidae. Carnivores (Carnivora). In: Fowler, M.E.: Zoo & Wild Animal Medicine, 2nd ed., pg.800-881, W.B. Saunders Company, Philadelphia, PA; 1986.
32. Garvey, M: How to treat systemic infections. SmithKline Beecham Managing Microbes Symposium. The North American Veterinary Conference; Video Collection, set 3, tape 2; Veterinary Learning Systems Co., Inc., Trenton, NJ, 1995.
33. Goldstein, R.; Lavy E.; Shem, T. O. V. M.; Glickman, A.; Bark H.; Ziv, G.: Pharmacokinetics of ampicillin administered intravenously and intraosseously to kittens. Research-in-Veterinary-Science; vol. 59: 2, pg.186-187, 1995.
34. Grauer, G.F. & Osweiler, G.D.: Adverse drug reactions. In: Morgan, R.: Handbook of Small Animal Practice, second ed., pg. 1347-1349, Churchill Livingstone, New York, NY, 1992
35. Greene, C.E. & Ferguson, D.C.: Antibacterial Chemotherapy. In: Greene, C.E.: Infectious Diseases of The Dog and Cat; pg.461-497; W.B. Saunders Company, Philadelphia, PA, 1990.
36. Greene, C.E.: Bacterial Diseases. In: Ettinger, S.J. & Feldman, E.C.: Textbook of Veterinary Internal Medicine, 4th ed., vol. 1, pg. 367-376, W.B. Saunders Company, Philadelphia, PA, 1995.
37. Hardie, E.M.: Sepsis Versus Septic Shock. In: Murtaugh, R.J.; Kaplan, P.M.: Veterinary Emergency and Critical Care Medicine, pg. 176-193, Mosby-Year Book, Inc., St. Louis, Missouri, 1992.
38. Hoskins, J.D.: Veterinary pediatrics. Dogs and cats from birth to six months, second edition, pg. 59-63; W.B. Saunders Company, Philadelphia, PA, 1995.
39. Huber, W.G.: Quimioterapia das Doenças Microbianas Fúngicas e Virais. In: Booth, N.H. & McDonald, L.E.: Farmacologia e Terapêutica em Veterinária, pg. 617-692, Guanabara Koogan, Rio de Janeiro, RJ, 1992.
40. Huy, P.T.B., Meulemans, A.; Wassef, M.; Manuel, C.; Sterkers, O. & Amiel, C.: Gentamicin persistence in rat endolymph and perilymph after a two-day constant

infusion. Antimicrobial Agents and Chemotherapy, vol.23, pg. 344-346, Washington, DC 1983.

41. Irwin, R.P. & Nutt, J.G.: Principles of neuropharmacology: I. Pharmacokineticas and pharmacodynamics. In: Klawans, H.L.; Goetz,C.G. & Tanner, C.M.: Textbook of Clinical Neurpharmacology and Therapeutics, 2nd ed., Raven Press, New York, NY, 1992.

42. Jacobson, E.; Kolias, G.V.& Peters, L.J.: Dosages for antibiotics and parasiticides used in exotic animal. In: Exotic Animal Medicine & Practice, Veterinary Learning Systems Co., Inc., Trenton, NJ, 1991.

43. Jawetz, E.: Actions of antimicrobial drugs in combination. Veterinary Clinics of North America, n. 5, pg. 35-50, W.B. Saunders Company, Philadelphia, PA, 1975.

44. Jergens, A.E.: Rational use of antimicrobials for gastrointestinal disease in small animals, Journal of the American Animal Hospital Association, vol. 30, March/April, pg. 123-131, 1994.

45. Kapusnik-Uner, J.E.; Sande, M. A. & Chambers, H.F.: Antimicrobial Agents. Tetracyclines, Chloramphenicol, Erytromycin and Miscellaneous Antibacterial Agents. In: Hardman, J.G. & Limbird, L.E.: Goodman and Gilman's The Pharmacological Basis of Therapeutics, 9th ed., pg. 1123-1153; International Edition, New York, NY, 1996.

46. Ketchum, P.A.: Microbiology Concepts and Applications, pg. 1 -795, John Wiley and Sons, USA, 1988.

47. Kidd, R.: Interpreting neutrophil numbers. Veterinary Medicine, October, pg. 975-982, Lenexa, KS, 1991.

48. LeCouteur, R.A. & Child, G.: Diseases of the spinal cord. In: Ettinger, S.J. & Feldman, E.C.: Textbook of Veterinary Internal Medicine, 4th ed., vol. 1, pg. 629-700, W. B. Saunders Company, Philadelphia, PA, 1995.

49. LeFrock J. L.; Prince, R. A.; Richards, M.L.: Penetration of antimicrobials into the cerebrospinal fluid and brain. In: Ristuccia A.M., Cunha B.A. Antimicrobial Therapy; pg. 397-413, Raven Press, New York, N.Y., 1984.

50. Levitz, R.; Quintiliani, R.: Trimethropim-sulfamethoxazole for bacterial meningitis. Annals of Internal Medicine, v. 100, pg. 881-886, Philadelphia, PA, 1984.

51. Levy, J.: Antibiotic therapy in sputum. Journal of Pediatrics, 108, pg.841-846, St. Louis, MO, 1986.

52. Liu, H.H.: Antibiotics and infectious diseases. In: Brucker, P.C.: Infectious diseases. Primary Care, vol. 17, number 4, pg. 745-774; W.B. Saunders Company, Philadelphia, PA, 1990.

53. Loeb,S.: Physician's Drug Handbook, 5th ed., pg. 817-820; Springhouse Corporation, Springhouse, PA, 1993.

54. Lortholary, O.; Tod, M.; Cohen, Y. & Petitjean, O.: Aminoglycosides. In: Cunha, B.A.: Antimicrobial therapy II, The Medical Clinics of North America, vol. 79, n. 4, pg. 761-787, W.B. Saunders Company, Philadelphia, PA, 1995.

55. Lulich, J.P.; Osborne, C.A.: Bacterial infections of the urinary tract. In: Ettinger, S.J & Feldman, E.C.: Textbook of Veterinary Internal Medicine; pg. 1775-1788, W.B. Saunders Company, Philadelphia, PA, 1995.

56. Mandell, G.L. & Petri, W.a.: Antimicrobial agentes. Penicillins Cephalosporins and Other Beta-lactamAntibiotics. In: Hardman, J.G. & Limbird, L.E.: Goodman and Gilman's The Pharmacological Basis of Therapeutics, 9th ed., pg. 1103-1121; International Edition, New York, NY, 1996.

57. Mandell, G.L. & Petri, W.a.: Drugs used in the chemotherpy of tuberculosis, Mycobacterium avium complex disease and leprosy. In: Hardman, J.G. & Limbird, L.E.: Goodman and Gilman's The Pharmacological Basis of Therapeutics, 9th ed., pg. 1155-1174; International Edition, New York, NY, 1996.

58. Mandell, G.L. & Sande, M.A.: Antimicrobial Agents. In: Gilman, A.G.; Rall, T.W.; Nies, A.S. & Taylor, P.: Goodman and Gilman's The Pharmacological Basis of Therapeutics, 8th ed., pg. 1047-1164; Pergamon Press, New York, NY; 1990.

59. Mandell,G.L.; Douglas Jr & Bennett, J.E.: Princípios e Prática de Doenças Infecciosas. Manual de Tratamento Antimicrobiano; pg.1-147; Livraria Editora Artes Médicas Ltda, 1992.

60. Mateu-De-Antonio, E.M.; Martin, M.: In vitro efficacy of several antimicrobial combinations against *Brucella canis* and *Brucella melitensis* strains isolated from dogs. Veterinary-Microbiology; vol. 45: 1, pg. 1-10, 1995.

61. McKellar, Q.A.: Nuevos agentes antimicrobianos. Waltham International Focus. La revista internacional para el veterinario de animales de compañia. Pg. 27-28, Vol.3, No.4, London, England, 1993.

62. Melo, J.M.S.: DEF 93/94; Dicionário de Especialidades Farmacêuticas, Editora de Publicações Científicas LTDA, Rio de Janeiro, RJ., 1993.

63. Mielants, H.; Dhondt, E.; Goethals, L.; Verbuggen, G.; Veys, E.: Long-term functional results of the non-surgical treatment of common bacterial infections of joints. Scandinavian Journal of Rheumatology, v.11, pg. 101-105, Stockholm, Sweden 1982.

64. Nicolas, P.; Petitjean, A.; Azorin, J. *et al.*: Separate pharmacokinetics of ceftriaxone and gentamicin in the lung as a rationale better drug combination regimen in pneumopathy. American Journal of Respiratory Critical Care Medicina, n. 149, pg. 346, 1994.

65. Noli, C.; Koeman, J. P.; Willemse, T.: A retrospective evaluation of adverse reactions to trimethoprim-sulfphonamide combinations in dogs and cats. Veterinary Quarterly, Vol.17, pg.123-128; Utrecht, Netherlands, 1995.

66. Norrby, S.R.: Carbapenems. In: Cunha, B.A.: Antimicrobial therapy II, The Medical Clinics of North America, vol. 79, n. 4, pg. 745-759 , W.B. Saunders Company, Philadelphia, PA, 1995.

67. Olier, B.; Viotte, G.; Morin, J. P. *et al.*: Influence of dosage regimen on experimental tobramycin nephrotoxicity. Chemotherapy (Basel); n. 29, pg. 385, 1983.

68. Orsini, J.A. & Perkons, S.: New beta-lactam antibiotics in critical care medicine. Compendium on Continuing Education for The Practicing Veterinarian, vol. 16 (2), pg. 183-188; Veterinary Learning Systems Co., Inc., 1994.

69. Osborne, C.A.; Kruger, J.M.; Lulich, J.P & Polzin, D.J.: Canine lower urinary tract diseases. In: Ettinger, S. J. & Feldman, E.C.: Textbook of Veterinary Internal Medicine; pg. 1833-1861, W.B. Saunders Company, Philadelphia, PA, 1995.

70. Ott, R.S.: The Efficacy of Uterine Treatment with Antimicrobial Drugs, pg. 39-44. In: Morrow, D.A.: Current Therapy in Teriogenology 2, W.B. Saunders Company, Philadelphia, PA 1986.
71. Papich, M.G.: Antimicrobial Drugs. In: Ettinger, S.J. & Feldman, E.C.: Textbook of Veterinary Internal Medicine, 4th ed., vol. 1, pg. 272-274; W.B. Saunders Company, Philadelphia, PA, 1995.
72. Papich, M.G.: Tissue Concentration of Antimicrobials. In: Wilcke, J.R.: Problems in Veterinary Medicine. Clinical Pharmacology, vol. 2, pg.312-328, J.B. Lippincott Company, Philadelphia, PA, 1990.
73. Papich,M.: Clinical pharmacology and selection of antimicrobial drugs. Selection and use of antimicrobials. SmithKline Beecham Managing Microbes Symposium. The North American Veterinary Conference; Video Collection, set 3, tape 1; Veterinary Learning Systems Co., Inc., Trenton, NJ, 1995.
74. Plumb, D.C.: Veterinary Drug Hanbook. Pharma Vet Publishing and Veterinary Software Publishing, White Bear Lake, MN, 1991.
75. Plumb, D.C.: Veterinary Drug Handbook; 2nd ed.; pg. 01-722, Iowa State University Press, Ames, Iowa; Pharma Vet Publishing, White Bear Lake, MN, 1995.
76. Powell, S.H.; Thompson, W.L.; Luthe, M.A., *et al.*: Once daily vs. Continuous aminoglycoside dosing: Efficacy and toxicity in animal and clinical studies of gentamicin, netilmicin and tobramycin. Journal of Infectious Diseases, n. 147, pg. 918, 1983.
77. Prescott, J.F. & Baggot, J.D.: Terapéutica antimicrobiana veterinaria, pg. 1-414, Editorial Acribia, S.A, Zaragoza, Spain, 1988.
78. Quinn, P.J.; Carter, M.E.; Markey, B. & Carter, G.R.: Clinical Veterinary Microbiology, pg. 497-628; Mosby-Year Book Europe Limited, London, UK, 1994.
79. Reese, R.E. & Betts, R.F.: Manual de Antibióticos, segunda edição, 633 pg., tradução de Penildon Silva; MEDSI, Editora Médica e Científica Ltda, Rio de Janeiro, RJ, 1995.
80. Rosin, E.; Dow, S.W.; Daly, W.R.; Petersen, S.W. & Penwick, R.C.: Surgical wound infection and use of antibiotics. In: Slatter, D.: Textbook of Small Animal Surgery, second ed.; vol. 1, pg. 84-101, W.B. Saunders Company, Philadelphia, PA, 1993.
81. Rosychuck, R.A. & Luttgen, P.: Diseases of the ear. In: Ettinger, S.J. & Feldman, E.C.: Textbook of Veterinary Internal Medicine, 4th ed., vol. 1, pg. 533-550; W.B. Saunders Company, Philadelphia, PA, 1995.
82. Sams, R.A.: Florfenicol: Propriedades químicas e metabolismo de um novo antibiótico de largo espectro. Resumo do Programa Apresentado no XVIII Congresso Mundial de Buiatria, Doença Respiratória Bovina - Novas Descobertas Terapêuticas, Indústrias Químicas e Farmacêuticas Schering-Plough S/A.
83. Sande, M.A; Kapusnik-Uner, J.E. & Mandell, G.L.: Chemotherapy of Microbial Diseases. In: Gilman, A.G.; Rall, T.W.; Nies, A.S. & Taylor, P.: Goodman and Gilman's The Pharmacological Basis of Therapeutics, 8th ed., pg. 1018-1046; Pergamon Press, New York, NY, 1990.

84. Schachter, J.: Rifampin in Chlamydial Infections. Review of Infectious Diseases 5 (Supplement 3); pg. S 562-S 564; Chicago, IL, 1983.

85. Scheid W.M.: Quinolone therapy for infections of the CNS. Reviews of Infectious Diseases, vol.11 (suppl.5), pg. 1194-1199, Chicago, IL, 1989.

86. Schentag, J.S.: Antimicrobial kinetics and tissue distribution: Concepts and Applications. In: Ristuccia, A.M.; Cunha, B.A.: Antimicrobial Therapy, pg. 81-93, Raven Press, New York, NY, 1984.

87. Sensakovic, J.W.; Smith, L.G.: Beta-lactamases inhibitor combinations. In: Cunha, B.A.: Antimicrobial therapy II, The Medical Clinics of North America, vol. 79, n. 4, pg. 695-704, W.B. Saunders Company, Philadelphia, PA, 1995.

88. Sokoll, M.D. & Gergis, S.D.: Antibiotics and neuromuscular function. Anesthesiology, vol. 55, pg. 148-159; J. B. Lippicontt Co.; Philadelphia, PA, 1981.

89. Spreng, M.; Deleforge, J.; Thomas, V.; Boisrame, B.; Drugeon, H.: Antibacterial activity of marbofloxacin. A new fluoroquinolone for veterinary use against canine and feline isolates. Journal of Veterinary Pharmacology and Therapeutics; vol. 18: 4, pg. 284-289, 1995.

90. Stratton, C.W.: Antimicrobics and infectious diseases newsletter, pg. 1-8; volume 13, number 1, Nashville, TN, January, 1994.

91. Strausbaugh, L.J.; Mandaleris, C.D. & Sande, M.A.: Comparison of four aminoglycoside antibiotics in therapy of experimental *E. coli* meningitis. Journal of Laboratory Clinical Medicine, 89, pg. 692-701, Mosby-Year Book Inc.; St. Louis, 1977.

92. Tan, J.S. & File, T.M.: Antipseudomonal penicilins. In: Cunha, B.A.: Antimicrobial therapy II, The Medical Clinics of North America, vol. 79, n. 4, pg. 679-693, W.B. Saunders Company, Philadelphia, PA, 1995.

93. Tavares, W.: Manual de Antibióticos, terceira edição, pg. 1-374, Livraria Atheneu, RJ, 1986

94. Tracy, J.W. & Webster, Jr. L.T.: Drugs used in the chemotherapy of protozoal infections. In: Hardman, J.G. & Limbird, L.E.: Goodman and Gilman's The Pharmacological Basis of Therapeutics, 9th ed., pg. 987-1008; International Edition, New York, NY; 1996.

95. Vaden, S.L. & Papich, M.G.: Empiric Antibiotic Therapy. In: BONAGURA, J.D.: Kirk's Current Veterinary Therapy XII - Small Animal Practice, pg. 276-286, W.B., Saunders, Philadelphia, PA; 1995.

96. Waldvogen, F.A.: Use of quinolones for treatment of osteomyelitis and septic arthritis. Reviews of Infectious Diseases, pg. 1259-1263, 11, Chicago, IL, 1989.

97. West-Hyde, L. & Floyd,M.: Dentistry. In: Ettinger, S.J. & Feldman, E.C.: Textbook of Veterinary Internal Medicine, 4th ed., pg. 1097-1124; W.B. Saunders Company, Philadelphia, PA; 1995.

98. Whelton, A; Stout, R. L.: An overview of antibiotic tissue penetration. In: Ristuccia, A. M.; Cunha, B. A.: Antimicrobial Therapy. Raven Press, New York, NY, pg. 365-378, 1984.

99. Wherli, W.: Rifampin Mechanisms of Action and Resistance. Review of Infectious Diseases (Supplement 3); S407-S411; Chicago, IL, 1983

Capítulo III

Uso de Antibióticos na Odontologia Veterinária

Rafael Cartelli, Valéria Natasha Teixeira
Fabiano Montiani Ferreira & José Ricardo Pachaly

A evolução natural da profissão fez com que os Médicos Veterinários passassem a avaliar com maior critério os problemas relacionados à cavidade oral, e a procurar as melhores soluções terapêuticas para esses transtornos. Em termos gerais, a odontologia veterinária baseia-se na realização de procedimentos de cunho cirúrgico, mediante manobras e instrumentos especializados. A terapia medicamentosa, entretanto, compõe uma parte indissociável dos protocolos adotados pela maior parte dos clínicos. Assim, o emprego de antibióticos, em odontologia veterinária, segue algumas indicações clássicas, resumidas abaixo:

1. Tratamento de pacientes portadores de ulcerações orais severas, que causam desconforto suficiente para levar à anorexia, como nas gengivo-estomatites dos gatos e estomatites ulcerativas dos cães.

2. Tratamento de pacientes portadores de periodontites severas, coadjuvando o tratamento instrumental.

3. Tratamento preventivo para pacientes submetidos a procedimentos de endodontia.

4. Tratamento preventivo para pacientes submetidos a procedimentos de exododontia.

5. Tratamento preventivo para pacientes portadores de doenças sistêmicas como cardiomiopatia, insuficiência renal, insuficiência hepática e problemas de cunho imunológico, os quais necessitem sofrer tratamento odontológico.

6. Tratamento preventivo para pacientes que venham a sofrer outros procedimentos cirúrgicos em intervenção conjunta a procedimentos odontológicos.

Em termos gerais, as enfermidades periodontais representam a principal indicação para o uso de antibióticos na odontologia de animais de companhia. São processos mórbidos devidos predominantemente à ação de microorganismos que afetam os tecidos de suporte dos dentes. Essas bactérias produzem alterações patológicas a partir da formação de massas coloniais amorfas, conhecidas como placa bacteriana. Um grande número de microorganismos diferentes já foi isolado dos portadores de tais enfermidades, tanto humanos quanto animais, sendo a cavidade oral ambiente muito dinâmico e permanentemente sujeito a alterações em termos de flora.

A flora gengival normal é composta basicamente por bactérias dos gêneros *Streptococcus, Staphylococcus, Actinomyces, Escherichia, Corynebacterium, Pasteurella, Caryophanon, Mycoplasmas, Acinetobacter, Moraxella, Neisseria, Enterobacter* e *Bacillus*. Aproximadamente 50% dos organismos Gram-positivos isolados da flora normal são *Staphylococcus epidermidis* e *Staphylococcus aureus*.

A placa bacteriana é formada por bactérias, células gengivais exfoliativas, restos alimentares e saliva, e localiza-se primariamente no sulco gengival. Sua ação deletéria sobre o periodonto ocorre por invasão direta dos tecidos, liberação de toxinas, produção de enzimas destrutivas e estímulo a reações antígeno-anticorpo. As lesões associadas à ação da placa bacteriana são a gengivite e a periodontite.

A gengivite é um processo inflamatório confinado ao tecido gengival, sem haver lesão óssea. Na periodontite, por outro lado, o processo evolui a ponto de ocorrer ativação da ação enzimática osteoclástica de colagenases e proteases, levando à lesão dos tecidos fibrosos do ligamento periodontal e ósseos do alvéolo dental. Ocorre também a precipitação de sais minerais, formando-se uma substância amarelada com grau variável de rigidez, denominada cálculo dental ou tártaro. A presença do tártaro contribui para que o processo mórbido se agrave, podendo levar à ocorrência de retração ou hiperplasia gengival e a inflamação da margem gengival progride em direção apical, formando a bolsa periodontal.

A ação patogênica da flora relacionada à placa bacteriana não fica restrita à cavidade oral. Tal ação pode se dar através da disseminação da infecção por contigüidade de tecidos, originando desde celulite até osteomielite localizada. Pode ocorrer também disseminação direta da infecção para ouvido interno, pulmões e estômago e, finalmente, disseminação de bactérias e suas toxinas por via circulatória, levando a processos de insuficiência renal aguda, infecções hepáticas e pancreáticas, artrite e endocardite.

Mais de 50 tipos de organismos foram isolados de placa dental bacteriana nos cães. Os mais comuns incluem *Streptococcus, Staphylococcus, Pasteurella* e *Bacteroides* spp. Encontram-se também bactérias Gram-negativas assacarolíticas anaeróbias, como *Actinobacillus actinomycetemcomitans, Porphyromonas asaccharolyticus* e *Porphyromonas gingivalis* (*Bacteroides*).

Normalmente não se recomenda a realização de cultura e antibiograma a partir de material proveniente da cavidade oral justamente em função da presença de muitos microorganismos, das bactérias anaeróbias geralmente serem ignoradas na cultura, da demora em se obter resultados e do pequeno benefício obtido com esse procedimento. Existem, porém, diferenças fundamentais entre a composição da microflora da cavidade oral em indivíduos saudáveis e em pacientes portadores de doença periodontal, as quais são facilmente observáveis pelo emprego da coloração de Gram, como atesta a Tabela 1. Assim, recomenda-se como método auxiliar de avaliação clínica de pacientes portadores de enfermidades periodontais, o exame microscópico de material obtido da cavidade oral e corado pelo método de Gram.

104

Tabela 1. Uso da coloração de Gram para atestar a mudança das características da microflora oral em pacientes saudáveis e portadores de doença periodontal

Sanidade	Doença
Imóvel .... → Móvel	
Gram positiva .... → Gram negativa	
Aeróbia·· → Anaeróbia	
Cocos .... → Espiroquetas .... → Bacilos	

(Modificado de West-Hyde, L. & Floyd, M., 1995)

A conduta terapêutica para enfermidades periodontais baseia-se na limpeza mecânica instrumental. Assim, em termos gerais, identifica-se e remove-se mecanicamente a placa bacteriana, o tártaro subgengival e supragengival, curetando-se o sulco gengival, para remoção de tecido necrótico. Realiza-se a seguir raspagem do cemento radicular comprometido, irrigação com solução de clorhexidine a 0,12% ou H_2O_2 a 3%, e polimento com pasta profilática fluoretada. Existindo hiperplasia ou hipertrofia gengival, recomenda-se também a realização de gengivoplastia.

Evidentemente, porém, tais procedimentos mecânicos são potencialmente capazes de induzir a ocorrência de bacteremia importante. O uso de antibióticos torna-se, portanto, peça fundamental para o sucesso do tratamento das doenças do periodonto em cães e gatos. Assim, a terapia antimicrobiana dirigida contra patógenos periodontais suspeitos, quando utilizada em conjunto com profilaxia dental, pode fornecer melhoria adicional em casos severos ou refratários de periodontite. A bacteremia originária de um procedimento típico de limpeza dental dura menos de uma hora, tempo necessário para que as bactérias sejam eliminadas pelo sistema reticulo-endotelial. Em função disso, é possível indicar uma dose única de antibiótico, que produza uma concentração plasmática bactericida durante o procedimento. A concentração do antimicrobiano deve exceder a concentração inibitória mínima (CIM) dos patógenos suspeitos, não apenas no plasma, mas também nos tecidos periodontais e no fluido crevicular gengival (FCG).

A escolha do antibiótico para tratamento odontológico deve ser baseada na avaliação individual da gravidade do caso, sendo que em casos severos deve ser utilizado um agente antimicrobiano de amplo espectro ou uma associação de drogas. Como regra geral, os antimicrobianos bactericidas, como os antibióticos beta-lactâmicos, em associação a nitroimidazóis, compõem a primeira indicação para o tratamento, abrangendo tanto microorganismos aeróbios quanto anaeróbios.

A amoxicilina, que possui um amplo espectro de atividade antibacteriana, mostrou-se efetiva contra muitos germes anaeróbios Gram-negativos isolados de bolsas periodontais supurativas em pacientes com periodontite de progressão rápida e é um dos antibióticos de eleição no tratamento das enfermidades periodontais. Sua associação ao ácido clavulânico compõe uma arma ainda mais eficaz contra os microorganismos produtores de beta-lactamase. Outra associação muito eficaz é a da amoxicilina ao metronidazol, droga antimicrobiana bactericida para muitas bactérias anaeróbias Gram-negativas e Gram-positivas, incluindo *Bacteroides* produtores de beta-lactamase. O metronidazol apresenta amplo espectro terapêutico, baixa toxicidade e boa difusão nos fluidos orais.

As fluoroquinolonas são eficazes contra bactérias Gram-negativas e contra *Staphylococcus* spp., mas têm pouca atividade sobre espécies anaeróbias. Ainda assim, têm boa penetração nos tecidos periodontais, e mesmo existindo poucos dados sobre seu emprego em enfermidades periodontais, seu espectro de ação para tanto pode ser ampliado pela associação ao metronidazol.

A espiramicina é um antibiótico macrolídeo que apresenta a capacidade de obter boas concentrações teciduais. Uma única dose oral de espiramicina em cães resulta em uma concentração salivar similar ou até mais alta do que a plasmática, a qual é mantida por um longo período.

Finalmente, a clidamicina é um antibiótico bacteriostático de amplo espectro que possui ação contra bactérias anaeróbias e aeróbias Gram-positivas. Assim, é efetiva contra muitos patógenos, incluindo espécies resistentes às penicilinas como as do gênero *Bacteroides*. Esse antibiótico provou ser eficaz no tratamento das perio-dontites, porém não apresenta boa difusão nos fluidos orais.

Referências Bibliográficas

1. Calvert, C. A.: Valvular bacterial endocarditis in the dog. Journal of the American Veterinary Medical Association, 180 (9), p. 1080-1084, 1982.
2. Dean, T. S.; Shinn, D. L. S.; McFadzean, J. A.; Squires, S. L.: Metronidazole in the treatment of gengivitis. Letter. Veterinary Record, 85:449-450, 1969.
3. Dorn, A. S.: Small animal dentistry. In: Morgan, R. Handbook of small animal practice. 2ª ed., 1995, p. 344.
4. Dow, S. W.; Lecouterur, R. A.; Poss, M. L.; Beadleston, D.: Central nervous system toxicosis associated with metronidazole treatment of dogs: five cases (1984-1987). Journal of the American Veterinary Medical Association, 195(3), p. 365-368, 1989.
5. Eisenmenger, E.; Zetner, K.: Tierärz liche zahnheilkunde, Verlag Paul Parey, Berlim, 165 p., 1982.
6. Emily, P.; Tholen, M.: Periodontal Therapy. In: Bojrab, M. J.; Tholen, M. Small animal oral medicine and surgery, Philadelphia: Lea & Febiger, 1990, 270 p. 121-157.
7. Gioso, M. A.: Odontologia Veterinária. São Paulo: Edição do Autor, 3ª ed., 1994.
8. Harvey, C. E.: Oral and dental diseases. In: Sherding, R. J. The cat - Diseases and clinical management, v. 2, 2ª ed., 1994, 1117 p.

9. Harvey, C. E.: Periodontal disease. In: Harvey, C. E.; Emily, P. Small animal dentistry. Mosby, St. Louis, 1993, 413 p., p. 89-144.

10. Harvey, C. E.; Sarkiala, E.: Systemic antimicrobials in the treatment of periodontitis in dogs. *Seminars in veterinary medicine and surgery - Small animal.* 8:3, p. 197-203, 1993.

11. Harvey, C. E.: Basic techniques-extraction and antibiotic treatment. In: ____ Manual of small animal dentistry. British Small Animal Veterinary Association, 1990. p. 29-35.

12. Harvey, C. E.: How to treat infections of the oral cavity. SmithKline-Beecham Managing Microbes Symposium. The North American Veterinary Conference - Video Collection, Tape 2. 1995.

13. Harvey, C. E.: Oral inflammatory diseases in cats. Journal of the American Veterinary Medical Association. 27, p. 585-591, 1991.

14. Harvey, C. E.: Treatment planning for periodontal disease in dogs. 592-596. Journal of the American Animal Hospitals Association. 27, p. 592-596. 1991.

15. Henke, C. L.; Colmery III, B. H.: Treating canine dental infections with oral clindamycin hydrochloride. Veterinary Medicine, 82: 197-199, 1987.

16. Hirsh, D. C.; Indiveri, M. C.; Jang, S. S.; Biberstein, E. L.: Changes in prevalence and susceptibility of obligate anaerobes in clinical veterinary practice. Journal of the American Veterinary Medical Association, 186 (10), 1086-1089, 1985.

17. Marreta, S. M.: Current Concepts in Canine and Feline Dentistry. In: Bonagura. Current veterinary therapy XII - Small animal practice. Philadelphia:W. B. Saunders, 1995. p. 685-691.

18. Pachaly, J. R.; Cartelli, R. & Domingos, I. T.: Introdução à odonto-estomatologia em animais selvagens. Informativo Científico da Associação Brasileira de Veterinários de Animais Selvagens, Ano 3, Volume 3, Número 14, Julho de 1995.

19. Sarkiala, E. M.: Treatment of periodontitis in dogs with tinidazole. Journal of small animal practice. 90-94, 34(2), 1993.

20. Seyd, S. A.; Morrison, E. C.; Lang, N. P.: Effect of repeated scalling and root planing and/or controlled oral hygiene on the periodontal attachment level and pocket dephts in beagle dogs - II. Bacteriological findings. Journal of periodontal research. 17: 219-225, 1982.

21. West-Hyde, L.; Floyd, M.: Dentistry. In: Ettinger, C. J. Textbook of veterinary internal medicine. 4. ed. Philadelphia: W, B. Saunders, 1995. p. 1097-1124. 1995.

Capítulo IV

Resistência Bacteriana
a Antibióticos

Márcio Chiquito & Fabiano Montiani Ferreira

Introdução

Conhece-se por resistência bacteriana um conjunto de mecanismos pelos quais microorganismos tornam-se imunes a um ou mais antibióticos. A utilização indiscriminada e abusiva dos antibióticos por Médicos e Médicos Veterinários, ao longo dos anos, certamente foi um fator decisivo na formação de inúmeras cepas bacterianas resistentes a várias classes de antibióticos. Entretanto, a simples utilização de antibióticos não implica no aparecimento de cepas resistentes. Algumas situações específicas como o uso contínuo de antibióticos em pacientes severamente debilitados e internados em hospitais veterinários podem exercer forte pressão de seleção de cepas resistentes. Atualmente, os fenômenos biológicos envolvidos na fármaco-resistência são melhor conhecidos e a comunidade médica caminha para uma utilização mais racional e consciente dos antibióticos.

Bases genéticas da resistência bacteriana

O genoma bacteriano está organizado em plasmídeos (cadeias circulares de DNA extracromossomal capazes de duplicação autônoma) e cromossomos (STANS-FIELD, 1985; STRYER, 1992; CHAMBERS & SANDE, 1996). As informações necessárias para a resistência a antibióticos podem estar registradas tanto nos plasmídeos (STANSFIELD, 1985; STRYER, 1992) como nos cromossomos (MANDELL & PETRI, 1996).

As informações genéticas para resistência podem, no entanto, transferir-se de um ponto a outro do genoma se forem codificadas por transpósons, que são cadeias de DNA com seqüências de inserção em suas terminações. Os transpósons podem ser transferidos se uma bactéria para outra por vírus bacteriófagos. Ora, em alguns casos, o vírus vetor não consegue sobreviver na nova bactéria hospedeira. Aí, o transpóson consegue se salvar desligando-se do DNA viral e integrando-se ao genoma bacteriano (SAUNDERS, 1984; STRYER, 1992; CHAMBERS & SANDE, 1996).

Resistência intrínseca

Este tipo de resistência, como o nome já diz, é inerente à bactéria, e não adquirido. As bactérias Gram-negativas são notoriamente resistentes a antibióticos hidrofóbicos, que não conseguem atravessar sua membrana externa. Os antibióticos hidrofílicos conseguem atravessar a membrana por meio dos canais formados pelas porinas (MANDELL & PETRI, 1996). A *Pseudomonas aeruginosa* resiste a muitos antibióticos hidrofílicos porque suas porinas são muito estreitas (CHOPRA, 1984).

Não podemos esquecer que as bactérias produtoras de antibióticos são resistentes à droga que produzem; para citar exemplos, temos a *Nocardia mediterranei*, cuja RNA polimerase é resistente à rifampicina, e o *Micromonospora purpurea*, produtor da gentamicina, cujos ribossomos são resistentes a esse antibiótico (CUNDLIFFE, 1984).

E, para encerrar a discussão sobre resistência intrínseca, um ponto para meditação. Existiam algumas enterobactérias que foram liofilizadas antes do advento dos antibióticos; descobriu-se, anos mais tarde, que algumas delas eram resistentes a drogas que não existiam na época do armazenamento (SAUNDERS, 1984).

Resistência adquirida

Bactérias originalmente suscetíveis a um antibiótico podem adquirir resistência a ele por diversas maneiras, que veremos a seguir.

Mutação: Esta primeira forma de aquisição de resistência consiste na ocorrência de uma mutação genética estável e transmissível à descendência. Tais mutações ocorrem com relativa freqüência em grandes populações bacterianas (STANSFIELD, 1985; CHAMBERS & SANDE, 1996), inclusive, por exemplo, entre as *E. coli* intestinais (BURNS & BOTTINO, 1989). As mutações acontecem (presumivelmente) ao acaso (STANSFIELD, 1985; CHAMBERS & SANDE, 1996). A resistência ao antibiótico pode ser adquirida em uma etapa de mutação - o que origina mutantes altamente resistentes - ou em várias etapas, cada uma induzindo um leve aumento na resistência (CHAMBERS & SANDE, 1996).

Conjugação: Tal processo ocorre principalmente em bactérias Gram-negativas e algumas Gram-positivas como estreptococos, estafilococos e clostrídios (SAUNDERS, 1984; CHAMBERS & SANDE, 1996). Consiste na passagem de material genético de uma bactéria F+ (macho) através de um *pilus* de contato para uma bactéria F- (fêmea), que após isso se tornará F+ (STANSFIELD, 1985; BURNS & BOTTINO, 1989; STRYER, 1992). O material genético a ser transferido consiste de dois plasmídeos: o *determinante R*, onde estão as informações necessárias à resistência, e o *fator de transferência de resistência (RTF)*, que possui as informações necessárias à conjugação (BURNS & BOTTINO, 1989; CHAMBERS & SANDE, 1996). Esses dois plasmídeos existem separadamente: por ocasião da conjugação, eles se juntam, formando o *fator R completo* (CHAMBERS & SANDE, 1996). Como será visto adiante, este processo tem grande importância na difusão da resistência a antibióticos.

Transdução: Os vírus bacteriófagos também têm um importante papel na transmissão da resistência bacteriana. Quando um fago infecta uma bactéria, deve ou entrar no ciclo lítico (se for um fago virulento) ou integrar-se ao genoma bacteriano como profago (se for um fago temperado). Neste último caso, ele replicará em sincronia com o cromossomo hospedeiro (STANSFIELD, 1985). Quando o profago for liberado do cromossomo hospedeiro, entrará no ciclo lítico. Mas o seu material genético levará algumas informações anteriormente contidas no DNA bacteriano (STANSFIELD, 1985; STRYER, 1992). Quando os novos fagos temperados infectarem outras bactérias, eles lhes transmitirão as informações roubadas à bactéria de origem: esse é o processo de transdução (STANSFIELD, 1985; STRYER, 1992; CHAMBERS & SANDE, 1996). O *S. aureus,* por exemplo, adquire resistência à penicilina por meio de plasmídios carregados por fagos (CHAMBERS & SANDE, 1996).

Transformação: É a incorporação, no genoma bacteriano, de DNA livre no meio. Até há pouco tempo, não se conhecia a importância clínica disto. SPRATT (1994) *apud* CHAMBERS e SANDE (1996) afirma que a transformação é a base da resistência do pneumococo à penicilina.

Infelizmente, tais transferências de plasmídeos e transpósons não estão restritas a bactérias do mesmo gênero e espécie (MEDEIROS, 1984). ROWE & THREFALL (1984) relatam que, em um hospital, um plasmídeo para resistência contra gentamicina, tobramicina e canamicina espalhou-se da *Klebsiella pneumoniae* para outras Klebsiellas e então para *Serratia* spp, *E. coli*, *Citrobacter* spp e *Proteus morganii.*

Mecanismos de resistência

Há vários mecanismos de resistência a antibióticos exemplificados a seguir:

Inativação enzimática: O exemplo clássico disto é a inativação dos antibióticos beta-lactâmicos pelas beta-lactamases (muitas delas codificadas por plasmídeos). Os aminoglicosídios podem ser fosforilados, adenilados ou acetilados por enzimas bacterianas específicas (também codificadas por plasmídios). O cloranfenicol é inativado pela cloranfenicol acetiltransferase (novamente codificada por plasmídio) (MANDELL & PETRI, 1996).

Alteração estrutural do alvo do antibiótico: Quando PLPs alteradas, com baixa afinidade por penicilinas, impedem a ação das mesmas. Mudanças na estrutura dos ribossomos reduzem sua afinidade por cloranfenicol ou aminoglicosídios. A exposição de *E. coli* à rifampicina origina (por mutação em uma etapa) bactérias altamente resistentes, alterando a RNA polimerase das mesmas e impedindo a ligação do antibiótico. Do mesmo modo, alterações estruturais da girase conferem resistência às quinolonas; alterações da dihidropteroato sintase impedem a ação das sulfas (CHAMBERS & SANDE, 1996; MANDELL & PETRI, 1996). SMITH & AMYES (1984) citam o interessante caso de um *Streptococcus fecalis* mutante, que possuía simultaneamente uma dihidropteroato sintase normal e uma resistente ao metotrexato. Quando aquela bactéria era incubada em meio com metotrexato, a enzima normal saía de ação e a resistente começava a trabalhar; em meio sem metotrexato, somente a enzima normal era utilizada.

Baixa acumulação de droga: Este mecanismo de resistência consiste em evitar que o antibiótico alcance seu alvo. Há certas *E. coli* que não sintetizam porina, característica esta determinada por plasmídeo (CHOPRA, 1984), Há cepas bacterianas que se tornaram resistentes a aminoglicosídeos por uma alteração no metabolismo energético de membrana – o que impede a entrada do antibiótico (PHILLIPS & SHANNON, 1984). As bactérias resistentes à tetraciclina possuem um curioso sistema dependente de energia para efluxo da droga (MANDELL & PETRI, 1996).

Por fim, a capacidade de produzir grandes quantidades de um metabolito essencial significa resistência a drogas que são antimetabolitos. Bactérias resistentes à sulfa podem produzir 70 vezes mais PABA do que aquelas suscetíveis (MANDELL & PETRI, 1996).

Resistência cruzada

Em uma situação batizada de resistência cruzada, a resistência a um antibiótico implica automaticamente na resistência a outro em geral estruturalmente relacionado. Vários antibióticos são conhecidos pela capacidade de gerar ou não resistência cruzada. As enzimas que inativam a gentamicina podem atacar a tobramicina, amicacina, canamicina e netilmicina (mas não a estreptomicina). A exposição de *E. faecium* com fenótipo Van B à vancomicina pode induzir resistência contra esse antibiótico; no entanto, se a bactéria tiver o fenótipo Van A, ela se tornará resistente também contra a teicoplanina (MANDELL & PETRI, 1996). A cloranfenicol acetiltransferase ataca tanto o cloranfenicol quanto o tianfenicol; a substituição de uma hidroxila por um flúor no florfenicol impede a ação da cloranfenicol acetiltransferase (SAMS, 1994). HEDGES & SHANNON *apud* PHILLIPS & SHANNON (1984) descreveram uma acetiltransferase capaz de inativar neomicina, paromomicina e apramicina; tal enzima foi isolada de uma *E. coli* de um porco. DOWDING *apud* PHILLIPS & SHANNON (1984) isolou clinicamente um *Acinetobacter* capaz de acetilar canamicina A, amicacina e gentamicina B. De modo geral, as sulfas não geram resistência cruzada.

Um panorama da resistância bacteriana no final do século XX

O grande problema da resistência bacteriana é que o atual uso desordenado e em larga escala de antibióticos exercendo uma pressão seletiva sobre as bactérias. Portanto, para a utilização da antibioticoterapia racional empírica torna-se imprescindível o conhecimento dos patógenos mais comumente isolados em cada tipo de infecção, em cada órgão e em cada espécie animal antes de se iniciar a antibioticoterapia. Caso contrário, num paciente tratado com antibióticos inadequados, as bactérias suscetíveis morrem, enquanto que as resistentes sobrevivem e transmitem a sua capacidade de resistência a outras bactérias. O fenômeno pode acontecer, por exemplo, no trato intestinal ou até mesmo nos esgotos públicos (SAUNDERS, 1984; BURNS & BOTTINO, 1989). Em alguns esgotos norte-americanos já foram isoladas *E. coli* com múltipla resistência (CHAMBERS & SANDE, 1996).

Por outro lado, o avanço da clínica cirúrgica, principalmente na área de transplantes de órgãos e outras intervenções cirúrgicas modernas, tornou necessários períodos mais longos de hospitalização, deixando os pacientes expostos e mais susceptíveis à infecções causadas por bactérias altamente resistentes (STRATTON, 1994). A tabela a seguir fala por si:

Tabela 1 - Concentrações inibitórias mínimas de antibióticos para algumas bactérias no ano da descoberta e em 1993

Droga	Bactéria	MIC (µg/ml)	
		No ano da descoberta	Em 1993
Penicilina G	*S. pneumoniae*	0,008	0,1- > 2
	S.aureus	0,1	> 128
Ampicilina	*K. pneumoniae*	4	> 128
	N. gonorrhoeae	< 0,1	> 128
	S.typhi	< 1	> 128
	H. influenza	< 0,1	> 128
Trimetoprim/sulfa	*S. Typhi*	< 2	> 128
Erythromicina	*S. pyogenes*	< 0,1	> 128
Ciprofloxacina	SRM*	< 1	> 16

*SRM - *Staphylococcus* resistentes à meticilina
(STRATTON, 1994)

Conclusão

O volume de informações quanto à resistência bacteriana na Medicina Veterinária é substancialmente menor, comparativamente à Medicina "humana". HIRSH (1973) foi um dos primeiros autores a publicar evidências de cepas resistentes a antibióticos presentes na urina de cães e gatos, internados na Universidade da Califórnia, Davis, nos Estados Unidos. Atualmente sabe-se que muitas cepas de bactérias, isoladas de animais doentes são resistentes a muitos antibióticos. Na medicina de pequenos animais, por exemplo, sabe-se que, principalmente, a *E. coli* e a *Pseudomonas* spp apresentam grau importante de resistência, especialmente contra a ação das penicilinas naturais (AUCOIN *et al.*, 1995).

Em Hospitais Veterinários norte-americanos, onde o uso de antibióticos é muito intenso, já foram encontradas várias cepas de enterobactérias, mais freqüentemente, *Escherichia coli*, resistentes à ampicilina e, até mesmo, à cefalotina, como também cepas de *Pseudomonas aeruginosa* resistentes à enrofloxacina (HIRSH & JANG, 1994).

Segundo AUCOIN (1993), na prática da Medicina Veterinária é sempre aconselhável utilizar o melhor antibiótico possível para cada situação, caso contrário as chances de desenvolvimento de resistência são muito maiores. A dose empregada deve maximizar a eficiência do agente antimicrobiano. Níveis de antibiótico abaixo da concentração inibitória mínima (CIM) no local da infecção favorecem o aparecimento de resistência, como também a antibioticoterapia por período muito curto.

A resistência bacteriana, porém, não surge somente em hospitais e clínicas veterinárias. Aparece nas criações como "subproduto" do uso desenfreado de antibióticos para aumentar a produtividade. Na Alemanha, o tratamento de ovos com gentamicina para combater o micoplasma levou ao surgimento de salmonelas resistentes (LINTON, 1984). Bactérias resistentes são encontradas na flora oral e intestinal de animais que recebem antibióticos (LINTON, 1984). O mesmo LINTON (1977) verificou que mais de 60% das cepas de *E. coli* intestinais de certos porcos, galinhas e bezerros eram resistentes a antibióticos. Isso é grave, porque muitas bactérias provenientes de intestinos de animais, especialmente a salmonela, podem causar (e causam) doença no homem (ROWE e THRELLFALL, 1984). Além disso, bactérias intestinais resistentes podem contaminar a carne de animais abatidos; após o consumo da carne, essas bactérias podem colonizar o intestino humano (LINTON, 1984) e, logicamente, o intestino de qualquer animal.

O problema da resistência bacteriana faz com que os veterinários comecem a utilizar drogas mais tóxicas e/ou caras nos protocolos terapêuticos (JERGENS, 1994). Ironicamente, parece que a abordagem contrária, muitas vezes, é mais efetiva. Em uma unidade de queimados, bactérias resistentes a carbenicilina, tetraciclina, canamicina, ampicilina e cefaloridina foram controladas pela restrição ao uso desses antibióticos. Ora, matando somente as bactérias sensíveis, o antibiótico reduz a competição entre microorganismos, favorecendo as cepas resistentes (ROWE e THRELFALL, 1984). Uma abordagem restritiva como essa só é exeqüível em ambiente hospitalar (ROWE e THRELFALL, 1984), mas já é alguma coisa.

Entretanto, muito se vergasta o profissional como responsável pela resistência bacteriana, mas se esquece o fato de que os leigos também têm acesso aos antibióticos. Em 1971, os ingleses puseram uma certa ordem no mercado de antibióticos, baixando uma legislação baseada nas recomendações de Swann. Em pouco tempo, a nova legislação foi burlada por brechas legais e pelo aparecimento do mercado negro de antibióticos. O problema ainda é maior no Terceiro Mundo (LINTON, 1984).

Assim, torna-se claro que a tendência para geração de bactérias resistentes diminuirá com a racionalização do uso de antibióticos. Isto não é uma frase de efeito, oca e utópica, para fechar um capítulo de um livro. Quando os holandeses, por exemplo, proibiram o uso das tetraciclinas como promotoras de crescimento para gado, tornaram-se muito mais raros os isolamentos de *S. typhimurium* e *S. panama* dotadas de múltipla resistência em seres humanos (ROWE e THRELFALL, 1984).

Referências Bibliográficas

1. Burns, G. W., Bottino, P. J.: Genética, 381p.; sexta edição, Guanabara, Rio de Janeiro, 1989.
2. Chambers, H. F.; Sande, M. A.: Antimicrobial agents: general considerations. In: Hardman, J.G. & Limbird, L.E.: Goodman and Gilman's The Pharmacological Basis of Therapeutics, 9th ed., pg. 1029-1055; International Edition, New York, NY, 1996.
3. Chopra, I.: Antibiotic resistance resulting from decreased drug accumulation. British Medical Bulletin 40: 10-17, 1984.
4. Cundliffe, E.: Self defence in antibiotic-producing organisms. British Medical Bulletin 40: 61-67, 1984.
5. Hirsh,D.C. & Jang, S.S.: Antimicrobial susceptibility of selected infectious bacterial agents obtained from dogs; Journal of the American Animal Hospital Association, September/October, vol. 30, pg.487-494, 1994.
6. Jergens, A.E.: Rational use of antimicrobials for gastrointestinal disease in small animals; Journal of the American Animal Hospital Association, vol. 30; March/ April, pg. 123-131, 1994.
7. Linton, A. H.: Antibiotic-resistant bacteria on animal husbandry. British Medical Bulletin 40: 91-95, 1984.
8. Mandell, G. L.; Petri Jr., W. A.: Antimicrobial agents: general considerations. In: Hardman, J.G. & Limbird, L.E.: Goodman and Gilman's The Pharmacological Basis of Therapeutics, 9th ed., pg. 1057-1223; International Edition, New York, NY; 1996.
9. Medeiros, A. A.: Beta-lactamases. British Medical Bulletin 40: 18-27, 1984.
10. Phillips, I.; Shannon, K.: Aminoglicoside resistance. British Medical Bulletin 40: 28-36, 1984.
11. Rowe, B.; Threllfall, E. J.: Drug resistance in Gram-negative aerobic bacilli. British Medical Bulletin 40: 77-83, 1984.
12. Sams, R. A.: Florfenicol: propriedades químicas e metabolismo de um novo antibiótico de largo espectro. In: Simpósio internacional sobre doença respiratória bovina - novas descobertas terapêuticas, pg. 14-19; Schering-Plough, Rio de Janeiro, 1994.
13. Saunders, J. R.: Genetics and evolution of antibiotic resistance.British Medical Bulletin 40: 54-60, 1984.
14. Smith, J. T.; Amyes, S. G. B.: Bacterial resistance to antifolate chemotherapeutic agents mediated by plasmids.British Medical Bulletin 40: 42-46, 1984.
15. Stansfield, W. D.: Genética. Segunda edição, Guanabara, Rio de Janeiro, 515 pg., 1985.
16. Stratton, C.W.: Antimicrobials and infectious diseases newsletter, pg. 1-8; volume13, number 1, Nashville, TN, January, 1994.
17. Stryer, L.: Bioquímica. Terceira edição, Guanabara, Rio de Janeiro, 881pg., 1992.

Capítulo V

Seleção, Colheita e Transporte de Amostras para Exames Bacteriológicos

Pedro R. Werner

Introdução

Em muitas situações clínicas, a escolha do agente antimicrobiano terapêutico a ser empregado é baseada na cultura e identificação da bactéria e nos testes de sensibilidade feitos em laboratório. Como são esses exames que farão a definição etiológica do processo em questão, é necessária estreita cooperação entre o clínico e o microbiologista. Da mesma maneira, a comunicação entre os dois é de fundamental importância, necessitando o laboratório trabalhar sobre hipóteses etiológicas formuladas para cada caso, uma vez que nenhum dos métodos disponíveis isola todos os microorganismos patogênicos nem os diferencia dos não patogênicos. Por outro lado, a qualidade e a acurácia dos resultados do exame dependem diretamente da qualidade do material colhido e das condições em que chega ao laboratório. Como, freqüentemente, o Médico Veterinário encontra dificuldades no que se refere às informações sobre a colheita, manuseio e envio ao laboratório de amostras para exames bacteriológicos, este texto visa suprir, em parte, essa deficiência.

Quando, o quê e quanto colher

Para maximizar o crescimento bacteriano no laboratório, a colheita da amostra deve ser feita, sempre que possível, antes do início ou da modificação da antibioticoterapia. A colheita de amostras durante a necropsia deve ser feita logo após a abertura das cavidades e antes de manusear, e contaminar, os órgãos internos. O local de onde colher o material a ser examinado deve ser cuidadosamente selecionado para garantir a representatividade da amostra colhida, bem como para evitar sua contaminação por microorganismos não responsáveis pela doença em questão. A amostra ideal consiste de exsudatos, fluidos orgânicos ou tecidos colhidos assepticamente. Neste sentido, material aspirado diretamente da lesão, através de agulha e seringa estéreis ou de fragmentos de tecidos obtidos através de cirurgia, são os mais adequados. Por outro lado, "swabs" colhidos do material drenado para o exterior através de trajetos fistulosos não são adequados em virtude da presença de bactérias da pele e de outras bactérias que colonizam a fístula. Da mesma maneira, as crostas e os exsudatos de feridas devem ser removidos antes da colheita, uma vez que a amostra apropriada localiza-se abaixo daquele material.

O volume aspirado ou colhido é de suma importância, especialmente quando se trata de fluidos orgânicos, nos quais a concentração de microorganismos é freqüentemente baixa. Como regra, deve ser colhido o maior volume possível de material do sítio infectado. Fragmentos de tecidos devem ter, no mínimo, um centímetro de espessura.

Tipos de amostras

Amostras para exames bacteriológicos podem ser de três tipos: "swabs", fluidos aspirados ou fragmentos de tecidos. Dos três, "swabs" são os menos adequados por serem facilmente contaminados por bactérias comensais, pelo baixo volume colhido e por inibirem o crescimento de bactérias anaeróbias, já que oxigênio é retido entre suas fibras.

"Swabs" podem ser utilizados para colher amostras da conjuntiva, da orelha, dos sacos anais, de pústulas cutâneas recentemente rotas e de regiões profundas de ferimentos e de tecidos moles infectados, desde que introduzidos sem contaminar-se nas camadas superficiais. "Swabs" construídos de material sintético devem ser preferidos, uma vez que as fibras de algodão inibem o crescimento bacteriano.

Aspirados são adequados para exame de fluidos orgânicos normalmente estéreis, como fluido cérebro-espinhal, sangue, medula óssea, líquido sinovial e urina, além de exsudatos intracavitários e os oriundos de ferimentos e de abscessos. A grande vantagem desta técnica é que os riscos de contaminação são mínimos, grandes volumes podem ser obtidos e as amostras podem ser transportados na mesma seringa em que foram colhidas.

Fragmentos de tecidos devem ser colhidos na impossibilidade de se obter fluidos por aspiração. Uma desvantagem é a necessidade de material mais especializado e o tempo requerido para fazê-lo. A vantagem é que as chances de sobrevivência das bactérias é maior nesta técnica devido à manutenção de um ambiente inalterado na região central dos fragmentos colhidos. Biópsias de tecidos são indicadas nos casos de piodermatites, infecções profundas de tecidos moles e infecções com necrose tissular ou produção de gás.

Conservação e transporte das amostras

Após a colheita, o material deve ser transportado ao laboratório no menor tempo possível. Atenção especial deve ser prestada quanto à sobrevivência das bactérias, especialmente das anaeróbias ou das sensíveis às alterações de temperatura, de umidade ou de pH. Nos casos em que se suspeite da presença de tais bactérias, as amostras devem ser colhidas em meios de transporte especiais ou nos próprios meios de cultura. Os "swabs", tanto para cultura de aeróbios quanto de anaeróbios, devem ser transportados em meios especiais para cada caso. Amostras de aspirados podem ser transportados na própria seringa ou colocados em tubos de ensaio estéreis e herméticos. Fragmentos de tecidos devem ser transportados em tubos estéreis ou em meio para anaeróbios. Amostras de fezes devem ser enviadas imediatamente em frascos estéreis; caso se antecipe demora de mais de duas horas, devem ser colocadas em meio especial de transporte.

Em qualquer situação, os clínicos devem entrar em contato com os laboratórios que fazem os exames bacteriológicos, uma vez que estes, geralmente, podem fornecer os meios de transporte ou cultura adequados ou, pelo menos, podem dirimir dúvidas. Alternativamente, esses meios podem ser adquiridos em casas especializadas.

Deve-se cuidar quanto à necessidade ou não de refrigeração da amostra, dependendo da bactéria suspeitada. Uma vez introduzidas em meios de transporte adequado, as amostras podem ser conservadas sob refrigeração ou à temperatura ambiente. Amostras de fezes, fluido cérebro-espinhal e as destinadas à cultura de anaeróbios não toleram refrigeração e devem ser enviadas imediatamente. Outros materiais naturalmente ricos em flora microbiana ou obtidos de sítios de difícil descontaminação, como escarro, urina e secreções urogenitais, da orofaringe e de feridas abertas devem ser transportados sob refrigeração. Esse material, quando mantido à temperatura ambiente por períodos superiores a 20 minutos, pode ser prejudicado pela proliferação da flora bacteriana dificultando o isolamento dos germes patogênicos. Os frascos contendo as amostras devem ser colocados em recipientes isotérmicos (isopor) para protegê-las de variações de temperatura.

Finalmente, atenção especial deve ser prestada à identificação das amostras, devendo ser incluídas informações quanto à identidade do paciente, um breve histórico, a suspeita clínica e os tratamentos pertinentes realizados. Como regra, abreviações devem ser evitadas sempre que possível.

Colheita de amostras clínicas específicas

A seguir, discutem-se alguns fatos pertinentes às técnicas de colheita para algumas amostras em particular. Ao final, os dados são sumarizados na Tabela 1.

Olhos

As amostras em casos de conjuntivites são colhidas com "swabs" e semeadas logo em seguida, especialmente se o exsudato for escasso. Na impossibilidade, devem ser transportadas imediatamente ao laboratório, uma vez que a lágrima tem propriedades antibacterianas. O uso de meios especiais para transporte é sempre recomendado. Apesar da conjuntiva possuir uma flora normal, culturas de conjuntivites bacterianas geralmente produzem crescimentos relativamente puros dos germes patogênicos. Recomenda-se exame citológico e bacterioscópico de esfregaços feitos ao mesmo tempo que se colhe a amostra para cultura bacteriana e testes de sensibilidade.

Na suspeita de infecções oculares profundas podem-se colher amostras através de aspiração com agulhas finas (25 ou 27 g).

119

Orelhas

É fundamental o exame citológico e bacterioscópico de esfregaços das secreções auriculares profundas antes de se fazer a cultura bacteriana das amostras, para excluir a possibilidade de otite por *Malassezia pachydermatis*. Indica-se a cultura e antibiograma da amostra se, naquele exame, observar-se grande número de cocos Gram-positivos ou bacilos Gram-negativos. Para cultura, o exsudato é colhido em "swabs" que, preferencialmente, devem ser semeados imediatamente ou imersos em meios de transporte antes de encaminhados ao laboratório.

Pele

Talvez seja a estrutura mais freqüentemente submetida a exames bacteriológicos em medicina veterinária. Devido à riqueza de sua flora normal, lesões cutâneas são rapidamente colonizadas por essas bactérias. Embora sua contribuição direta para o processo patológico seja mínima, essas bactérias comensais dificultam grandemente a identificação do germe patogênico primário. Assim, mais do que em qualquer outra estrutura examinada, é importantíssimo reduzir ao mínimo a contaminação da amostra colhida.

Várias técnicas de colheita são adequadas para o diagnóstico etiológico de piodermatites bacterianas. Pústulas intactas podem ter seu conteúdo aspirado através de agulha fina, após ter sua superfície delicadamente desinfetada e seca. Biópsias cutâneas colhidas assepticamente com bisturi, ou mais facilmente, através de aparelho especializado ("punch biopsy") após desinfecção da superfície cutânea também produzem amostras com contaminação superficial mínima. Deve-se remover (secar) o desinfetante antes de colher a amostra para não contaminá-la com ele.

Ferimentos ou queimaduras profundas da pele não produzem amostras representativas quando colhidas da superfície. É mais adequado aspirar o exsudato das profundezas das lesões através de agulha fina. Abscessos intactos podem ser aspirados facilmente. Na eventualidade de o abscesso já haver rompido e drenado para o exterior, não se deve colher o exsudato através do trato fistuloso, mas sim através de agulha fina introduzida no abscesso através da pele intacta adjacente. Nas lesões flegmonosas (celulite), as amostras devem ser colhidas das bordas da lesão através de aspiração por agulha fina. O volume da amostra colhida pode ser aumentado pela injeção, na região a ser examinada, de solução salina ou de Ringer com lactato antes da aspiração.

Secreções do orofaringe

Utilizando um abaixador de línguas, deve-se colher as secreções sobre a face posterior da faringe e das tonsilas com um "swab", evitando-se tocar a língua, dentes e lábios. A contaminação com saliva, muito rica em flora bacteriana, dificulta o isolamento e identificação dos germes patogênicos. Para a colheita, dar preferência às áreas de hiperemia adjacentes aos pontos de supuração. Na presença de pus ou crostas, colher material da mucosa subjacente. Colocar os "swabs" em meio de transporte e enviar imediatamente ao laboratório.

Tórax, pericárdio e abdômen

Amostras de líquidos das cavidades corpóreas devem ser colhidas por punção sob rigorosa anti-sepsia. Colher entre 5 e 10 ml do líquido e enviar imediatamente ao laboratório na própria seringa e sem refrigeração. Caso o líquido não seja purulento, a população de bactérias é geralmente menor e, por isso, deve-se colher volume maior para que possa ser centrifugado antes da semeadura.

Esfregaços do material colhido devem ser corados pelo Gram e examinados imediatamente. Elevado número de bactérias de vários tipos morfológicos no aspirado abdominal indica ruptura do intestino grosso. Após rupturas recentes do intestino, não se recomenda a cultura da amostra, devido à impossibilidade de isolamento adequado. Porém, culturas são indicadas nos casos suspeitos de peritonites após cirurgias intra-abdominais.

Para a toracocentese, o local da punção deve ser localizado por ultra-sonografia, radiografia ou percussão e a agulha deve ser introduzida próximo ao bordo anterior da costela para se evitar a artéria intercostal. Para a celiocentese, a punção deve ser feita na linha média, próximo à cicatriz umbilical, com o paciente em estação ou decúbito lateral. Um dos maiores riscos é perfurar o baço ou outra víscera distendida, principalmente o útero em casos de piometra. Caso seja necessário o uso de anticoagulante, usar heparina ou polianetol-sulfonato de sódio (PSS) a 0,025 ou 0,005%

Trato respiratório inferior

A única maneira de obter amostras relativamente não contaminadas do trato respiratório inferior é através de aspirado transtraqueal. Um cateter plástico delgado é introduzido assepticamente na traquéia, percutaneamente e através da membrana cricotireóidea e direcionado proximalmente. Em grandes animais é necessário introduzir o cateter entre dois anéis traqueais mais inferiores para atingir regiões mais profundas da traquéia. A seguir, injeta-se através do cateter, de dois a quatro mililitros de solução de Ringer com lactato. Imediatamente após o início de um paroxismo de tosse, aspiram-se as secreções produzidas. Uma técnica alternativa, em especial para gatos e cães pequenos, é fazer a lavagem e aspiração através de um tubo endotraqueal. A técnica é similar à anterior. A única diferença é que o aspirado é feito após intubação da traquéia e, neste caso, o paciente deve estar anestesiado.

Trato urogenital

Para o diagnóstico das endometrites e piometras, as amostras devem ser colhidas cirurgicamente por aspiração transuterina com agulha fina ou por biópsia do endométrio. Os "swabs" vaginais são inadequados, principalmente em cadelas, devido à rica flora vaginal sempre presente.

Amostras de líquido prostático podem ser colhidas da extremidade uretral após massagem transretal da próstata. Resultados idênticos podem ser obtidos pelo exame do ejaculado. Qualquer um desses dois tipos de amostras tem o inconveniente de serem contaminadas por bactérias uretrais. Alguns casos podem requerer culturas simultâneas de amostras de urina, do ejaculado e da uretra para diferenciar prostatites de infecções do trato urinário inferior ou de contaminação da amostra. O exame bacterioscópico de esfregaços auxilia na diferenciação, uma vez que grandes números de bacilos Gram-negativos sugerem infecção prostática.

Urina

Em pequenos animais, a cistocentese é o método de escolha por permitir amostras não contaminadas. Não é indicada na vigência de distúrbios da coagulação, em bexigas severamente dilatadas ou atônicas (lesões neurológicas) e em casos suspeitos de piometra devido ao risco de perfuração acidental do útero.

Urina também pode ser colhida por cateterização vesical, mas com o risco potencial de se obterem amostras contaminadas pela flora uretral, especialmente em cadelas e em gatos. Urina colhida por micção também é adequada, mas no laboratório deve ser submetida também a métodos quantitativos, devido à inevitável contaminação pela população bacteriana da uretra distal, do prepúcio ou da vulva. Amostras de urina colhida em "swabs" são absolutamente inadequadas, por ser impossível determinar o número normal de bactérias (comensais) presentes.

As amostras podem ser conservadas e transportadas nas seringas onde foram colhidas ou em frascos estéreis, sob refrigeração por até 24 horas. Tempos de conservação maiores, de até 72 horas, podem ser obtidos quando se empregam meios especiais de inibição de crescimento bacteriano não patogênico.

Fezes

A melhor amostra para coprocultura é uma porção de 1 a 2 gramas de fezes frescas colhida em frasco estéril. O envio ao laboratório deve ser feito dentro de duas horas, sem refrigeração. Caso se antecipe demora maior, deve-se utilizar solução salina glicerinada tamponada para conservação.

Ossos e articulações

Para os casos de osteomielite, evitar o uso de "swabs", especialmente o de tratos fistulosos. Colher seqüestros ósseos ou fragmentos (biópsias) de osso ou tecido adjacente através de cirurgia. Aspirados profundos também são adequados.

Quanto aos casos de artrites, lembrar-se que em cães e gatos são, geralmente, não infecciosas, enquanto o inverso é o verdadeiro em ruminantes e animais de fazenda. Assim, não se surpreender de resultados negativos nos primeiros. Aspirar o líquido sinovial num ponto de maior flutuação, após anti-sepsia rigorosa. Caso o aspirado não seja purulento, colher volume maior para que possa ser centrifugado o laboratório. O ideal é semear imediatamente o material no meio de cultura, mas, na impossibilidade, conservar o material em temperatura ambiente até o laboratório.

Sangue

Hemoculturas são indicadas em casos de endocardites, discopondilites e febres de origem indeterminada. Deve-se observar com rigor a anti-sepsia da pele com álcool iodado a 1%, seguida da remoção do iodo com álcool a 70%. Como a concentração de bactérias no sangue é freqüentemente baixa, deve-se colher de 5 a 10 ml de sangue por cultura. Após a colheita, o sangue é imediatamente introduzido no frasco com meio de cultura, na proporção de 1:10. O meio de cultura deve ser aquecido até a temperatura ambiente antes da introdução do sangue e mantido assim durante o transporte ao laboratório.

Líquido cérebro-espinhal (Líquor)

Como a concentração de bactérias é freqüentemente pequena, deve-se colher, no mínimo, 0,5 ml de líquido cérebro-espinhal. O líquido colhido deve ser semeado imediatamente. Não havendo disponibilidade de meio de cultura para semeadura imediata, o líquido deve ser enviado ao laboratório com urgência e em temperatura ambiente.

Interpretação dos resultados

Culturas que não produziram crescimento bacteriano podem ser interpretadas de várias maneiras. Pode ser que o processo não fosse causado por bactérias ou, então, que a bactéria responsável fosse um daqueles organismos de difícil crescimento, ou fastidiosos. Esses microorganismos requerem meios e técnicas bacteriológicas especiais. O tratamento do paciente com antibióticos também pode inibir o crescimento bacteriano nas culturas. Finalmente, é possível que a amostra tenha sido inadequada, ou, o que é mais comum, tenha sido colhida ou transportada inadequadamente. Por último, bactérias anaeróbias também requerem meios e técnicas especiais e, a não ser que o laboratório tenha sido alertado da suspeita, as semeaduras são feitas apenas em meios para aeróbios.

Na eventualidade de uma cultura positiva, uma das dificuldades é decidir se o(s) microorganismo(s) isolado(s) realmente representa(m) o patógeno responsável pela infecção em questão. Deve-se levar em conta que, para o laboratório, os resultados sao significativos, não importando se foram obtidas uma ou 15 espécies bacterianas de uma mesma amostra. Cabe ao clínico decidir a significância do resultado. Assim, no caso de crescimento abundante de apenas uma ou duas espécies bacterianas de uma amostra colhida adequadamente, provavelmente se trata dos patógenos responsáveis pelo processo. Resultados com isolados múltiplos provavelmente representam contaminação da amostra ou, muito mais raramente, infecções múltiplas, das quais os anaeróbios não podem ser desconsiderados.

Tabela 1 - Sumário das informações quanto à colheita e envio de amostras para exames bacteriológicos

Local examinado	Tipo ou volume da amostra	Transporte	Temperatura	Observações
Abscessos	O abscesso inteiro e fechado, se possível, ou o aspirado	Frasco hermético estéril	Refrigeração	
Articulações (sinóvia), exsudato	Colher 1-2 ml	Seringa, tubo estéril ou tubo para hemocultura	Ambiente	
Biópsia cirúrgica	Quanto se puder obter	Frasco hermético estéril. Meio para anaeróbios	Ambiente	Evitar secagem da amostra
Boca, orofaringe, tonsilas	"Swabs"	Meio de transporte especial	Refrigeração	Evitar contato com saliva, língua, dentes e lábios. Colher de áreas inflamadas ou ulceradas
Cérebro	Área afetada ou hemisfério inteiro	Frasco hermético estéril	Refrigeração	
Conjuntiva ou córnea, exsudatos	Raspados da conjuntiva ou córnea	Víde observações	Ambiente	Colher com espátula ou "swabs" e semear diretamente no meio. Não usar anestésico tópico contendo preservantes.
Fetos	Fragmentos de fígado, pulmão e conteúdo gástrico	Separar os tecidos em tubos estéreis	Refrigeração	Transportar imediatamente ao laboratório
Fezes	Mínimo 1 grama	Tubo estéril ou com meio de transporte especial	Ambiente	Colher fezes não contaminadas com terra ou cama
Intestino	Área afetada, ou segmento de 10-15 cm	Extremidades ligadas, em frasco hermético estéril	Refrigeração	Não esvaziar o conteúdo antes de colher
Leite	O máximo possível	Tubo estéril	Refrigeração	Desinfetar o teto. Colher o jato (ordenha) diretamente no tubo estéril horizontalmente.
Líquor	Colher 1-2 ml	Seringa ou tubo estéril	Ambiente	

(Continuação) Tabela 1 - Sumário das informações quanto à colheita e envio de amostras para exames bacteriológicos

Local examinado	Tipo ou volume da amostra	Transporte	Temperatura	Observações
Medula óssea	Colher 1-5 ml	Tubo para hemo-cultura	Ambiente	
Nasofaringe	"Swabs" ou aspirados	Meio de transporte, seringa ou tubo estéril	Refrigeração	
Necropsia	Tecidos: 1,0-30g (ideal). Líquidos: 2,0-10 ml	Tecidos em frascos estéreis separados. Líquidos: seringa ou tubo estéril	Refrigeração	Colher antes de manu-sear os órgãos. Para hemocultura, colher diretamente do coração. Colher líquidos antes de contaminá-los
Orelha externa, exsudato	Raspado ou "swabs"	Raspados em tubo estéril; "Swabs" em meio anaeróbio	Refrigeração	Colher das bordas da lesão
Orelha média, exsudato	Aspirado ou "swabs" do exsudato	Tubo de ensaio ou seringa. Meio anaeróbio	Ambiente	Pode-se fazer timpano-centese
Órgãos em geral	Quanto se puder obter, até 30 g	Frasco hermético estéril	Refrigeração	Evitar secagem da amostra
Osso	Fragmento	Tubo estéril. Meio de transporte p/ anaeróbios	Ambiente	Evitar secagem da amostra
Pele (celulite, vesículas)	"Swabs" ou aspirados	Seringa ou tubo estéril. Meio de transporte	Refrigeração	Aspirar a parte profunda da lesão ou o líquido das vesículas
Pele (ferimentos, fístulas, úlceras)	Aspirados, "swabs", biópsias	Seriga ou tubo estéril. "Swabs" em meio para anaeróbios	Ambiente	Evitar a superfície do ferimento ou da fístula
Peritôneo, exsudato	Colher 1-5 ml	Seringa ou tubo estéril	Ambiente	
Placenta	Quanto se conseguir	Tubo estéril	Refrigeração	Preferir a placenta que ainda esteja ligada ao útero. Quando muito contaminada, raramente dá resultados significa-tivos
Próstata, exsudato	Quanto se puder obter (1-2 ml)	Tubo estéril	Refrigeração	Evitar contaminação com a flora prepucial

(Continuação) Tabela 1 - Sumário das informações quanto à colheita e envio de amostras para exames bacteriológicos

Local examinado	Tipo ou volume da amostra	Transporte	Temperatura	Observações
Pulmão, tecido	Quanto se puder obter, até 30 g.	Frasco hermético estéril	Refrigeração	Selecionar área que apresente todos os graus de alteração
Pus, exsudatos de ferimentos, fístulas ou de úlceras	Aspirados ("swabs" são inadequados)	Seringa ou tubo de ensaio.	Ambiente	Evitar a superfície da lesão
Sangue	Colher 5-10 ml	Tubo para hemo-cultura	Ambiente	Anti-sepsia rigorosa. Fazer três culturas em 24 horas
Sêmen	1-2 ml de sêmen fresco	Tubo estéril	Refrigeração	
Tórax e pericárdio, exsudato	Colher 1-5 ml	Seringa ou tubo estéril; meio para anaeróbios	Ambiente	
Traquéia e brônquios, lavados	Quanto se puder obter	Seringa ou tubo estéril	Refrigeração	Utilizar Ringer com lactado para a lavagem.
Urina (centese)	1-2 ml	Seringa. Tubo estéril	Refrigeração	
Urina (micção)	1-2 ml	Tubo estéril	Refrigeração	Desprezar os primeiros jatos
Urina (cateter)	1-2 ml	Tubo estéril	Refrigeração	Desprezar os primeiros 15-30 ml
Útero (piometra), exsudato	Aspirado ou "swabs"	Seringa, tubo estéril com meio de transporte	Ambiente	Evitar contaminação na vagina
Vagina, exsudato	"Swabs"	Meio de transporte especial	Refrigeração	Não é indicada a cultura anaeróbia

Bibliografia consultada

1. Allen, T.A.; Jones, R. L.; Purvance, J.: Microbiologic evaluation of canine urine. Direct examination and preservation of specimen quality for culture. *J. Am. Vet. Med. Assoc.*, 190:1289-1291, 1987.

2. Austin, V.H.: Skin biosies: when, where and why. *Veterinary Laboratory Medicine* in Practice. Veterinary Learning Systems. Trenton, NJ, USA, pp. 171-175, 1993.

3. Dow, S.W.; Jones, R. L.; Rosychuck, R. A.W.: Bacteriologic specimens: selection, collection, and transport for optimum results. *Veterinary Laboratory Medicine* in Practice. Veterinary Learning Systems. Trenton, NJ, USA, pp 193-204, 1993.

4. Duncan, J.R.; Prasse, K.W.: Transtracheal Bronchoalveolar Aspiration Biopsy. In: Duncan, J.R.; Prasse, K.W.: *Veterinary Laboratory Medicine.* The Iowa University Press, Ames, pp 173-175, 1977.

5. Lee, P.C.; Turnidge, J.; MacDonald, P. J.: Fine-needle aspiration biopsy in diagnosis of soft tissue infections. *J. Clin. Microbiol.* 22:80-83, 1985.

6. Ministério da Saúde - Governo Brasileiro. *Manual de procedimentos básicos em microbiologia clínica para o controle de infecção hospitalar.* Ministério da Saúde; Secretaria Nacional de Assistência à Saúde. pp 14-19, 1991.

7. Moise, S.N; Blue, J.: Bronchial washings in the cat.: procedure and cytologic evaluation. *Veterinary Laboratory Medicine in Practice.* Veterinary Learning Systems. Trenton, NJ, USA, pp 130-136, 1993.

8. Roudebush, P.: Diagnostics for respiratory diseases. In: Kirk R.W. (ed.). *Current Veterinary Therapy.* 8th ed. Philladelphia, W.B.Saunders Co., pp 222-230, 1983.

9. Werner, L.: Arthrocentesis and joint fluid analysis: diagnostic applications in joint diseases of small animals. *Veterinary Laboratory Medicine in Practice.* Veterinary Learning Systems. Trenton, NJ, USA, pp 100-107, 1993.

Capítulo VI

Antibioticoterapia no Paciente Cirúrgico

Suely Rodaski & Lourenço J.Barreiros Netto

1. Introdução

Desde os primórdios da cirurgia, a infecção de uma ferida cirúrgica é problema que afeta a cura dos pacientes. O controle da infecção de uma ferida através da redução da contaminação microbiana se tornou um conceito de técnica no final do século XIX, quando Joseph Lister descreveu pela primeira vez o "Princípio Antisséptico da Prática Cirúrgica". Foi apenas em 1913 que Halstead deu início à prática pioneira do uso de luvas, estrita assepsia e da técnica cirúrgica meticulosa, o que foi descrito no *Halstead's Principles of Surgery*.[2] A assepsia difere da antissepsia, por impedir a contaminação da ferida, e não por causar a morte das bactérias, após seu ingresso. A crescente compreensão da participação das bactérias nas infecções dos pacientes cirúrgicos levou ao desenvolvimento de técnicas assépticas, que terminaram por substituir a antissepsia.[40]

O desenvolvimento de antibióticos consolidou outra redução significativa nas percentagens de infecção cirúrgica. A infecção no paciente cirúrgico tornou-se uma complicação menos comum da cirurgia, graças ao emprego adequado das drogas antimicrobianas. A quimioprofilaxia com antibióticos sistêmicos e, por vezes, a aplicação tópica de antibióticos ou antissépticos nas feridas vêm sendo freqüentemente utilizadas. Com efeito, os métodos empregados para a prevenção da infecção em pacientes selecionados novamente abrangem o princípio antisséptico de Lister, como meio adjuvante para a assepsia.[7] Apesar dos grandes avanços na prevenção química e biológica, a infecção e a septicemia pós-operatórias continuam a ser causas importantes de morbidade e mortalidade em pacientes cirúrgicos. Estudos em hospitais humanos demonstraram percentagens gerais de infecções pós-operatórias da ordem de 1,7 a 4,7%, comparadas à percentagem de 5,1% relatada para a cirurgia veterinária dos pequenos animais.[4, 39]

Na clínica cirúrgica, o uso de drogas antimicrobianas pode ser dividido em profilático e terapêutico. A profilaxia antimicrobiana consta da utilização de uma droga antes que se instale a infecção enquanto que a administração terapêutica é indicada quando a infecção é detectada nos períodos pré-operatório e principalmente no pós-operatório, quando o processo infeccioso pode ser decorrente de um procedimento cirúrgico. As diretrizes que regem a escolha do protocolo antimicrobiano para ambas as situações são distintas, devendo ser analisadas atentamente. Também é importante lembrar que se a profilaxia não tiver êxito, a situação exigirá o uso de drogas antimicrobianas de acordo com os princípios terapêuticos.

2. Profilaxia antimicrobiana

2.1. Critérios para a indicação da quimioprofilaxia antimicrobiana

Em geral, torna-se desnecessário o uso de antibiótico profilático desde que a técnica seja considerada asséptica e o paciente esteja em boas condições orgânicas para que seus mecanismos naturais de defesa respondam às pequenas contaminações. Mesmo trabalhando em condições de assepsia tidas como ideais, faz-se necessário que em algumas situações, o cirurgião indique a terapia antimicrobiana profilática. Alguns fatores promovem diminuição na resistência do paciente cirúrgico tornando-se imperativa a profilaxia antimicrobiana. Sendo assim, está indicada a administração do antibiótico profilático em animais senis ou muito jovens, pacientes debilitados, desnutridos, obesos, portadores de insuficiência circulatória com redução na perfusão tissular e ainda, os animais hiperglicêmicos. Também deverão receber terapia profilática antimicrobiana, os animais nefro e hepatopatas, os imunodeprimidos (por terapia ou afecções imunodepressoras), leucêmicos e os portadores de doenças malignas.

Além dos pacientes com alterações sistêmicas também está indicada a profilaxia antibiótica nos animais com possibilidade de contaminação bacteriana a partir de um foco secundário, quando então, pode ocorrer a disseminação hematógena de um local séptico aberto ou oculto, até a incisão cirúrgica. Sempre que possível, essas fontes de contaminação devem ser tratadas antes da intervenção cirúrgica e como exemplos são citados os pacientes portadores de abscessos, piodermas e infecções dentárias.

Classificação das feridas cirúrgicas (Quadro 1) objetivando a previsão do nível esperado de contaminação em diferentes tipos de cirurgia,[9, 10, 8] também fornece subsídios para o cirurgião prever sobre a infecção e decidir sobre a indicação ou não do antibiótico profilático.[30]

Quadro 1 - Classificação das feridas – Diretrizes para as feridas cirúrgicas, fornecidas pelo American College of Surgeons

FERIDAS LIMPAS:
– atraumáticas;
– procedimento eletivo com cicatrização primária, sem necessidade de drenagem;
– não é detectada inflamação;
– intervenções realizadas em salas com condições ideais de assepsia;
– não houve falha na técnica asséptica;
– não houve invasão dos tratos respiratórios, digestivo e geniturinário.

FERIDAS LIMPAS-CONTAMINADAS:
– intervenções na cavidade orofaríngea;
– trato gastrintestinal ou respiratório invadidos, sem disseminação significativa;
– trato geniturinário invadido, na ausência de urina infectada;
– trato biliar invadido, na ausência de bile infectada;
– pequena falha na técnica asséptica (por exemplo, perfuração das luvas).

FERIDAS CONTAMINADAS:
– importante falha na técnica asséptica (por exemplo contaminação do campo cirúrgico);
– grande disseminação a partir do trato gastrintestinal;
– ferida traumática recente (< 4 horas);
– invasão do trato geniturinário ou biliar em presença de urina ou bile intectadas.

FERIDAS "SUJAS" OU "INFECTADAS":
– detectada uma víscera perfurada;
– feridas traumáticas com retenção de tecido desvitalizado, corpos estranhos, contaminação fecal, adiamento do tratamento (> 4 horas), ou de origem contaminada ("suja");
– infecção bacteriana aguda com ou sem detecção de pus;
– transsecção de tecidos "limpos" para o acesso cirúrgico a coleção de pus.

Nas feridas limpas a incidência de infecção é baixa e caso se utilizassem antibióticos profiláticos em todas as operações limpas, um grande número de pacientes seria exposto desnecessariamente ao risco dos efeitos medicamentosos adversos. Portanto, o uso rotineiro de antimicrobianos profiláticos não pode ser recomendado para todos os pacientes submetidos às intervenções classificadas como limpas. No entanto, o julgamento clínico ponderado aceita sua utilização num número limitado de situações, tais como nas intervenções para introdução de implantes permanentes, onde as conseqüências da infecção podem ser catastróficas, pondo em risco a vida do paciente ou o êxito da operação, como por exemplo, na implantação de marcapasso e na substituição articular total. Nos procedimentos em que são deixados corpos estranhos na ferida cirúrgica, como por exemplo, pinos, placas, parafusos e malhas, também se justifica a profilaxia antibiótica. Os agentes antimicrobianos profiláticos devem ser indicados nas operações realizadas em pacientes sabidamente portadores de microrganismos patogênicos ou que apresentem infecção preexistente distante da área operatória, e também, nas intervenções realizadas em pacientes com próteses previamente implantadas. O uso da profilaxia antimicrobiana é benéfica nos procedimentos limpos que exigem extensas dissecções teciduais ou nos quais os tecidos fiquem com circulação precária. Finalmente, os antibióticos profiláticos têm seu valor nos pacientes que necessitem de um procedimento que se enquadra na categoria limpa, mas que, em virtude de uma doença concomitante ou da terapia, apresentam incompetência imunológica.

No grupo de feridas limpas-contaminadas estão incluídos alguns procedimentos operatórios cujo grau de contaminação é mínimo e nos quais, a probabilidade de infecção não é tão grande a ponto de justificar o uso de profilaxia antimicrobiana. No entanto, existem procedimentos específicos englobados pela definição, nos quais, o uso desses agentes está justificado. Recomenda-se usar antibióticos profiláticos nas situações discutidas na categoria limpa e para os pacientes submetidos às operações que exijam a penetração na cavidade orofaríngea em combinação com uma dissecção cervical; ressecção gástrica; procedimentos no intestino delgado, nos quais a vascularização fica comprometida; penetração no trato biliar extra-hepático na presença de bile contaminada ou de obstrução do trato; operações ou instrumentação, incluindo cistoscopia, que penetrem no trato urinário na presença de uropatia obstrutiva ou de urina com cultura positiva; operações no trato genital ; amputações de extremidades com irrigações precárias e enxertia cutânea de feridas abertas.

Nas categorias contaminadas e sujas, a incidência esperada de infecção é alta, sendo assim, recomenda-se o uso de antibióticos profiláticos em qualquer paciente cuja ferida se enquadre nesta classificação. Neste grupo, estão incluídos os procedimentos nos quais se encontra inflamação, com ou sem pus. Pode parecer incongruente usar o termo profilaxia em vez de terapia nessas situações. Essa aparente inconsistência é explicada utilizando como exemplo uma operação realizada com a finalidade de drenar a coleção purulenta de um abscesso. Necessariamente, a abordagem ao local do material purulento deve atravessar tecidos previamente não contaminados por microrganismos. Aqui, a profilaxia destina-se a prevenir a contaminação distante e o surgimento de infecção na incisão e nos planos teciduais previamente limpos.

O protocolo abaixo descrito, instituído com base na densidade microbiana das feridas cirúrgicas, constitui outra opção e subsídios para a indicação da profilaxia antibiótica:[30]
- ferida limpa: sem indicação para administração de antibiótico;
- ferida limpa-contaminada e contaminada: optar pelo antibiótico profilático;
- ferida suja ou infectada: instituir antibioticoterapia.

2.2. Momento para a administração de antibiótico profilático

A eficácia dos agentes antimicrobianos na prevenção da infecção diminui à medida em que aumenta o tempo entre a contaminação e administração inicial dos antibióticos. Para que a profilaxia antimicrobiana cirúrgica tenha êxito é essencial que o antibiótico seja administrado de tal modo que se atinjam adequadas concentrações tissulares na ferida cirúrgica por ocasião da contaminação desta, ou seja, no momento da incisão e durante 3-4 horas após a diérese. Este momento adequado para a administração profilática de antibióticos foi denominado de "período decisivo". O uso de antibióticos profiláticos após o período decisivo não evitava as infecções da ferida cirúrgica,[2] as quais, foram reduzidas de maneira significativa quando se administrou os antibióticos 0-2 horas antes da cirurgia[6]. Conforme a maioria dos autores, a medicação antimicrobiana deve ser administrada 30 a 60 minutos antes do início da intervenção cirúrgica.

Apesar dos autores preconizarem a administração de antibiótico parenteral dentro de 30 minutos antes do início da cirurgia, é aconselhado que os princípios farmacocinéticos sejam considerados na determinação do "período decisivo" para a administração do agente antimicrobiano. Os fatores como absorção, distribuição e eliminação das drogas devem ser considerados na escolha do antibiótico e nas determinações das vias de administração, doses, intervalos de repetição e duração da profilaxia antimicrobiana. Em geral, não se recomenda a administração dos antibióticos profiláticos através da via oral (exceto cirurgia intestinal), pois a absorção é lenta além de ser incompleta e não confiável para garantir níveis sangüíneos adequados. As vias venosas e intramusculares são as mais indicadas para a profilaxia antimicrobiana. Outro fator a ser considerado para a definição do protocolo antibiótico é a distribuição do agente, isto é, o movimento da droga desde o sistema vascular sangüíneo até os tecidos, inclusive o local da incisão cirúrgica. Para a maioria das drogas antimicrobianas, a distribuição se processa em 30 a 60 minutos. Por exemplo, dentro de uma hora após a administração venosa da penicilina G, ampicilina e cefalotina são alcançadas as concentrações-pico no fluido intersticial. A concentração medicamentosa, geralmente ocorre mais lentamente nos coágulos de fibrina e abscessos, quando comparada a do soro. Nos tecidos, a concentração do agente antimicrobiano, correlaciona-se com a do soro. Portanto, os medicamentos que apresentam intensa ligação às proteínas (oxacilina, nafcilina) atingem concentrações teciduais menores que as obtidas pelos agentes com ligações mais fracas (ampicilina, meticilina, cefazolina e gentamicina). Outros fatores, como o pH, barreiras à difusão, infecção e lipossolubilidade do medicamento, podem também influenciar a penetração tecidual e eficácia do antibiótico.[31]

A velocidade de eliminação dos antibióticos reflete na meia-vida da droga, constituindo um parâmetro útil para determinar os intervalos entre as dosagens, já que como princípio, sabemos da necessidade de se manter concentrações efetivas no local da incisão. Para a maioria dos medicamentos administrados por via venosa empregados na profilaxia antibiótica, a meia-vida é inferior a 60 minutos. As penicilinas antiestafilocócicas têm meias-vidas que são significativamente, mais breves que as das aminopenicilinas e da maior parte das cefalosporinas. As meias-vidas da cefalotina e da cefapirina são mais breves que a meia-vida da cefazolina.[32]

A duração da profilaxia é controvérsia na literatura, mas a maioria dos autores confirma que não há evidência suficiente para apoiar a administração de antibióticos após a cirurgia e a recuperação da anestesia[3]. Para determinadas intervenções cirúrgicas, uma dose de antibióticos aplicada logo antes do início do procedimento cirúrgico, fornece níveis adequados, especialmente em cirurgias do trato biliar, operações gástricas e cesarianas[10,25]. Alguns autores sugerem a aplicação de duas doses pós-operatórias.[9] Nas intervenções cecais e colorretais, recomenda-se freqüentemente uma profilaxia de 24 horas[24,13,14]. Também se preconiza a administração continuada de antibióticos durante 24 - 48 horas, quando se insere um dispositivo protético.[2,7,20] A duração ideal da profilaxia em cirurgia cardíaca e neurocirurgia ainda aguarda novos estudos [10,7,20]. Nas intervenções cirúrgicas

133

prolongadas, doses repetidas de antibióticos podem ser necessárias, no trans-operatório, para se manter os níveis tissulares e sangüíneos adequados. Nos atos operatórios que durem várias horas, a cefoxitina e outros antibióticos com meia-vida curta (cefalotina, cefapirina) devem ser readministrados a cada 2 horas até que a ferida cirúrgica seja suturada. Quando se usa um antibiótico de meia-vida longa, como por exemplo, a cefazolina, sugere-se a readministração a cada 2 horas e 30 minutos.[10] Experimentalmente, tem-se constatado que a cefalotina (40 mg/kg) e a cefazolina (20 mg/kg) não mantêm concentrações inibitórias mínimas na ferida cirúrgica por 1,30 e 2,30 horas, respectivamente. Estes dados enfatizam a necessidade de que nos procedimentos cirúrgicos mais prolongados, deve-se repetir a dose ao final do período efetivo de cada fármaco.[30] Resumindo, com base na farmacocinética, o regime antibiótico profilático ideal para procedimentos não prolongados, consta de uma aplicação venosa administrada dentro de 30 minutos antes da incisão.Quando a intervenção cirúrgica perdura por mais de 2 horas, deve ser administrada dose de manutenção do antibiótico, de modo que os níveis efetivos possam ser mantidos durante o período de risco de contaminação bacteriana.[32]

A limitação no uso de antibióticos do pós-operatório é importante para reduzir a probabilidade das reações adversas e impedir o mascaramento de sinais sugestivos de infecção, mesmo que não esteja anatomicamente relacionada à operação. Ainda mais, diminui a probabilidade de surgirem cepas resistentes de microrganismos e sob o ponto de vista social, o uso mínimo de antibiótico reduz o custo dos tratamentos cirúrgicos.

2.3. Escolha do agente antimicrobiano profilático

Na seleção de um agente antimicrobiano para uma determinada intervenção cirúrgica, deve-se levar em conta o possível agente patógeno capaz de causar infecção no procedimento planejado, a susceptibilidade do microrganismo à medicação escolhida, o atual perfil do antibiótico no hospital, além dos efeitos adversos dos antimicrobianos.

A identificação do microrganismo e a seleção do antibiótico podem ser feitas com base nas culturas e nos testes de sensibilidade e quando isso não for possível, a experiência clínica e os trabalhos de pesquisas publicados são parâmetros úteis na determinação do patógeno que mais freqüentemente afetam determinado órgão. Com base nos relatos publicados e na experiência clínica, são três os patógenos aeróbicos que mais comprometem os pacientes cirúrgicos na área de pequenos animais. Nos cães, as osteomielites e as infecções das feridas cirúrgicas, exceto trato digestivo, são mais freqüentemente causadas por *Staphylococcus* spp.[34,32] As sepsias intra-abdominais, feridas traumáticas e cirúrgicas do trato intestinal são geralmente polimicrobianas, sendo a *E. coli,* o patógeno mais freqüentemente identificado. Os microrganismos anaeróbicos e bactérias gram-negativas compro-metem, principalmente, o intestino grosso, exigindo com isso, esquemas mais elaborados de administração medicamentosa profilática. Nos felinos, a *Pasteurella* spp é geralmente bactéria responsável pelas infecções de tecidos moles, incluindo as feridas traumáticas.[34]

Com relação à escolha dos antimicrobianos, para a maioria dos procedimentos cirúrgicos, deve-se usar agentes bactericidas ativos contra *Staphylococcus* spp. Os antibióticos bactericidas são mais eficazes, pois, destroem os patógenos por contacto sem depender da síntese de anticorpos. Além disso, feqüentemente, os *Staphylococcus* spp produzem penicilinase, daí, a necessidade do antimicrobiano ser penicilinase resistente. Sendo assim, para grande parte dos procedimentos podem ser indicadas as penicilinas resistentes à penicilinase (oxacilina) e cefalosporinas. Na maioria das instituições hospitalares, os padrões de resistência bacteriana que se desenvolveram contra as penicilinas naturais e aminopenicilinas (ampicilina, amoxicilina), tornaram esses produtos menos indicados para a profilaxia de rotina. Nas intervenções cirúrgicas com maior probabilidade de estarem associadas às infecções por bactérias Gram-negativas, as cefalosporinas podem ser mais efetivas. Para a profilaxia de rotina, as cefalosporinas de primeira geração são, geralmente, tão efetivas e menos dispendiosas que as cefalosporinas de segunda e terceira gerações. Graças à sua meia-vida mais prolongada e à capacidade de atingir concentrações teciduais mais elevadas, a cefazolina pode oferecer ligeira vantagem sobre a cefalotina e a cefapirina, sendo, provavelmente, a cefalosporina de escolha.[34,32]

Quanto à susceptibilidade, atualmente, as culturas e testes de sensibilidade indicam que a enrofloxacina e outras quinolonas são eficazes contra *Staphylococcus* spp e *E. coli*. A enrofloxacina ou ciprofloxacina com metronidazole podem ser indicadas nos tratamentos das infecções aeróbicas polimicrobianas e anaeróbicas. O grau de sensibilidade dos *Staphylococcus* spp e *Escherichia coli* aos vários agentes antimicrobianos estão dispostos na tabela 1.[34]

Tabela 1 - Sensibilidade antimicrobiana dos Staphylococcus spp e Escherichia coli.

	Staphylococcus spp		*Escherichia coli*	
Drogas	**% susceptibilidade**	**n° de isolados**	**% susceptibilidade**	**n° de isolados**
Amoxicilina clavulanada	99	521	81	372
Ampicilina (amoxicilina)	37	1665	55	1680
Cefalotina	99	1664	67	1584
Cefazolina	99	103	90	50
Cefotetan	100	50	98	50
Ciprofloxacina	98	53	100	56
Clindamicina	84	504	-	-
Cloranfenicol	91	1851	76	1666
Gentamicina	99	1656	94	1682
Sulfadiazina-trimetoprim	78	1366	76	1225

Referindo-se aos efeitos adversos, alguns medicamentos têm potencial para produzir toxicidade sistêmica. Por exemplo, os aminoglicosídeos são nefro e oto-tóxicos, provocam bloqueio neuromuscular e depressão cardiovascular, sendo por isso, desaconselhado seu uso na maioria das situações. Do mesmo modo, o clo-ranfenicol pode inibir a eritropoese além do metabolismo hepático dos barbitúricos. Certas cefalosporinas como amoxalactam, cefamandol, cefaperazona e cefotetan, podem afetar a hemostasia por interferirem com a produção hepática da protrombina, fato relevante, principalmente, em pacientes com problemas de hipocoagulabilidade sangüínea.[32]

3. Protocolos antimicrobianos profiláticos e terapêuticos

3.1. Cirurgias gerais

Considerando que os *Staphylococcus* spp são os microrganismos mais freqüentemente encontrados nas infecções, então, para a maioria dos procedimentos cirúrgicos deverão ser administrados antimicrobianos ativos contra estes patógenos. Além disso, preferencialmente, esses antibióticos deverão ser bactericidas e penicilinase resistentes, pois a maioria dos estafilococos produzem penicilinase. Para a profilaxia de rotina nas cirurgias de pequenos animais, as cefalosporinas são os antimicrobianos de escolha, em função de sua baixa toxicidade e excelente atividade *in vitro* contra estafilococos coagulase-positivos e *S. colli,* isolados clinicamente, em aproximadamente 99 e 90% das infecções, respectivamente.[36] As cefalosporinas de primeira geração são, geralmente, tão eficazes e menos dispendiosas, do que as cefalosporinas de segunda, terceira e quarta gerações. A cefazolina pode ser o quimioterápico de escolha, pois, em cães, em doses de 22 mg/kg, as concentrações alcançadas foram de 15 vezes as concentrações inibitórias mínimas para a maioria dos contaminantes bacterianos comuns. A administração venosa e intramuscular de 20 mg/kg de cefazolina, simultânea e previamente ao ato cirúrgico, constitui um protocolo profilático eficaz, pois constatou-se concentrações na ferida cirúrgica maiores que 4µg/ml,durante mais de 6 horas após sua administração.[36,32]

A escolha adequada do antibiótico quando este for indicado com finalidade terapêutica deve ser baseada em culturas e testes de sensibilidade. Até que se obtenha os resultados laboratoriais ou em situações de emergência, pode-se instituir o protocolo acima descrito, exceto que a administração do antimicrobiano deve se prolongar por 5 a 7 dias ou até que os sinais de infecção desapareçam.[30] Também, a escolha dos antimicrobianos, até que se obtenha os resultados do antibiograma, pode ser fundamentada nos trabalhos de pesquisa e experiência clínica que relacionam os patógenos mais freqüentementemente detectados com os locais de infecção e sensibilidade microbiana (Tabela 2). A tabela 3, fornece dados sobre os principais antimicrobianos utilizados nos tratamentos das infecções cirúrgicas de pequenos animais, além das doses, vias e intervalos de administração.[15]

Tabela 2 - Microrganismos envolvidos no local da infecção e antimicrobianos

BACTÉRIAS	LOCAL	ANTIBIÓTICOS
AERÓBIOS		
Brucella	vertebral, genital	tetraciclina ou doxiciclina e estreptomicina ou gentamicina
E. coli	bacteremia, entérica, hepatobilear ortopédica, peritoneal e urogenital	neomicina, cefazolina, sufonamida trimetoprim
Klebsiella	bacteremia, entérica e nosocomial	amoxicilina clavulanada, cefazolina
Pasteurella	abscessos percutâneos e respiratório	ampicilina, penicilina
Proteus	bacteremia, urogenital e	amoxicilina clavulanada, cefazolina
Pseudomonas	bacteremia, articulações urinário	amicacina, ciprofloxacina, enrofloxacina
Salmonella	bacteremia, nosocomial	cloranfenicol, sulfonamida-trimetoprim
Staphylococcus	bacteremia, ortopédica, articulações, pele, subcutâneo, urogenital, vertebral	amoxicilina-clavulanada, clindamicina, cefazolina, oxacilina
Streptococcus	bacteremia, articulações, urogenital	penicilina G, ampicilina
ANAERÓBIOS		
Actinomyces	abscessos, piotórax	penicilina G., clindamicina
Bacteróides	abscessos, ortopédica, piotórax	clindamicina, metronidazole
Clostridium	abscessos, bacteremia, ortopédica	penicilina G, cloranfenicol, metronidazole
Nocardia	abscessos, piotórax	amicacina, sulfonamidas.

Tabela 3 - Principais fármacos, doses, via e intervalos de administração utilizados na terapêutica das infecções de pequenos animais

DROGA	DOSE (mg/kg)	VIA	INTERVALO (hora)
Amicacina	5 -11	IV, IM, SC	8
Amoxicilina	11 - 22	VO.	8 - 12
	5,5 - 11	IV, IM, SC.	8 - 12
Amoxicilina-Clavulanada	12,5 (cão)	VO.	12
	62,5 (total por gato)	VO.	12
Ampicilina	10 - 50 (cão)	IV, IM, SC, VO.	6 - 8
	10 - 20 (gato)	IV, IM, SC, VO.	6 - 8
Cefazolina	15 - 25	IV, IM, SC.	4 - 8
Cloranfenicol	40 - 50	IV, IM, VO	6 - 8 (cão)
			8 - 12 (gato)
Clindamicina	11 - 22	IV, IM VO.	12
Doxiciclina	2,5 - 5	VO.	12 - 24
Enrofloxacina	2,5	IV, IM, VO.	12
Gentamicina	2 - 4	IV, IM, SC.	8
Metronidazole	7,5 - 15	IV, VO	8
Oxacilina	20 - 40	VO.	8
	5 - 11	IV, IM	8
Penicilina	20 000 - 40 000 UI/KG	IV, IM, SC.	6
Oxitetraciclina	25	VO	6 - 8
Sulfadiazina-Trimetoprim	7	IV, IM.	12
	30	SC, VO.	12 - 24

3.2. Cirurgias gastrintestinais

No trato gastrintestinal, está presente uma grande variedade de tipos e quantidades de bactérias. Na cavidade oral, podem ser encontradas bactérias aeróbicas e anaeróbicas. A flora bacteriana gástrica normalmente é pequena, raramente excedendo 10^5 microrganismos/ml aspirado.Geralmente, o número de microrganismos aumenta após as refeições mas diminui rapidamente pela ação do ácido gástrico.[40]

Nos animais submetidos à restrição alimentar, o conteúdo do intestino delgado superior pode ser estéril e as quantidades raramente excedem os 10^3 microrganismos/g, ocorrendo um aumento temporário logo após as refeições. No intestino delgado distal, as bactérias têm seu número aumentado, e se assemelham à flora do cólon, com o surgimento de E.colli e Bacteroides spp. O peristaltismo, continuamente, desloca a flora intestinal residente no sentido distal, impedindo a superpopulação. As obstruções e paralisias intestinais (íleo adinâmico, por exemplo) podem impedir o movimento das bactérias, e com isso, alterar drasticamente a população microbiana.[40] Apesar da cirurgia gastroduodenal apresentar uma taxa de infecção baixa devido à menor flora bacteriana, indica-se a profilaxia antimicrobiana àqueles pacientes de alto risco para infecções. Nesse grupo incluem-se os animais com motilidade gástrica ou acidez anormais (secundárias à hemorragia, úlcera gástrica, úlcera duodenal e carcinoma gástrico) ou pacientes mantidos em tratamentos prolongados com cimetidina, ranitidina ou terapia similar para reduzir a acidez gástrica. Nessa situação pode ser utilizada a cefazolina.[25]

No segmento intestinal distal à válvula ileocecocólica, as quantidades de aeróbios e anaeróbios aumentam grandemente, superando numericamente os aeróbios por um fator de 100 a 1000. As concentrações fecais de bactérias no intestino delgado humano atingem 10^8 microrganismos aeróbios e 10^{11} anaeróbios/g.[40] A cirurgia do intestino grosso requer um esquema mais elaborado de administração dos antibióticos profiláticos, além de exigir uma preparação e higienização mecânica dos segmentos intestinais. Fazendo parte da preparação pré-operatória está o jejum por 24 horas, indicado para o completo esvaziamento do intestino delgado, pois a ingesta interfere com a ação dos agentes antimicrobianos. A limpeza do intestino grosso é mais difícil e requer o uso de enemas e laxantes para remoção do conteúdo.[5] Além da higienização mecânica, nas intervenções do intestino grosso, deverão ser administrados antibióticos orais eficazes contra bactérias anaeróbicas e Gram-negativas, sendo que a administração iniciada 36 - 48 horas antes da cirurgia, reduz consideravelmente, o número de bactérias do cólon. Os regimes antibióticos orais de eficácia comprovada em termos de diminuição da percentagem de infecções após cirurgia colorretal em pacientes humanos, incluem sulfato de neomicina + eritro-micina; sulfato de kanamicina + eritromicina; sulfato de neomicina + metronidazole, somente metronidazole e doxicilina. Foi observado que a associação de metronidazole e cefatriaxona apresenta eficácia na cirurgia do intestino grosso, mas o potencial carcinogenético do metronidazole não permite sua recomendação na profilaxia de rotina, exceto para pacientes alérgicos às cefalosporinas.[19,20] A literatura veterinária é controversa sobre a necessidade de administração de agentes antimicrobianos parenterais, em pacientes que já tiveram a flora microbiana do cólon reduzida através dos quimioterápicos orais e higienização mecânica. Contudo, a maioria dos pesquisadores, sugere regimes profiláticos enterais e parenterais nas cirurgias gastrintestinais. A profilaxia enteral reduz a microflora intestinal, e com isso, a contaminação da cavidade abdominal e ferida cirúrgica. Em Medicina Veterinária, os antimicrobianos recomendados incluem a neomicina (25 mg/kg) e eritromicina (2 mg/kg), via oral e administrados um dia antes da cirurgia, a cada 8 horas. Outra opção é administração oral de metronidazole (30 mg/kg, 1 vez ao dia) durante 1 a 3 dias no período pré-operatório. Na profilaxia parenteral são recomendados a cefazolina (22 mh/kg, IV ou IM), administrada no momento da indução anestésica ou sulafadiazina-trimetoprim (30 mg/kg) aplicada via subcutânea, duas horas antes da intervenção cirúrgica. Outra alternativa é a gentamicina (4,5 mg/kg) e clindamicina (10 a 40 mg/kg) administradas via venosa, no momento da indução da anetesia.[15]

Na cirurgia de emergência do cólon, quando não for possível realizar, previamente, a limpeza intestinal e a administração oral do antimicrobiano, devem ser administrados, por via sistêmica, a cefoxitina ou a combinação de aminoglicosídeos e clindamicina. Alguns antimicrobianos são efetivos contra aeróbios e anaeróbios sendo que a cefoxitina é ativa contra anaeróbios intestinais.[20,8] O cefotetan, constitui uma alternativa com bons resultados em cirurgia colorretal, pois possui atividade semelhante à cefoxitina, exceto meia-vida maior do que esta e o cefmetazol.[8]

3.2.a. Peritonites

A peritonite pode ser classificada em primária, secundária, localizada e difusa ou generalizada. As peritonites primárias difusas abrangem menos que 1% das infecções do peritônio e em geral são de origem hematógena, exemplo a peritonite infecciosa felina. A infecção primária do peritônio é um processo raro em cães e gatos e o tratamento requer a laparaotomia para drenagem do exsudato, fluidoterapia e antibioticoterapia sistêmica. Até que se obtenha os resultados da cultura e teste de sensibilidade pode-se instituir um protocolo antimicrobiano associando um aminoglicosídeo, metronidazole, eficaz para patógenos anaeróbios e cefalosporina.[8] As peritonites secundárias são as mais freqüentes e estão associadas a traumas, afecções envolvendo órgãos intra-abdominais e intervenções cirúrgicas. As peritonites secundárias podem ser assépticas quando causadas por corpos estranhos e substâncias químicas. Classificadas como peritonites sépticas estão incluídas as infecções do peritônio decorrentes de procedimentos cirúrgicos abdominais. Nessa categoria, são freqüentes as peritonites bacterianas, principalmente, nas intervenções do trato gastrintestinal. Estas podem ser decorrentes de deiscências de suturas dos órgãos intra-abdominais ou parede abdominal, uso de drenos e ainda, a contaminação pode ser exógena, ocorrendo durante a intervenção cirúrgica. As infecções em geral, são polimicrobianas, sendo freqüentemente, identificados agentes anaeróbicos como *Clostridium* spp., *Peptostreptococcus* spp. e *Bacteróides* spp., sendo que os aeróbios estão representados, principalmente, por *Escherichia coli, Klebsiella* spp., *Proteus* spp. e *Staphylococcus spp.* coagulase-positivo.[8,36,34] O tratamento das peritonites sépticas difusas consta da drenagem, reposição de fluidos e eletrólitos, além da administração de corticosteróides e antibióticos. A antibioticoterapia deve ser instituída com base na cultura de microrganismos aeróbicos e anaeróbicos do fluido peritoneal e teste de sensibilidade. Quando a peritonite difusa é secundária à ruptura de órgãos do trato gastrintestinal, é indicada uma combinação de agentes antimicrobianos eficaz contra aeróbios e anaeróbios. Enquanto se aguarda os resultados do antibiograma, podem ser administradas drogas como gentamicina (6 mg/kg/IV/ 1 dia) para gram-negativos; metronidazol (20 mg/kg/ V.O. ou V.I. BID) para microrganismos gram-negativos e gram-positivos anaeróbicos e cefalosporina (cefazolina, 20 mg/kg/ V.I. QID) que é eficaz para gram-positivos e aeróbicos produtores de beta-lactamase. Alternativamente, cefotetan (30 mg/kg/ V.I. TID) pode ser associda a metronidazole. A cefotetan é mais eficaz contra gram-negativos anaeróbicos quando comparadas às cefalosporinas de primeira geração.[8] Outra opção eficaz é a combinação de aminoglicosídeo ou fluorquinolona e um medicamento contra anaeróbicos. Quando há comprometimento renal, recomenda-se uma droga beta-lactâmica como a cefoxitina.[11]

A combinação das administrações venosa e intraperitoneal do antibiótico reduz, rapidamente, a população bacteriana na cavidade peritoneal. Contudo, alguns efeitos adversos da terapia antimicrobiana intraperitoneal foram citados, entre eles, a formação de aderências (tetraciclina, neomicina e estreptomicina), reações alérgicas (penicilinas) e bloqueio neuromuscular (amicacina, tobtamicina, neomicina e gentamicina).[8]

Aliada à antibioticoterapia sistêmica, a irrigação da cavidade abdominal com anti-sépticos como o clorexedine e iodo-povidine constitui uma medida coadjuvante eficaz no tratamento das peritonites em animais e no homem. Para um cão de 12 kg foi recomendada a lavagem abdominal com 100ml de solução salina e 10 ml de iodo-povidine (solução 1%). Após a irrigação da cavidade abdominal, a solução anti-séptica deve ser removida.[8]

Em resumo, a sepsia intra-abdominal está presente com freqüência, após traumatismos, intervenções cirúrgicas e doenças intrínsecas do trato gastrintestinal. A infecção pode ser generalizada ou localizada e a microflora agressora é polimicrobiana, constituída tanto de anaeróbios como aeróbios. A drenagem cirúrgica adequada e a escolha apropriada de antibióticos parenterais resultam numa evolução pós-operatória favorável e reduzem a possibilidade de septicemia.

3.3. Cirurgias ortopédicas

Tanto a infecção adquirida nos hospitais quanto a hematogênica continuam representando causas importantes de morbidez e raramente de mortalidade nos pacientes submetidos à cirurgia ortopédica. O espectro dessas infecções varia desde a sepsia óssea e articular hematogênicas até a pós-traumática ou pós-operatória.[26]

A administração profilática de antibiótico reduz as infecções nas cirurgias ortopédicas de maneira semelhante às intervenções nos tecidos moles[5] e também a profilaxia diminuiu significativamente a freqüência de infecções nas operações que duraram mais de 2 horas.[27] Como nos demais procedimentos, o agente antimicrobiano deve ser administrado em torno de 30 a 60 minutos antes da intervenção, pois os coágulos sangüíneos que se formam nos locais da fratura predispõe às infecções através de dois mecanismos. Primeiro, com a formação do hematoma, os íons férricos liberados da hemoglobina propiciam condições para a multiplicação bacteriana, pois

140

inibem a morte intrafagocitária das bactérias no interior dos granulócitos. Como resultado a hemoglobina pode potencializar a virulência das bactérias.[40] Além disso, apesar da maioria dos antibióticos serem tão efetivos no plasma como nos hematomas, é imprescindível a profilaxia antimicrobiana pré-operatória, pois alguns antimicrobianos têm dificuldade em penetrar nos coágulos ou fazem isto muito lentamente. A administração pré-operatória do antibiótico confere níveis sangüíneos adequados por ocasião da formação do coágulo sangüíneo durante a intervenção cirúrgica.[5]

Também os implantes metálicos empregados na cirurgia ortopédica agem como corpos estranhos e não somente aumentam o risco de infecção pós-operatória como ainda propiciam grande área de superfície para a ocorrência de infecções subclínicas crônicas. O crescimento bacteriano crônico é facilitado por uma película peribacteriana mucóide de polissacarídeos que pode se formar sobre as próteses metálicas. Essa biopelícula impede que os anticorpos atinjam as bactérias, inibem a fagocitose pelos leucócitos e diminui a eficácia dos antibióticos. Conforme estudos relacionando índices de contaminação intra-operatória quando da implantação da placa com índices pós-operatório, na ocasião da remoção do implante metálico, concluiu-se que houve contaminação durante a redução da fratura e infecção oculta relacionada com as placas ósseas.[40]

A escolha do protocolo e agentes antimicrobianos está baseada nos mesmos princípios que regem a profilaxia nas cirurgias gerais. Em resumo, os requisitos dos quimioterápicos para a profilaxia nos procedimentos ortopédicos são que esses sejam de amplo espectro, penetrem facilmente nos coágulos sangüíneos, sejam penicilinase resistentes e ainda que tenham efeitos bactericidas.[5] A aplicação venosa 20 minutos antes da incisão é uma prática de rotina eficaz nas cirurgias ortopédicas em pacientes humanos.[37] A **cefazolina,** uma cefalosporina de primeira geração, por ser uma droga efetiva contra estafilococos, apresentar meia-vida relativamente longa, em torno de 1,8 a 2,30 horas, além de ter excelente poder de penetração nos tecidos ósseos, pode ser um quimioterápico de escolha para a profilaxia antimicrobiana nas intervenções ortopédicas.[30]

3.3.a. Osteomielite

Denomina-se osteomielite a inflamação da substância óssea, medula e periósteo.[14] A contaminação pode ocorrer nas fraturas expostas, durante os procedimentos cirúrgicos na redução das fraturas, principalmente, nos casos de implantes. Também os microrganismos podem ser provenientes de infecção dos tecidos moles e ainda pode ocorrer a contaminação via hematogênica.[37]

A osteomielite é identificada de diversas formas podendo ser classificada como bacteriana, a qual, ocasionalmente pode ser hematógena, mas em geral, é relativamente rara. A outra forma, a mais comum, é a osteomielite iatrogênica, traumática, ou associada à fratura exposta. Outro tipo de osteomielite, freqüente em animais de pequeno porte são as micóticas, mais comumente a coccidiomicose, e em segundo lugar a blastomicose.[18]

A osteomielite bacteriana iatrogênica pode ser aguda ou crônica. A leucocitose e a temperatura elevada por mais de 48 horas, em geral, sugerem um processo

141

agudo, o qual, na maioria das vezes, é ocasionado por microrganismos de baixa virulência.[18] Nesses casos, recomenda-se a administração venosa de antibióticos bactericidas de amplo-espectro como as cefalosporinas (cefazolina). É importante comentar que o protocolo antibiótico pode ser alterado de acordo com os resultados da cultura, testes de sensibilidade e evolução clínica do paciente. Quanto à duração da antibioticoterapia, em pacientes humanos com osteomielite aguda exógena, a administração do antimicrobiano por 30 dias no mínimo, está associada com baixa recorrência da infecção. Ainda com referência ao tratamento da infecção aguda, é recomendado além da terapia antimicrobiana, procedimentos como debridamento dos tecidos comprometidos, lavagem copiosa de ferida cirúrgica com solução contendo 0,25% de clorexedine e drenagem. O sistema de drenagem pode ser instituído por um período de 3 a 5 dias, devendo ser asséptico, evitando-se assim a contaminação ascendente.[37]

O problema mais sério nas infecções ósseas é a osteomielite bacteriana crônica, subseqüente ao reparo da fratura e que pode aparecer semanas ou meses após o processo inicial. Geralmente, o paciente apresentou uma reação aguda que não foi diagnosticada ou não foi tratada adequadamente. A osteomielite crônica pode ser causa de complicações pós-operatórias como não-união ou união retardada das fraturas. O diagnóstico do processo crônico é fundamentado nos sinais físicos, radiográficos e cultura dos agentes patógenos. Na avaliação física, geralmente, constata-se trajetos fistulosos, sendo a drenagem um sinal cardeal fundamental nas reações infecciosas crônicas. Também podem ser observadas atrofia muscular, claudicação, sensibilidade dolorosa, além da instabilidade da fratura.

Radiograficamente, observa-se reação periostal excessiva, lise e prova-velmente seqüestro ósseo, além de sinais de união retardada ou não união. Ainda na forma crônica, a cultura revela a presença de microrganismos patogênicos, por exemplo, *Proteus, Pseudomonas, Escherichia coli* hemolítica e algumas vezes, estão presentes anaeróbios.[18] As bactérias mais comumente isoladas nas osteomielites crônicas em pequenos animais são os *Staphylococcus* spp. A ocorrência destes microrganismos varia de 45 a 88%.[29] Outras bactérias isoladas são *Escherichia coli*, estreptococos beta hemolíticos, *Proteus* e *Pseudomonas*. As osteomielites são causadas por uma única bactéria em 59% dos casos. As infecções polimicrobianas ocorrem nos casos remanescentes, podendo ser isolados 6 ou mais microrganismos. Uma combinação de aeróbios e anaeróbios pode estar presente nas infecções polimicrobianas, sendo a *E. coli,* a bactéria gram-negativa mais freqüentemente isolada. A importância das bactérias anaeróbicas na patogenia das osteomielites foi recentemente pesquisada, quando então, constatou-se que 74% das osteomielites continham um microrganismo anaeróbico, 16% somente anaeróbico e 58% apre-sentavam patógenos aeróbicos e anaeróbicos. O gênero mais freqüentemente encontrado foi o *Bacteroides,* entre estes os *Peptococcus anaerobius.*[29] Além de confirmar o diagnóstico, a identificação dos patógenos causadores da osteomielite é fundamental para se estabelecer a antibioticoterapia adequada. É importante salientar que as amostras para a cultura de aeróbios e anaeróbios devem ser colhidas, preferencialmente, dos tecidos desvitalizados e diretamente dos seqüestros. Na eventualidade do paciente já ter sido submetido à antibioticoterapia prévia, a obtenção do material para cultura e teste de sensibilidade deve ser realizada, no mínimo, 24 horas após a última aplicação do antimicrobiano.[37] Até que se obtenha os resultados do antibiograma, a combinação empírica das cefalosporinas de primeira geração com aminoglicosídeos é eficaz, podendo ser indicada para a terapia das osteomielites.

Também as fluorquinolonas são agentes ativos contra algumas espécies de estafilococos e gram-negativos como os *Pseudomonas,* os quais oferecem resistência contra a maioria dos agentes antimicrobianos. As fluorquinolonas não são efetivas contra microrganismos anaeróbicos. A ciprofloxacina é a principal fluorquinolona utilizada em Medicina Veterinária e é recomendada para o tratamento de alguns casos de osteomielites crônicas, quando outros agentes não apresentaram resultados satisfatórios. O tratamento da osteomielite bacteriana crônica pode ser resumido em debridamento dos tecidos moles e ósseos comprometidos, seqüestrectomia, estabilização da fratura, obliteração do espaço morto, drenagem asséptica da ferida, terapia antimicrobiana prolongada e fisioterapia pós-operatória. Como nas demais infecções, a escolha do antibiótico é baseada na cultura e testes de sensibilidade. A duração do tratamento depende das condições e resposta de cada paciente, contudo, a maioria dos autores, recomenda um período mínimo de 8 semanas. Os antimicrobianos mais utilizados nas infecções ortopédicas em pequenos animais, estão listados na tabela 4.[29]

Tabela 4 - Antimicrobianos mais utilizados nas infecções ortopédicas de pequenos animais

AGENTES	DOSE (mg/kg)	VIA	INTERVALO (hora)
Amicacina [1,2]	10	IV, IM, SC	6
Amoxicilina	22 - 30	IV, IM, SC, VO	6 - 8
Amoxicilina-Clavulanda	22	VO	6 - 8
Ampicilina	22	IV, IM, SC, VO	6 - 8
Cefadroxil	22	VO	8 - 12
Cefalexina	22 - 30	VO	6 - 8
Cefalotina	22 - 30	IV, IM, SC	6 - 8
Cefapirina	22	IV, IM, SC	6 - 8
Cefaradina	22	IV, IM, SC, VO	6 - 8
Cefazolina	22	IV, IM, SC	6 - 8
Cefoxitina	22	IV, IM	6 - 8
Ceftazidima[3]	25	IV, IM	8 - 12
Ciprofloxacina	11	VO	12
Clindamicina[4,5]	11	IV, IM VO	8 - 12
Cloxacilina	10 - 15	IV, IM, VO	6 - 8
Enrofloxacina	5 - 11	VO	12
Gentamicina[1,6]	2	IV, IM, SC	8 - 12
Metronidazole	10 - 15	IV	6
Oxacilina	22	IV, IM, SC, VO	6 - 8
Penicilina G (aquosa)	20 000 - 40 000 UI	IV	6

[1] Nefro e ototóxica; a função renal deve ser monitorada durante a administração.
[2] Limitar o uso por uma semana.
[3] Efetivo somente contra *Pseudomonas.*
[4,5] Dolorosa na injeção IM; pode causar flebite na aplicação IV.
[6] Intervalo de doses de 8 horas/ via parenteral; 12 horas/ VO.

As infecções ósseas micóticas são menos freqüentes que as bacterianas e os dois patógenos fúngicos mais encontrados são *Coccidioides* e *Blastomyces*. Outros agentes como *Histoplasma* ou *Criptococcus*, podem causar a infecção óssea. Em geral, a contaminação ocorre por inalação dos esporos e na maioria dos casos, os animais apresentaram, semanas ou meses antes, quadro clínico semelhante ao da cinomose. O envolvimento ósseo é secundário, pois, várias semanas após a infecção respiratória, os pacientes podem apresentar febre e claudicação, podendo vários membros apresentarem-se comprometidos. O diagnóstico é estabelecido pela anamnese, exames radiográficos e identificação do microrganismo por meio da biópsia e cultura. Em relação ao tratamento da osteomielite fúngica, a perspectiva é sombria, pois pouquíssimos medicamentos se mostraram efetivos. Como nas demais infecções, a terapia antifúngica é baseada na cultura e teste de sensibilidade. A anfotericina B é um dos agentes antimicrobianos de escolha, mas com freqüência a infecção recidiva, pois a micose constitui uma moléstia sistêmica que envolve vários ossos. Nos últimos anos, o tratamento com cetoconazol mostrou-se eficiente nas infecções ósseas micóticas profundas, principalmente nos casos de coccidiomicoses. Para cães e gatos recomenda-se a administração de 20 a 25mg/kg, em doses diárias fracionadas. Há necessidade de tratamento durante 4 a 6 meses, nos casos mais graves.[18]

Considerando que no paciente cirúrgico, a maioria das infecções ósseas é de origem exógena e pode ocorrer como um resultado direto do emprego de técnicas inadequadas, é imprescindível que para a prevenção das osteomielites, os princípios da cirurgia asséptica e atraumática sejam rigorosamente seguidos. Além da profilaxia antibiótica, o paciente deve ser devidamente preparado para a cirurgia asséptica e o procedimento cirúrgico deve ser realizado em ambiente com instrumental e equipamentos em condições ideais de assepsia.

3.4. Cirurgias torácicas

Ainda não está bem definida a importância dos antibióticos nas cirurgias torácicas, principalmente, nas ressecções pulmonares.[25] A maioria dos autores classifica as cirurgias como feridas limpas[16] não indicando a quimioprofilaxia, principalmente quando são intervenções no trato respiratório inferior. Nos procedimentos cirúrgicos realizados nas cavidades nasais, sinus e traquéia com potencial para infecção é recomendado a administração de 20 a 40 mg/kg de ampicilina sódica I.V.[12] ou a aplicação de 22mg/kg de cefazolina, administradas durante a indução anestésica.[16]

3.4.a. Pleurite

A pleurite purulenta, também referida como piotórax ou empiema, resulta da sepsia bacteriana e/ou fúngica no espaço pleural. A origem da contaminação bacteriana inclui feridas torácicas penetrantes, migração de corpos estranhos e perfurações esofágicas, traqueais e pulmonares. O empiema ainda pode ser conseqüente à pneumonia e também extensão de infecções mediastínicas, cervicais e lombares.[28]

Para se estabelecer a antibioticoterapia adequada são essenciais a identificação dos patógenos e suas suscetibilidades aos agentes antimicrobianos. Enquanto se aguarda os resultados dos exames laboratoriais, a terapia empírica pode ser instituída baseada nos microrganismos mais freqüentemente isolados nos pacientes acometidos pela infecção pleural. As bactérias anaeróbicas (*Fusobacerium*) e *Nocardia asteroides* são com mais freqüência encontradas em cães com piotórax. A *Pasteurela multocida* e anaeróbios são freqüentemente isolados nos felinos. Outros microrganismos detectados incluem *Actynomices* spp., *Streptococcus* spp., *Escherichia coli, Staphylococcus* spp., *Bacteroides* spp., *Klebsiella* spp., *Proteus* spp., *Corynebacterium* spp., *Enterobacter* spp., *Pseudomonas* spp., *Aspergilus* spp. e *Cryptococcus*.[28] Até que se obtenha resultados laboratoriais para se instituir a terapia definitiva, a escolha do antibiótico é baseada na sensibilidade dos microrganismos, relacionada na tabela 2.

3.5. Neurocirurgia

Os antibióticos profiláticos são indicados nos procedimentos complexos e prolongados que envolvem a introdução de placas, pinos, parafusos, enxertos ósseos e uso de polímeros. Intervenções como fenestração de disco, descompressão de medula e estabilização de fratura e/ou luxação com cerclage, não requerem a quimioprofilaxia desde que não haja intensos traumas teciduais, formação de hematomas e que o procedimento cirúrgico não se prolongue além de três horas.[15]

Na maioria dos pacientes neurocirúrgicos, os patógenos bacterianos em potencial são provenientes da pele e incluem *S. intermedius, Pseudomonas* spp. e *Proteus* spp.[27] Entre os antimicrobianos recomendados pela literatura estão o cloranfenicol (50 mg/kg I.V.), trimetoprim-sulfametoxazole (30 mg/kg/ I.V.) e oxacilina (22 mg/kg/ I.V.). Apesar do cloranfenicol ser altamente solúvel em lipídeos, especialmente, no fluido cérebro-espinhal, é discutido seu uso na neuroquimioprofilaxia, devido sua natureza bacteriostática e também por prolongar a recuperação dos pacientes anestesiados com barbitúricos. Atualmente, baseado na experiência clínica da neurocirurgia em pacientes humanos, a cefazolina ou alternativamente, a oxacilina podem ser drogas de escolha para a profilaxia antibiótica nos procedimentos neurocirúrgicos veterinários.[15]

3.6. Cirurgias urológicas

Em geral não se recomenda profilaxia antibiótica em pacientes com urina estéril[25], pois a quimioprofilaxia não reduz a incidência de infecções após procedimentos urológicos. A bacteriúria é a complicação pós-operatória mais comum nas intervenções urológicas. Apenas os pacientes com evidência de infecção urinária devem ser tratados com antibióticos específicos para os patógenos isolados. A antibioticoterapia adequada no pré e perioperatório evita a sepse nos pacientes com culturas positivas[4]. As cefalosporinas e fluorquinolonas podem ser usadas com sucesso no tratamento das infecções urinárias.[13]

4. Antibiótico tópico

4.1. Introdução

O uso de medicação tópica, inclusive antibióticos nas feridas cirúrgicas constitui controvérsia na literatura veterinária, sendo que na maioria das vezes, as informações mais objetivas são contraditórias. Além de existir um excessivo número de medicações para terapia tópica das feridas, há uma tendência dos clínicos a utilizarem tais produtos em todas as feridas, o que muitas vezes, vem em detrimento do processo cicatricial.

A maioria das complicações das feridas cirúrgicas resulta de contaminação bacteriana e classificação das intervenções como limpa, limpa contaminada, contaminada e suja, orienta na determinação da terapia tópica. O conhecimento de fatores como a história, a causa e tipo de ferimento, além do tempo transcorrido, evolução da ferida e fonte de contaminação, ajudam na seleção dos agentes antimicrobianos tópicos ou sistêmicos.[23]

A partir da descoberta das sulfas em 1930, essas substâncias foram muito utilizadas no tratamento de fraturas expostas, quando então observou-se uma redução de 27 para 5% das infecções das feridas. O uso rotineiro da aplicação tópica das sulfas nas feridas continuou até 1940, época em que foi constatado que estas substâncias provocavam necrose tecidual e com isso aumentavam a taxa de infecção nas feridas.[23]

Atualmente alguns estudos relatam que a contribuição do antibiótico tópico nos tratamentos das feridas ainda é controversa, apesar de alguns aspectos já terem sido comprovados. As principais vantagens dos antimicrobianos quando comparados com os anti-sépticos, compreendem a toxicidade bacteriana seletiva, eficácia não reduzida na presença de material orgânico e a maior eficiência, em alguns casos, quando combinados com antibioticoterapia sistêmica. Como desvantagens são citados o espectro antimicrobiano reduzido, potencial para resistência bacteriana e a possibilidade de advirem superinfecções e infecções nosocomiais. Outros fatores que devem ser considerados quando do uso tópico dos antibióticos incluem a seleção do agente antimicrobiano (espectro, dose, farmacocinética e toxicidade sistêmica e tecidual), tempo e via de administração, além do tipo de preparação (creme, pó).[23]

4.2. Seleção do antibiótico

Apesar dos *Staphylococcus e Streptococcus* spp serem os patógenos mais freqüentemente detectados no pós-operatório das feridas traumáticas, as bactérias gram-negativas e as infecções mistas também são constatadas. A escolha inadequada do antibiótico em relação ao espectro, quando o agente antimicrobiano infectante é desconhecido, pode levar a falhas no tratamento das feridas. Preferencialmente, a indicação do antimicrobiano deve ser baseada nos testes de cultura bacteriana e sensibilidade. Até que se obtenha os resultados laboratoriais, em geral, as cefalosporinas são usadas no tratamento de infecções causadas por organismos gram-positivos e os aminoglicosídeos são indicados nos processos infecciosos determinados por bactérias gram-negativas.[23]

4.3. Tempo de administração, dose e forma de apresentação

O uso efetivo do antibiótico na ferida depende do tempo de administração. Há um período decisivo após o ferimento quando então sobrevém a infecção. Com a lesão tecidual, até que ocorra a hemostasia, a solução de continuidade dos vasos linfáticos e sangüíneos permite a infiltração e multiplicação bacteriana na profundidade dos tecidos, sobrevindo a infecção. Sendo assim, os agentes antibacterianos devem estar presentes nos tecidos quando no momento da invasão bacteriana. A administração sistêmica do antibiótico antes de ocorrer a contaminação tem uma ação pronunciada na redução das infecções das feridas e este efeito pode permanecer até três horas após a exposição aos agentes antimicrobianos. Muitos estudos clínicos têm demonstrado a eficácia da profilaxia antibiótica sistêmica administrada até uma hora após a contaminação. Vários antibióticos evidenciam atividade antibacteriana dentro de segundos, mas o contato mínimo de um minuto é recomendado nas aplicações tópicas de soluções antibióticas. A combinação de antibióticos tópicos e sistêmicos não apresenta muitas vantagens na prevenção das infecções com pouca contaminação. Nas feridas extremamente contaminadas, a combinação da administração tópica e sistêmica dos antibióticos é mais eficiente quando comparada a uma via única de aplicação.[23]

Numerosos antibióticos tópicos têm se mostrado efetivos na prevenção da infecção, entre eles, a penicilina, ampicilina, tetraciclina, kanamicina, neomicina, polimixina e cefalosporinas. A neomicina, bacitracina e polimixina são freqüentemente usados em combinação. Contudo, estudos clínicos controlados, comparando a eficácia dos diferentes protocolos antibióticos tópicos não têm sido realizados.[23]

Em relação às doses, várias concentrações de antibióticos têm sido utilizadas nas soluções para a limpeza das feridas. Em geral, por falta de protocolos determinados através de trabalhos de pesquisas, as concentrações e doses dos antimicrobianos tópicos são empíricas (Quadro 2).[23]

Quadro 2 – Antibióticos tópicos utilizados em medicina e medicina veterinária

– Ampicilina (0,5 - 1 gr)
– Bacitracina (50 000 unidades/litro)*
– Bacitracina (50 000 unidades/litro), polimixina (25 mg/ml)
– Bacitracina (50 000 unidades/litro), sulfato de polimixina B (50 mg/litro)
– Bacitracina (25 000 unidades/litro), neomicina (5%), sulfato de polimixina B (25 mg/litro)
– Cefalotina sódica (0,4%)
– Cefalotina sódica (1%)
– Cefazolina (20 mg/kg, 100 mg/ml)
– Gentamicina 1%
– Kanamicina (1%)
– Sulfato de neomicina (1% a 5%)
– Tetraciclina (250 mg)

* Uso crônico ou repetido pode causar hipersensibilidade

A toxicidade, a concentração inibitória mínima e o tempo de absorção dos antibióticos também constituem parâmetros que podem ser utilizados para determinação das doses e concentrações antimicrobianas tópicas. São poucas as avaliações da toxicidade local da antibioticoterapia tópica na literatura veterinária. Quando a opção é por agentes antimicrobianos, não tóxicos e de rápida absorção, pode ser indicada a dose sistêmica total, administrada antes da síntese da ferida. Na escolha de antibióticos com lenta absorção, as várias administrações durante a intervenção cirúrgica conferem melhor profilaxia quando comparada a uma simples aplicação. A aplicação tópica de cefazolina (0,2 ml/kg ou 100 mg/ml de solução: dose total de 20 mg/kg) provém altos níveis de antibiótico nos fluidos da ferida e conserva ou mantém a concentração inibitória mínima por um tempo maior que a cefazolina aplicada sistematicamente. Outros antibióticos como a bacitracina, neomicina e polimixina são pobremente absorvidos nas aplicações tópicas e menos efetivos nos tratamentos das infecções estabelecidas. Até o momento, faz-se necessário pesquisar para estabelecer a toxicidade tecidual e a farmacocinética dos diferentes antibióticos tópicos. Infelizmente, muitos pacientes veterinários com feridas contaminadas são desnecessariamente tratados durante vários dias após o ferimento, pois, desde que a infecção esteja controlada, não há nenhum efeito benéfico do antibiótico tópico ou sistêmico na prevenção da supuração das feridas devidamente suturadas. A presença de coágulos nas feridas (fibrina, tecido necrótico, corpos estranhos e exsudato inflamatório) evita que o antibiótico alcance níveis efetivos no interior dos tecidos e também previne o contacto do fármaco com a superfície bacteriana, mesmo quando administrado via sistêmica. Com isto, o período mais eficaz do antibiótico sistêmico se prolonga por 3 a 24 horas e esse efeito também foi demonstrado com a antibioticoterapia tópica.[23]

Com relação às formas de apresentação dos antibióticos tópicos, as soluções aquosas são as preferidas para a aplicação nas feridas.[38] Os antimicrobianos com a base em forma de ungüentos hidrófilos são desvantajosos, pois lentamente liberam o antibiótico, reduzindo assim sua concentração efetiva na ferida. Além disso, os ungüentos podem causar aumento no crescimento de organismos anaeróbicos.[38,22] Em geral, os antimicrobianos veiculados em forma de pó não devem ser aplicados nas feridas, pois, além de atuarem como corpos estranhos, estas drogas tendem a abrigar as bactérias.[38] Ainda os fármacos veiculados em pó e ungüentos podem dificultar, mecanicamente, a cicatrização quando nas aplicações tópicas , ou ter ação citotóxica.[30]

Em resumo, não são todas as feridas que requerem tratamento com antibiótico tópico, pois estes quimioterápicos são mais eficientes quando usados profilaticamente em soluções para lavagens em ferimentos com menos de três horas, devidamente suturados. Como a terapia sistêmica, os antimicrobianos tópicos, preferencialmente, devem ser indicados para feridas recentes com intensa contaminação, infecções extensas, pacientes imunossupremidos e profilaxia inadequada. Ainda é válido lembrar que a terapia tópica pode ser prejudicial, pois pode promover resistência bacteriana, superinfecção, toxicidade local ou sistêmica e hipersensibilidade.

4.4. Antibiótico tópico em cavidades

Os antibióticos tópicos não devem ser empregados nas cavidades peritoneal e pleural, pois tais agentes não são tão eficazes quanto os antimicrobianos sistêmicos, além de trazerem risco de efeitos colaterais tóxicos, devido à absorção rápida.[40] Atualmente, é considerado desnecessário e até contra-indicado o acréscimo de antibióticos ou outros agentes antibacterianos na cavidade peritoneal, mesmo quando diante de peritonite. A eficácia destes agentes não é favorecida, pois os coágulos de fibrina podem circundar as bactérias, protegendo-as dos antibióticos e permitindo-lhes a sua multiplicação.[11] Além disso, a antibioticoterapia intracavitária pode promover a formação de aderências e, em medicina veterinária, o principal distúrbio associado às adesividades é a obstrução dos sistemas gastrintestinal, pancreático e bilear.[17] Outros efeitos adversos da terapia antimicrobiana intraperitoneal foram citados, entre eles, as reações alérgicas com o uso de penicilinas e bloqueio neuro-muscular nos tratamentos realizados com amicacina, tobramicina, neomicina e gentamicina.[8]

5. Infecções nosocomiais

São infecções que se desenvolveram durante o período de hospitalização e que não estavam presentes ou incubando na ocasião do internamento. Estas infecções podem ser observadas durante o internamento hospitalar ou logo após o paciente ter recebido a alta.[23] As infecções nosocomiais são freqüentemente observadas pelos médicos veterinários como uma epidemia causada pelos microrganismos presentes no ambiente hospitalar, mas também podem ser detectados patógenos endógenos, componentes da flora normal do paciente. 34 % das infecções hospitalares são polimicrobianas. Patógenos únicos têm sido identificados com menor freqüência nas infecções do trato respiratório (44%), sendo seguida pelas infecções das feridas cirúrgicas (47%). Em medicina veterinária, as infecções nosocomiais mais freqüentes são as dos tratos urinário e respiratório, da ferida cirúrgica e a bacteremia, freqüen-temente associada à utilização de catéteres endovenosos. Os microbianos noso-comiais mais freqüentemente envolvidos são *Salmonella* spp., *Clostridium perfringens 3-5, Escherichia coli, Serratia* spp., *Klebsiella* spp., *Pseudomonas* spp., *Enterobacter* spp.7 e os agentes víricos da cinomose e parvovirose.[23] Em hospitais humanos, as infecções nosocomiais são responsáveis pelo aumento da morbidade, mortalidade e custos financeiros.[23] As infecções nosocomiais em humanos, principalmente das feridas cirúrgicas, prolongam a hospitalização do paciente, em média, por 7 dias e acrescentam milhões de dólares nos custos do tratamento.[6] As taxas de infecções nos hospitais veterinários não estão bem docu-mentadas como na medicina, mas, aproximadamente, 5% dos pacientes veterinários são afetados.[23] A transmissão dos patógenos nosocomiais pode ocorrer do contato entre animais, animais e dependências e/ou equipamentos hospitalares, animais e pessoal e ainda pode acontecer através de veículos contaminados. São múltiplos os elementos que podem contribuir para o risco de infecções nosocomiais nos animais hospitalizados. Esses podem ser classificados em fatores de riscos hospitalares e fatores individuais (Quadro 3).[36]

Quadro 3 – Fatores de riscos associados às infecções nosocomias

FATORES HOSPITALARES
– tipo de hospital (condições);
– número de pessoas em contato com o animal;
– duração (nº de dias) da hospitalização por paciente;
– número de dias de cuidados intensivos por animal;
– critérios para indicação e utilização de antibióticos;
– cuidados na utilização de dispositivos invasivos.

FATORES INDIVIDUAIS
– suscetibilidade à infecção: idade (neonatos ou senis)
                                             procedimento cirúrgico
                                             doenças graves (malignas ou crônicas)
– terapia imunosupressora (quimioterapia e/ou glicocorticóides);
– hospitalização prolongada;
– infecção remota;
– drenos cirúrgicos ou urinários;
– uso indiscriminado de antimicrobianos e dispositivos invasivos.

Em relação aos fatores de riscos predisponentes, cabe comentários mais detalhados sobre o uso inadequado dos agentes antimicrobianos. A antibioticoterapia deve ser analisada sob dois aspectos, pois ao mesmo tempo que é imprescindível para a sobrevivência de animais infectados em estado crítico, o antimicrobiano pode aumentar o risco de infecção nosocomial. No animal sadio, a resistência à colonização por bactérias patógenas resistentes está relacionada com a defesa imunitária do hospedeiro e com a ubiqüidade da flora bacteriana anaeróbica do trato digestivo. Os antimicrobianos suprem a flora normal entérica e aumentam o risco de colonização por patógenos oportunistas antimicrobianos resistentes. A supressão da flora normal é mais perigosa quando o antimicrobiano afeta seletivamente a população bacteriana anaeróbica, provendo então um novo meio para a proliferação de microrganismos gram-negativos entéricos. O quadro 4 demonstra os efeitos dos antimicrobianos sobre a colonização microbiana resistente.[36]

Quadro 4 – Efeitos dos antimicrobianos sobre a colonização microbiana resistente

SUPRESSORES DA COLONIZAÇÃO RESISTENTE
Ampicilina
Cloxacilina
Metronidazole
Furazolidona

SUPRESSORES MODERADOS DA COLONIZAÇÃO RESISTENTE
Amoxicilina
Tetraciclina
Cloranfenicol

NENHUM EFEITO SOBRE A COLONIZAÇÃO RESISTENTE
Cefalosporinas
Amigoglicosídeos
Penicilina (parenteral)
Trimetoprina
Sulfonamidas
Doxiclinas
Eritromicina

AUMENTAM A COLONIZAÇÃO RESISTENTE
Sulfametoxazole-trimetoprina
Neomicina (oral)
Polimixina B (oral)

O ciurgião tem a primeira oportunidade, além da responsabilidade sobre o controle das infecções hospitalares, limitando a disseminação dos agentes patógenos e também controlando a exposição do paciente ao agente microbiano nosocomial. Vários fatores aumentam a taxa de infecções nosocomiais, entre eles, a depilação no interior da sala de cirurgia, a preparação inadequada da pele, além do prolongamento da hospitalização pré-operatória e do período transoperatório. O tipo e local da cirurgia, além da presença de implantes, também aumentam o risco de infecção hospitalar. A instituição de procedimentos adequados durante a preparação pré-operatória, a adoção de critérios rigorosos para a indicação do antibiótico profilático, além da opção por uma técnica cirúrgica asséptica, são fatores que contribuem para o controle das infecções nosocomiais. É importante que se institua um programa de vigilância e controle das infecções nosocomiais, pois, através deste, é possível a rápida identificação dos agentes patógenos e suas fontes. Além disso, os dados permitirão reconhecer se a doença é uma infecção atípica, uma epidemia ou um grupo de infecções. As principais medidas de controle e vigilância nosocomial estão descritas no quadro 5.[36]

Quadro 5 – Medidas de controle e vigilância das infecções nosocomiais

- relatar a infecção a um órgão de controle oficial ou comitê;
- estabelecer padrões para a assepsia médica e sanidade hospitalar;
- desenvolver um sistema prático de vigilância, identificação e relato da infecção;
- estabelecer adequado serviço de microbiologia;
- educar o pessoal para manter os padrões de assepsia;
- isolar animais infectados e imunodeprimidos;
- eliminar as fontes de infecção hospitalar;
- diminuir o contacto e disseminação do microrganismo nosocomial através de medidas como:
  a - instituição de técnicas adequadas de escovação das mãos;
  b - monitorização dos equipamentos de esterilização e desinfecção;
  c - indicação de técnicas assépticas;
  d - proteção das feridas com bandagens estéreis;
  e - limpeza completa e freqüente do meio ambiente.
- eliminar os fatores de riscos através de procedimentos como:
  a - revisão periódica da eficiência dos antimicrobianos em uso;
  b - manutenção da assepsia dos catéteres;
  c - diminuição da hospitalização pré-operatória.

O controle da infecção nosocomial no paciente cirúrgico depende da identificação, monitorização e correção dos fatores de riscos (Quadro 6).[36]

Quadro 6 – Prevenção da infecção nosocomial cirúrgica

- limitar a hospitalização pré-operatória;
- depilar o animal imediatamente antes da cirurgia;
- limitar a desvitalização tecidual durante o transoperatório;
- reduzir o tempo intra-operatório;
- incisar em superfícies corporais limpas, após antissepsia do campo cirúrgico;
- evitar a presença de corpos estranhos, inclusive de implantes, quando possível;
- transferir a cirurgia em pacientes portadores de infecção;
- controlar o uso do antimicrobiano profilático e terapêutico.

Como no controle das demais infecções, o uso do antimicrobiano profilático deve ser monitorado e controlado cuidadosamente. O antibiótico profilático deve ser administrado antes de ocorrer a contaminação e seu uso não se deve prolongar após este período. Os antimicrobianos de escolha devem ser efetivos contra o patógeno provável e esperado naquele paciente e tipo de cirurgia, sem afetar a flora normal do animal. É conveniente lembrar que o uso do antimicrobiano profilático é justificado somente em pacientes com altos riscos de infecção pós-operatória. Quanto à escolha, o agente antimicrobiano não deve ser tóxico e lembrar ainda que a administração via oral deve ser evitada quando usada profilaticamente e em pacientes sob cuidados intensivos.[36]

Na terapia antimicrobiana, particular atenção deve-se dar à dosagem e duração da antibioticoterapia. A terapêutica antimicrobiana deve-se prolongar após a recuperação clínica do paciente, para evitar a recorrência da infecção e resistência microbiana. Em resumo, fatores como a seleção do antibiótico, indicações e duração da terapia, além dos aspectos farmacodinâmicos e farmacocinéticos dos quimioterápicos devem ser considerados na definição dos agentes antimicrobianos, tanto no uso profilático como terapêutico. Por exemplo, a opção pelos agentes bactericidas altamente potentes como as cefalosporinas de terceira e quarta gerações, não deve constituir rotina para uso em geral, a não ser por recomendações de órgãos oficiais de controle de infecção nosocomial, daquela instituição hospitalar.

A alta incidência de infecções nosocomiais do trato urinário em pequenos animais, requer cuidados especiais no seu controle. A colheita de urina através da cistocentese ou de catéteres deve constituir técnicas assépticas, pois o uso rotineiro de antibiótico profilático não é recomendado nesses procedimentos, uma vez que pode promover seleção de microrganismos resistentes.[36]

Ao revermos o assunto infecção em cirurgia, podemos concluir que a infecção cirúrgica é um fenômeno complexo, com dimensões reais, significativas, permanentes e desafiantes. A aplicação do conceito microbiano de infecção, as técnicas assépticas e antissépticas, as técnicas de imunização e o uso generalizado de antibióticos exerceram efeitos revolucionários, porém as infecções continuam sendo responsáveis por problemas sérios e preocupantes. À medida que aprendemos a prevenir e controlar algumas infecções, outras ocupam seu lugar, principalmente, devido ao uso indiscriminado dos antibióticos

6. A importância de outras medidas alternativas

Mesmo com o advento dos antibióticos, talvez devido ao emprego indiscriminado desses agentes, as infecções cirúrgicas ainda persistem. Daí a necessidade de racionalização quando da instituição da quimioprofilaxia e/ou terapia antimicrobiana, além de se conhecer todos os fatores que influenciam o risco de infecção. A probabilidade de infecção[40] de uma ferida cirúrgica pode ser traduzida de modo simplista, pela seguinte equação de fatores interatuantes:

$$P.I. = \frac{N^{\circ}.B \times V.}{M.D.H \times C.T.L}$$

P.I. = Probabilidade de infecção
N$^{\circ}$. B = Número de bactérias
V. = Virulência
M.D.H. = Mecanismo de defesa do hospedeiro
C.T.L. = Condição tecidual local

Esta equação nos expressa que quanto melhor as condições dos tecidos locais e mecanismos de defesa do hospedeiro, menor é o risco de infecção. Sendo assim, cabe ao cirurgião controlar e corrigir todos os fatores determinantes da infecção. Na preparação pré-operatória, a prevenção da infecção deve iniciar com a avaliação das defesas do hospedeiro. As alterações dos fatores intrínsecos e extrínsecos que afetam os mecanismos sistêmicos e locais de defesa devem ser conhecidas e corrigidas para que se obtenha êxito no tratamento cirúrgico. É aconselhável intervir corrigindo distúrbios metabólicos como desnutrição, hiperglicemia, obesidade e outros, além de controlar doenças pré-existentes, terapias medicamentosas e traumatismos, fatores esses, que podem elevar as porcentagens de infecção nos pacientes cirúrgicos.

A quantidade e virulência das bactérias são dois fatores importantes na ocorrência ou não das infecções. Foi observado em trabalhos experimentais que há necessidade de 10^5 de microrganismos por grama de tecido ou por mililitro de líquido biológico para que a infecção se estabeleça.[40] Na profilaxia da infecção, tão ou mais importante que propiciar condições aos mecanismos de defesa do hospedeiro é a intervenção do cirurgião seguindo, rigorosamente, os princípios cirúrgicos de Halstead (Quadro 7).

Quadro 7 – Princípios cirúrgicos de Halstead

- manipulação suave dos tecidos;
- hemostasia acurada;
- preservação de irrigação sangüínea;
- rigorosa assepsia;
- ausência de tensão sobre os tecidos;
- cuidadosa aproximação dos tecidos;
- obliteração do espaço morto.

Todo cuidado e esforço devem ser direcionados no sentido de se evitar a contaminação e em conseqüência, diminuir o número de bactérias virulentas. Adicionalmente, as manobras cirúrgicas devem ser delicadas e precisas evitando-se assim traumas adicionais que possam culminar com isquemia e necrose teciduais. Também, o respeito aos princípios de hemostasia e síntese cirúrgica contribui com a prevenção dos processos infecciosos.

Convém ressaltar que mais importante que a administração dos antibióticos são os procedimentos instituídos com o objetivo de prevenir as infecções das feridas.

Apesar deste capítulo se destinar a descrever sobre o emprego do antibiótico no paciente cirúrgico, julgamos necessário ressaltar sobre as principais medidas adotadas com o objetivo de prevenir a infecção nas feridas cirúrgicas. As condutas aqui descritas são baseadas na literatura e nas experiências e princípios de assepsia e antissepsia adotados nos Centros Cirúrgicos dos Hospitais Veterinários da UFPR, em Curitiba e no município de Palotina (PR), com o intuito de promover a profilaxia da infecção. Tão importante como a assepsia são os princípios da cirurgia atraumática, hemostasia e síntese cirúrgica, rigorosamente seguidos com o objetivo de se estabelecer a anátomo-fisiologia dos tecidos. Devido a sua maior importância, resumiremos os cuidados indispensáveis à prevenção da infecção no paciente cirúrgico, considerando basicamente os procedimentos que objetivam diminuir a contaminação e manter a assepsia e ainda o respeito aos princípios da técnica cirúrgica atraumática, o que depende basicamente dos conhecimentos, habilidades e preparo do cirurgião. As condutas abaixo citadas objetivam prevenir a contaminação peri-operatória:

- esterilização do ambiente cirúrgico com desinfetantes de primeiro grau, radiação ultravioleta ou fluxo laminar (o ambiente operatório é importante fonte de contaminação exógena);

- limitar o número e movimento de pessoas ligadas às salas de cirurgias (quanto maior o número de pessoas maior é a quantidade de partículas e bactérias aerógenas);

- uso de instrumental esterilizado; materiais termolábeis devem ser submetidos à esterilização com óxido de etileno;

- ampla depilação do campo operatório (depilar imediatamente antes da intervenção cirúrgica e não no dia anterior à cirurgia, pois esta peparação pode promover múltiplas lesões superficiais e se realizada muito antecipadamente, favorece a multiplicação bacteriana);

- rigorosa antissepsia do campo cirúrgico com tempo adequado de exposição ao antisséptico;

- antissepsia da equipe cirúrgica (antissépticos como clorexidine e iodo-polivinil-pirrolidona se mostraram mais efetivos);

- acessos cirúrgicos adequados para evitar excessivas manipulações e lesões teciduais;

- proteção do campo operatório com compressas estéreis. O uso de campos adesivos ou campos auxiliares suturados ao tecido subcutâneo impedem o contato com a pele, já que essa é uma fonte de contaminação para os demais tecidos. Também a contaminação endógena (proveniente da pele do paciente) pode ser evitada com a troca de luvas e bisturis após a incisão da pele;

- evitar manipulações desnecessárias e movimentos bruscos que possam lesar os tecidos (o traumatismo tecidual iatrogênico produz isquemia e reduz a resistência local à infecção);

- preservar a irrigação sangüínea;

- hemostasia eficiente evitando a presença de hematomas;

- evitar a presença de corpos estranhos e tecidos desvitalizados, os quais, predispõem à infecção;

- síntese cirúrgica respeitando os planos anatômicos (para prevenir a formação de seromas);

- evitar, quando possível, a presença de drenos e optar por material de sutura inerte, pois, apesar da aparente inércia biológica, estes se comportam como corpos estranhos quando implantados nos tecidos;

- material e padrão de suturas adequados (evitar fios multifilamentosos que podem abrigar microrganismos e assim, dificultar a ação dos neutrófilos e macrófagos);

- não usar fio categute cromado ou simples nas feridas contaminadas, potencial-mente contaminadas e infeccionadas, pois estes potencializam a infecção, além de sofrerem absorção precoce (os fios sintéticos monofilamentosos são os mais indicados);

- administrar o antibiótico profilático em doses e tempos adequados, de tal maneira que esteja presente no líquido intersticial quando ocorrer a contaminação; quando indicado, preconiza-se a administração dos fármacos *in bolus*, isto é, administrar intravenoso imediatamente ou 30 minutos antes da cirurgia e repetir durante a intervenção, cada 2 ou 3 horas.

- não prolongar a hospitalização pré e pós-operatória, evitando assim a contaminação com bactérias nosocomiais mais patogênicas;

Para concluirmos, convém ressaltar que a profilaxia antibiótica não constitui uma opção que permita adotarmos padrões inferiores de limpeza, antissepsia e assepsia. Os fármacos antimicrobianos não são substitutos da técnica cirúrgica asséptica e atraumática, fundamentada principalmente na assepsia rigorosa, manobras precisas e delicadas, preservação da irrigação, hemostasia adequada, remoção dos tecidos desvitalizados e de corpos estranhos, além da síntese cirúrgica sem tensão e espaço morto. O exercício da consciência cirúrgica constitui um fator fundamental para o êxito do tratamento cirúrgico.

Não poderíamos finalizar esse capítulo sem enfatizar que apesar de ainda existirem muitos problemas a serem resolvidos, é indubitável que a bacteriologia tornou a cirurgia mais segura e permitiu grandes avanços. Sendo assim, é justo pagar tributos aos muitos cirurgiões e bacteriologistas que fizeram progredir nossos conhecimentos, em especial a Louis Pasteur, responsável pela evolução da teoria dos germes responsáveis pela infecção, a Lord Joseph Lister pelos princípios de antissepsia, ao bacteriologista Robert Koch e a Ernst von Bergmann pelo desenvolvimento da técnica asséptica. Finalmente, nossos agradecimentos ao cirurgião, professor e pesquisador William A. Altemeier, pela sua dedicação e pelas realizações e empreendimentos fundamentais nas áreas de cirurgia, bacteriologia cirúrgica e infecção cirúrgica. Para que seus atributos sejam relembrados, transcrevemos trechos de seu Discurso, lido na décima sexta reunião anual da Associação Central de Cirurgia em Montreal, a 29 de fevereiro de 1959, artigos estes dignos de merecerem a análise e estudo meticulosos de todos os cirurgiões.

"Sabemos que a consciência pode ser condicionada pela educação e experiência ao transcorrer da infância, meninice e início da vida adulta. O desenvolvimento de um poderoso sentido de certo e errado, a vontade de ajudar os outros, um sentimento de compaixão pelos infelizes, a autodisciplina e uma vigorosa fé na santidade de Deus e do homem representam valores fundamentais adquiridos pela educação no lar, na escola e na igreja."

"Após aprender primeiro a estabelecer a diferenciação entre dois fatores como corretos e incorretos, é necessário aprender que ambos podem ser corretos ou incorretos sob o efeito de circunstâncias variáveis ou diferentes. Depois disso, pode-se reconhecer que podem existir vários fatores em equilíbrio e que uma cadeia de reações favoráveis ou desfavoráveis pode resultar de um distúrbio de equilíbrio. Mais difícil de adquirir é a faculdade de julgamento. Esta constitui um produto de uma erudição mais esmerada e de considerável experiência, resultando na capacidade de pensar independentemente, de determinar o valor relativo dos numerosos fatores que operam numa determinada circunstância e de chegar à melhor decisão ou resposta. A falta de fatos concretos torna o problema mais complexo e ainda faz entrar em cena a sabedoria e a sorte. Assim sendo, o julgamento se tansforma num exercício complexo sobre valores e prioridades relativos e o homem cuja profissão se assenta nesse julgamento fica mais exposto aos ditames e amarguras de sua consciência."

"Portanto, parece óbvio que a consciência do cirurgião não depende apenas de sua fibra moral individual e de seus conceitos religiosos, mas também de sua herança de doutrinas filosóficas que lhe foram transmitidas pelo passado, pelo seu conhecimento científico e concreto assim como do seu julgamento."

Referências Bibliográficas

1. ALEXANDER, J. W.: Um tributo a William A. Altemeier. In: Clínicas Cirúrgicas da América do Norte. Rio de Janeiro: Interamericana, 1980, p. 1-4.
2. BRIEGER, G. H.: The development surgery. In: Davis-Cristopher. Textbook of Surgery. Philadelphia: Saunders, 1981.
3. BURKE, J. F.: Preventing bacterial infection by coordinating antibiotic and host activity: A time-dependent relationship. South Med. J. v. 70, n° 24, 1977.
4. BURKE, J. F.: The effective period of preventive antibiotic action in experimental incisions and dermal lesions. Surgery, v. 50, n. 161, 1960.
5. CLARK, C. H.: Prophylatic Use of Antibiotics in Surgery. Modern Veterinary Practice. v. 61, n. 2, p. 122-126, fev. 1980.
6. CLASSEN. D. C. et al.: The timing of prophylatic administration of antibiocs and the risk of surgical wound infection. N. Engl. J. Med. v. 326, n. 281, 1992.
7. CONTE JR, J. E.: Antibiotic Prophylaxis: Non-Abdominal Surgery. In: REMINGTON, J. S.; SWARTZ M. N.: Current Clinical Topics in Infectious Diseases. Boston: Blackwell Scientific, 1989, p. 254-305.
8. CROWE JUNIOR, D. T.; BJORLING, E.: Peritoneum and Peritoneal Cavity. In: SLATTER, D. Text book of Small Animal Surgery. Philadelphia: Saunders, 1993, p. 407-430.
9. CRUSE, P. J. E.; FOORD, R.: The epidemiology of wound infection. A 10 - year prospective study of 62 930 wounds. Surg. Clin. North Am., v. 60, n. 27, 1980.
10. DIPIRO, J. T. et al.: Intraoperative serum and tissue activity of cefazolin and cefoxitina. Am. J. Surg. v. 152, n. 552, 1986.
11. DULISCH, M. L.: Peritonite. In: BOJRAB, M. J. Técnicas Atuais em Cirurgia de Pequenos Animais. São Paulo: Roca, 1996, p. 129-132.
12. FORD, R. B.: Prophylactic antibacterila therapy. In: – The Pocket Guide to Antimicrobial Therapy. Trenton: Vls Books, 1966. p. 2/1-2/2.
13. GREGORY, C. R.: GOURLEY, I. M.: Organ transplantation in clinical veterinay practice. In: SLATTER, D. Textbook of Small Animal Surgery. Philadelphia: Saunders, 1993. p. 95-100.
14. HALLIWELL, W. L.: Lesões ósseas similares a tumor. In: BOJRAB, M. J. Técnicas Atuais em Cirurgia de Pequenos Animais. São Paulo: Roca, 1996. p. 1072-1092.
15. HARARI, J.: Perioperative antibiotic therapy. In: Surgical Complications and Wound Healing in the Small Animal Practice. Philadelphia: Saunders, 1993. p. 293-305.

16. HARDMAN e LIMBIRD.: Antimicrobial agents; general considerations. In: GOODMAN e GILMAN'S. The Pharmacological Basis of Therapeutics., 1996. p. 1049-1055.

17. HENDERSON, R. A.: Formação de aderências. In: BOJRAB, M. J. Mecanismos da Moléstia na Cirurgia dos Pequenos Animais. São Paulo: Manole, 1996. p. 133-138.

18. HERRON, M. R.: Osteomielite. In: BOJRAB, M. J. Mecanismos das Moléstias na Cirurgia de Pequenos Animais. São Paulo: Manole, 1996, p. 808-812.

19. KAISER, A. B.: Antimicrobial prophylaxis in surgery. N. Engl. J. Med., v. 315, 1896.

20. KAISER, A. B.: Posoperative Infections and Antimicrobial Prophylaxis. In: MANDELLL, G. L.; DOUGLAS, JR. R. G. e BENNERR, J. E. Principles and Practices of Infections Diseases. New York: Churchill Livingstone, 1990. p. 2245-2257.

21. KEIGHLEY, M. R. B.; BURDON, D. W. In: Antimicrobial Prophylaxis in Surgery. Kent, Pitman Medical Publishing, 1979.

22. LENNARD, E. S., HARGISS, C. O.; SCHOENKNECHT, F. D.: Post-operative wound infection surveillance by use of bacterial contamination categories. Am. J. Infect. Contrl. v. 13, n. 147, 1985.

23. LOZIER, S. M.: Topical wound therapy. In: HARARI, J. Textbook of Small Animal Surgery. Philadelphia: Saunders, 1993. p. 63-88.

24. MAKI, D. G.; MACKEY, J.: Cefazolina, cefoxitina, and cefamandole for prophylaxis in colorectal surgery. Twenty-sixth Interscience Conference of Antimicrobial Agents and Chemotherapy. New Orleans. Abstract nº 466, 1986.

25. Medical Letter. Antimicrobial prophylaxis in surgery. Med. Lett drugs Ther. v. 34, n. 4, 1992. 315.

26. NELSON, J. P.: Infecção musculo-esquelética. In: TARANTO, G. Clínicas Cirúrgicas da América do Norte. Rio de Janeiro: Interamericana, 1980. p. 213-222.

27. NORDEN, C. W.: Prophylatic antibiotics in orthopedic surgery. Rev. Infect. Dis., v. 13, n. 10, 1991.

28. ORTON, E. C.: Pleura and pleural space. In: SLATTER, D. Textbook of small Animal Surgery. Philadelphia: Saunders, 1993, p. 381-399.

29. RADASCH, R. R.: Osteomyelites. In: Harari, J. Surgical Complications and Wound Healing in the Small Animal Practice. Phyladelphia: Saunders, 1993. p. 223-251.

30. RAISER, A. G.: Infecções cirúrgicas. In: Patologia Cirúrgica Veterinária, Santa Maria, 1995, p. 101-113.

31. REESE. R. E.; BETTS, R. F.: Manual de Antibióticos. 2. ed. Medsi, 1995.

32. RIVIERE, J. E.; VADEN, S. L.: Profilaxia antibiótica. In: BOJRAB, M. J. Mecanismos da Moléstia na Cirurgia dos Pequenos Animais. São Paulo: Manole, 1996. p. 79-83.

33. ROBSON, M. C.: Biology of infecction. In: Management of Surgical Infections, NY, 1980.

34. ROSIN, E.: Peritônio e parede abdominal. In: BOJRAB, M. J. Técnicas Atuais em Cirurgia de Pequenos Animais. São Paulo: Roca, 1996, p. 298-303.

35. ROSIN, E.; DOW, S. W.; DALY, W. R.; PETERSEN, S. W.; PENWICK, R. C.: Surgical wound infection and use of antibiotics. In: SLATTER, D. Textbook of Small Animal Surgery. Philadelphia, 1993. p. 84-94.
36. ROUSH, J. K.: Nosocomial infections. In: HARARI, J. Surgical Complications and Wound Healing in the Small Animal Practice. Philadelphia: Saunders, 1993. p. 279-292.
37. SMITH, M. M.: Orthopedics infections. In: SLATTER, D. Textbook of Small Animal Surgery. Philadelphia: Saunders, 1993. p. 1685-1694.
38. SWAIM, S. F.: Management of contaminated and infected wounds. In.: Surgery of Traumatized Skin: Management and Reconstruction in the Dog and Cat. Philadelphia:Saunders, 1980. p. 119-213.
39. VASSEUR, P. B.; LEVY, J.; DOWD, E.: Surgical wound infection rates in dogs and cats. Vet. Surg., v. 17, n. 60, 1988.
40. WENDELBURG, K.: Infecção da ferida cirúrgica. In: BOJRAB, M. J. Mecanismos da Moléstia na Cirurgia dos Pequenos Animais. São Paulo: Manole, 1996. p. 65-78.

Capítulo VII

Sugestão de Protocolos Posológicos de Antibióticos para Cães e Gatos com Base em Extrapolação Alométrica

Harald F.V. Brito
José Ricardo Pachaly
Fabiano Montiani Ferreira & Giuliana G. Kasecker

Introdução

O tamanho corpóreo é a característica isolada mais importante de um organismo, influenciando o meio ambiente físico enfrentado, os prováveis predadores e fontes de alimento encontrados, além das eventuais respostas do organismo a tais circunstâncias. Os outros caracteres fundamentais dos organismos, incluindo sua anatomia, custo de manutenção, hábitos alimentares, forma de reprodução e meios de locomoção, variam com o tamanho corpóreo. As relações existentes entre esses caracteres e o tamanho corpóreo são quantitativas, o que leva ao conceito de graduação, ou seja, a modificação quantitativa nos parâmetros de um caracter orgânico, por uma mudança no tamanho corpóreo. Tais relações tamanho-dependentes são freqüentemente denominadas "alométricas".

Tradicionalmente, Médicos Veterinários calculam as doses de drogas com base no peso ou massa de corporal do paciente. Tal conduta é eficiente quando se comparam animais agrupados em função da similaridade entre seus tamanhos, semelhanças fisiológicas e taxonômicas. Entretanto, quando existem grandes diferenças fisiológicas, taxonômicas ou de tamanho, têm-se como conseqüência grandes diferenças nas taxas metabólicas e, com isso, variações de dosagens.

O ideal seria que para cada espécie e tamanho fosse possível monitorizar os regimes de tratamento dos fármacos comumente utilizados em clínicas veterinárias, com análises de concentração sérica. Porém, com as inúmeras dificuldades dessa monitorização, o melhor método é o emprego da comparação alométrica.

As relações alométricas são geralmente descritas como uma função exponencial da massa corpórea, em função da conexão entre um caracter e tamanho ser geralmente não linear, e porque um polinômio, que pode ser empregado para descrever tão complexa relação, é quase incompreensível.

A chave para o processo alométrico é a taxa de metabolismo basal (TMB), uma inter-relação fundamental que existe entre todos os organismos. A comparação alométrica permite, através do conhecimento das taxas metabólicas de dois diferentes vertebrados, extrapolar matematicamente para um deles dose(s) de medicamento(s) indicada(s) para o outro, para o qual foram feitos estudos laboratoriais de experimentação farmacocinética e farmacodinâmica. Assim, o propósito do método alométrico é a extrapolação das doses de drogas entre animais de formas e/ou tamanhos díspares, possibilitando o uso de dados farmacológicos obtidos em um animal modelo (ser humano ou animal para o qual o fármaco foi desenvolvido), para a farmacoterapia em medicina veterinária.

Os protocolos sugeridos neste capítulo, quanto a dosagem e freqüência de administração, foram calculados com base em extrapolação alométrica, empregando como modelo um ser humano adulto médio (70kg), considerando-se sua TMB como sendo de 1694 kcal/dia, ou um cão de experimentação adulto médio (10kg), considerando sua TMB como sendo 406,36 kcal/dia.

Podemos observar nos protocolos sugeridos para cães que a dose decresce com o aumento da massa corpórea, para animais de até 21kg, apresentando uma dose maior em mg/kg para faixa de peso seguinte. Isso se deve ao fato de que cães com peso superior a 21kg apresentam metabolismo específico proporcionalmente maior que cães com peso inferior a 21kg.[6]

Para obtermos um bom nível plasmático dos antibióticos citados, é importante que sigamos corretamente a freqüência de administração sugerida nas tabelas, haja vista que as freqüências originais também foram extrapoladas matematicamente.

Os valores das freqüências (em horas) poderiam ser alterados através da elevação proporcional da dose do respectivo antibiótico. Deste modo, entretanto, todo o cálculo alométrico estaria sendo automaticamente alterado. Assim, quaisquer modificações dos protocolos, mesmo que possam representar maior eficiência do antibiótico, serão feitas por conta e risco do profissional que desejar efetuá-las. Por exemplo, a amoxicilina para um cão de 4,0 kg seria administrada na dosagem de 7,14 mg/kg em intervalos de 4 horas. Para que o intervalo passasse para 8 horas teríamos que aumentar a dosagem para 14,28 mg (aumento proporcional). Mesmo que a dose total da droga ao final do dia seja exatamente a mesma, os níveis plasmáticos imediatamente após a administração seriam muito maiores e, dependendo do antibiótico, podem significar o aparecimento de efeitos tóxicos. Do mesmo modo, a alteração da freqüência implica em perda da constância da concentração da droga no plasma e nos tecidos. Para alguns tipos de antibióticos, como é o caso do grupo dos aminoglicosídeos, alguns trabalhos indicam que altas concentrações plasmáticas do antibiótico, durante um único período do dia, são menos tóxicas ao organismo do que níveis mais uniformes e constantes referentes a duas ou três administrações diárias.[8, 11, 12]

As doses e freqüências apresentadas neste capítulo são o resultado de cálculos matemáticos experimentais, que utilizam constantes matemáticas que expressam as taxas metabólicas de cães e gatos. Nenhuma das doses propostas sofreu experimentação clínica suficientemente segura, e portanto, a responsabilidade sobre eventuais resultados deletérios dose-dependentes sobre organismo de qualquer paciente é de responsabilidade única e exclusiva daquele profissional que as empregar.

Sugestão de Protocolos Posológicos para Antibióticos Obtidos por Extrapolação Alométrica Interespecífica

Gato 0,5-6,0 kg

Peso do paciente (kg)	Dose por adm. mg/kg	Freqüência de administração (horas)					
		0,5-0,8	0,8-1,3	1,3-2,0	2,0-3,0	3,0-4,3	4,3-6,0
Beta-lactâmicos – Beta-lactamase suscetível (não antipseudomonal)							
Amoxicilina	7,14	3	3	4	4	5	5
Ampicilina	7,14	2	2	3	3	3	4
Bacampicilina	8,57	4	5	5	6	7	8
Hetacilina	30,00	7	8	9	10	11	13
Penicilina G procaína**	17134	8	9	11	12	14	15
Penicilina V	7,14	2	2	3	3	3	4
** = dose em UI/kg							
Beta-lactâmicos – Beta-lactamase suscetível (antipseudomonal)							
Azlocilina	87,50	2	2	3	3	3	4
Mezlocilina	75,00	2	2	3	3	3	4
Piperacilina	75,00	2	2	3	3	3	4
Ticarcilina	75,00	2	2	3	3	3	4
Beta-lactâmicos – Beta-lactamase resistente (antiestafilococal)							
Cloxocilina	14,29	2	2	3	3	3	4
Dicloxacilina	7,14	2	2	3	3	3	4
Meticilina	42,86	2	2	3	3	3	4
Nafcilina	14,29	2	2	3	3	3	4
Oxacilina	21,43	2	2	3	3	3	4
Beta-lactâmicos – Beta-lactamase resistente (outros)							
Amoxicilina/Clavulanato	8,93	3	3	4	4	5	5
Ampicilina/Sulbactam	42,86	2	2	3	3	3	4
Aztreonam	42,86	4	5	5	6	7	8
Carbenicilina	28,57	2	2	3	3	3	4
Imipenema/Cilastatina	19,05	3	3	4	4	5	5
Ticarcilina/Clavulanato	50	2	2	3	3	3	4
Antibióticos para trato urinário							
Ácido Nalidíxico	14,29	2	2	3	3	3	4
Ciprofloxacina	10,71	4	5	5	6	7	8
Enrofloxacina	21,43	8	9	11	12	14	15
Lomefloxacina	5,71	8	9	11	12	14	15
Metenamina	28,57	4	5	5	6	7	8
Nitrofurantoína	1,9	3	3	4	4	5	5
Norfloxacina	8,57	4	5	5	6	7	8
Ofloxacina	5,71	4	5	5	6	7	8
Tetraciclinas							
Demeclociclina	8,58	4	5	5	6	7	8
Doxiciclina	1,43	4	5	5	6	7	8
Minociclina	1,43	4	5	5	6	7	8
Oxitetraciclina	7,14	2	2	3	3	3	4
Tetraciclina	7,14	2	2	3	3	3	4

Gato 0,5-6,0 kg	Dose por adm. mg/kg	Freqüência de administração (horas)				
Peso do paciente (kg)		0,5-0,8	0,8-1,3	1,3-2,0	2,0-3,0 3,0-4,3	4,3-6,0

Sulfonamidas

Sulfadiazina	19,05	3	3	4	4	5	5
Sulfadimethoxina	49,99	13	15	18	20	23	25
Sulfametoxazol	21,43	4	5	5	6	7	8
Sulfazalazina	7,14	2	2	3	3	3	4
Sulfisoxazol	28,57	2	2	3	3	3	4

Beta-lactâmicos – Cefalosporinas de Primeira Geração

Cefadroxila	14,29	4	5	5	6	7	8
Cefalexina	14,29	2	2	3	3	3	4
Cefalotina	14,29	1	2	2	2	2	3
Cefazolina	19,05	3	3	4	4	5	5
Cefapirina	42,86	2	2	3	3	3	4
Cephradina	28,57	4	5	5	6	7	8

Beta-lactâmicos – Cefalosporinas de Segunda Geração

Cefaclor	7,14	3	3	4	4	5	5
Cefamandol	28,57	3	3	4	4	5	5
Cefmetazol	57,14	4	5	5	6	7	8
Cefonicida	28,57	8	9	11	12	14	15
Cefotetan	28,57	4	5	5	6	7	8
Cefoxitina	19,05	3	3	4	4	5	5
Cefuroxima Axetila	7,14	4	5	5	6	7	8
Cefuroxima Sódica	21,43	3	3	4	4	5	5

Beta-lactâmicos – Cefalosporinas de Terceira Geração

Cefixima	5,71	8	9	11	12	14	15
Cefoperazona	28,57	4	5	5	6	7	8
Cefotaxima	28,57	4	5	5	6	7	8
Ceftazidima	42,86	4	5	5	6	7	8
Ceftizoxima	42,86	4	5	5	6	7	8
Ceftriaxona	28,57	8	9	11	12	14	15
Loracarbef	2,86	4	5	5	6	7	8
Moxalactam	28,57	3	3	4	4	5	5

Outros Agentes Antimicrobianos

Cloranfenicol	25	2	2	2	2	2	2
Eritromicina	14,29	2	2	3	3	3	4
Espiramicina	19,05	3	3	4	4	5	5
Furazolidona	2,86	4	5	5	6	7	8
Lincomicina	17,14	8	9	11	12	14	15
Metronidazol	10,71	3	3	4	4	5	5
Novobiocina	7,14	4	5	5	6	7	8
Pirimetamina	1,07	8	9	11	12	14	15
Rifampicina	17,14	8	9	11	12	14	15
Espectinomicina	28,57	4	5	5	6	7	8
Sulfadimethoxina/Ormetoprim	54,99	13	15	18	20	23	25
Sulfametoxazol/Trimetoprim	13,71	4	5	5	6	7	8
Tinidazol	28,57	8	9	11	12	14	15
Vancomicina	7,14	2	2	3	3	3	4

Cão 0,5-6,0 kg	Dose por adm. mg/kg	Freqüência de administração (horas)					
Peso do paciente (kg)		0,5-0,8	0,8-1,3	1,3-2,0	2,0-3,0	3,0-4,3	4,3-6,0

Beta-lactâmicos – Beta-lactamase suscetível (não antipseudomonal)

Amoxicilina	7,14	2	2	3	3	4	4
Ampicilina	7,14	2	2	2	2	3	3
Bacampicilina	8,57	5	4	4	5	5	6
Hetacillina	30,00	5	6	7	8	9	10
Penicilina G procaína**	17134	6	7	8	10	11	12
Penicilina V	7,14	2	2	2	2	3	3

** = dose em VI/kg

Beta-lactâmicos – Beta-lactamase suscetível (antipseudomonal)

Azlocilina	87,50	2	2	2	2	3	3
Mezlocilina	75,00	2	2	2	2	3	3
Piperacilina	75,00	2	2	2	2	3	3
Ticarcilina	75,00	2	2	2	2	3	3

Beta-lactâmicos – Beta-lactamase resistente (antiestafilococal)

Cloxocilina	14,29	2	2	2	2	3	3
Dicloxacilina	7,14	2	2	2	2	3	3
Meticilina	42,86	2	2	2	2	3	3
Nafcilina	14,29	2	2	2	2	3	3
Oxacilina	21,43	2	2	2	2	3	3

Beta-lactâmicos – Beta-lactamase resistente (outros)

Amoxicilina/Clavulanato	8,93	2	2	3	3	4	4
Ampicilina/Sulbactam	42,86	2	2	2	2	3	3
Aztreonam	42,86	3	4	4	5	5	6
Carbenicilina	28,57	2	2	2	2	3	3
Imipenema/Cilastatina	19,05	2	2	3	3	4	4
Ticarcilina/Clavulanato	50	2	2	2	2	3	3

Antibióticos para trato urinário

Ácido Nalidíxico	14,29	2	2	2	2	3	3
Ciprofloxacina	10,71	3	4	4	5	5	6
Enrofloxacina	21,43	6	7	8	10	11	12
Lomefloxacina	5,71	6	7	8	10	11	12
Metenamina	28,57	3	4	4	5	5	6
Nitrofurantoína	1,9	2	2	3	3	4	4
Norfloxacina	8,57	3	4	4	5	5	6
Ofloxacina	5,71	3	4	4	5	5	6

Tetraciclinas

Demeclociclina	8,58	3	4	4	5	5	6
Doxiciclina	1,43	3	4	4	5	5	6
Minociclina	1,43	3	4	4	5	5	6
Oxitetraciclina	7,14	2	2	2	2	3	3
Tetraciclina	7,14	2	2	2	2	3	3

Sulfonamidas

Sulfadiazina	19,05	2	2	3	3	4	4
Sulfadimethoxina	49,99	10	12	14	16	18	20
Sulfamethoxazol	21,43	3	4	4	5	5	6
Sulfazalazina	7,14	2	2	2	2	3	3
Sulfisoxazol	28,57	2	2	2	2	3	3

Cão 0,5-6,0 kg	Dose por adm. mg/kg	Freqüência de administração (horas)				
Peso do paciente (kg)		0,5-0,8	0,8-1,3	1,3-2,0	2,0-3,0	3,0-4,3	4,3-6,0

Beta-Lactâmicos – Cefalosporinas de Primeira Geração

	mg/kg	0,5-0,8	0,8-1,3	1,3-2,0	2,0-3,0	3,0-4,3	4,3-6,0
Cefadroxila	14,29	3	4	4	5	5	6
Cefalexina	14,29	2	2	2	2	3	3
Cefalotina	14,29	1	1	1	2	2	2
Cefazolina	19,05	2	2	3	3	4	4
Cefapirina	42,86	2	2	2	2	3	3
Cefradina	28,57	3	4	4	5	5	6

Beta-Lactâmicos – Cefalosporinas de Segunda Geração

	mg/kg	0,5-0,8	0,8-1,3	1,3-2,0	2,0-3,0	3,0-4,3	4,3-6,0
Cefaclor	7,14	2	2	3	3	4	4
Cefamandol	28,57	2	2	3	3	4	4
Cefmetazol	57,14	3	4	4	5	5	6
Cefonicid	28,57	6	7	8	10	11	12
Cefotetan	28,57	3	4	4	5	5	6
Cefoxitina	19,05	2	2	3	3	4	4
Cefuroxima Axetila	7,14	3	4	4	5	5	6
Cefuroxima Sódica	21,43	2	2	3	3	4	4

Beta-Lactâmicos – Cefalosporinas de Terceira Geração

	mg/kg	0,5-0,8	0,8-1,3	1,3-2,0	2,0-3,0	3,0-4,3	4,3-6,0
Cefixima	5,71	6	7	8	10	11	12
Cefoperazona	28,57	3	4	4	5	5	6
Cefotaxima	28,57	3	4	4	5	5	6
Ceftizoxima	42,86	3	4	4	5	5	6
Ceftriaxona	28,57	6	7	8	10	11	12
Loracarbef	2,86	3	4	4	5	5	6
Moxalactam	28,57	2	2	3	3	4	4

Outros Agentes Antimicrobianos

	mg/kg	0,5-0,8	0,8-1,3	1,3-2,0	2,0-3,0	3,0-4,3	4,3-6,0
Clindamicina	6,43	2	2	2	2	3	3
Cloranfenicol	25	2	2	2	2	3	3
Eritromicina	14,29	2	2	2	2	3	3
Espiramicina	19,05	2	2	3	3	4	4
Furazolidona	2,86	3	4	4	5	5	6
Lincomicina	17,14	6	7	8	10	11	12
Metronidazol	10,71	2	2	3	3	4	4
Novobiocina	7,14	3	4	4	5	5	6
Pirimetamina	1,07	6	7	8	10	11	12
Rifampicina	17,14	6	7	8	10	11	12
Espectinomicina	28,57	3	4	4	5	5	6
Sulfadimethoxine/Ormetoprim	54,99	10	12	14	16	18	20
Sulfametoxazol/Trimetoprima	13,71	3	4	4	5	5	6
Tinidazol	28,57	6	7	8	10	11	12
Vancomicina	7,14	2	2	2	2	3	3

Cão 6,0 - 100 kg	Dose por adm. mg/kg	Freqüência de administração (horas)					
Peso do paciente (kg)	6,0- 10,0	10,0-15	15-21	21-40	40-60	60-80	80-100
Beta-lactâmicos – Beta-lactamas e suscetível							
(não antipseudomonal)							
Amoxicilina	7,14	5	5	6	6	7	8	8
Ampicilina	7,14	4	4	5	5	5	6	6
Bacampicilina	8,57	7	8	10	9	11	12	13
Hetacillina	30,00	12	14	16	16	18	20	21
Penicilina G procaína**	17134	14	16	19	18	21	23	25
Penicilina V	7,14	4	4	5	5	5	6	6
** = dose em UI/kg							
Beta-lactâmicos – Beta-lactamase suscetível							
(antipseudomonal)							
Azlocilina	87,50	4	4	5	5	5	6	6
Mezeocilina	75,00	4	4	5	5	5	6	6
Piperacilina	75,00	4	4	5	5	5	6	6
Ticarcilina	75,00	4	4	5	5	5	6	6
Beta-lactâmicos – Beta-lactamase resistente							
(antiestafilococal)							
Cloxocilina	14,29	4	4	5	5	5	6	6
Dicloxacilina	7,14	4	4	5	5	5	6	6
Methicilina	42,86	4	4	5	5	5	6	6
Nafcilina	14,29	4	4	5	5	5	6	6
Oxacilina	21,43	4	4	5	5	5	6	6
Beta-lactâmicos – Beta-lactamase resistente							
(outros)							
Amoxicilina Clavulanato	8,93	5	5	6	6	7	8	8
Ampicilina/Sulbactam	42,86	4	4	5	5	5	6	6
Aztreonam	42,86	7	8	10	9	11	12	13
Carbenicilina	28,57	4	4	5	5	5	6	6
Imipenema/Cilastatina	19,05	5	5	6	6	7	8	8
Ticarcilina/Clavulanato	50	4	4	5	5	5	6	6
Antibióticos para trato urinário							
Ácido Nalidíxico	14,29	4	4	5	5	5	6	6
Ciprofloxacina	10,71	7	8	10	9	11	12	13
Enrofloxacina	21,43	14	16	19	18	21	23	25
Lomefloxacino	5,71	14	16	19	18	21	23	25
Metenamina	28,57	7	8	10	9	11	12	13
Nitrofurantoína	1,9	5	5	6	6	7	8	8
Norfloxacina	8,57	7	8	10	9	11	12	13
Ofloxacina	5,71	7	8	10	9	11	12	13
Tetraciclinas							
Demeclociclina	8,58	7	8	10	9	11	12	13
Doxiciclina	1,43	7	8	10	9	11	12	13
Minociclina	1,43	7	8	10	9	11	12	13
Oxitetraciclina	7,14	4	4	5	5	5	6	6
Tetraciclina	7,14	4	4	5	5	5	6	6
Sulfonamidas							
Sulfadiazina	19,05	5	5	6	6	7	8	8
Sulfadimethoxina	49,99	24	27	32	31	35	39	42
Sulfamethoxazol	21,43	7	8	10	9	11	12	13
Sulfazalazina	7,14	4	4	5	5	5	6	6
Sulfisoxazol	28,57	4	4	5	5	5	6	6

Cão 6,0 - 100 kg

Peso do paciente (kg)	Dose por adm. mg/kg	Freqüência de administração (horas)						
		6,0 - 10,0	10,0 - 15	15 - 21	21 - 40	40 - 60	60 - 40	80 - 100

Beta-Lactâmicos – Cefalosporinas de Primeira Geração

	Dose							
Cefadroxila	14,29	7	8	10	9	11	12	13
Cefalexina	14,29	4	4	5	5	5	6	6
Cefalotina	14,29	2	3	3	3	4	4	4
Cefazolina	19,05	5	5	6	6	7	8	8
Cefapirina	42,86	4	4	5	5	5	6	6
Cefradina	28,57	7	8	10	9	11	12	13

Beta-Lactâmicos – Cefalosporinas de Segunda Geração

	Dose							
Cefaclor	7,14	5	5	6	6	7	8	8
Cefamandol	28,57	5	5	6	6	7	8	8
Cefmetazol	57,14	7	8	10	9	11	12	13
Cefotetan	28,57	7	8	10	9	11	12	13
Cefoxitina	19,05	5	5	6	6	7	8	8
Cefuroxima Axetila	7,14	7	8	10	9	11	12	13
Cefuroxima Sódica	21,43	5	5	6	6	7	8	8

Beta-Lactâmicos – Cefalosporinas de Terceira Geração

	Dose							
Cefixima	5,71	14	16	19	18	21	23	25
Cefoperazona	28,57	7	8	10	9	11	12	13
Cefotaxima	28,57	7	8	10	9	11	12	13
Cefprozil	14,29	14	16	19	18	21	23	25
Ceftazidima	42,86	7	8	10	9	11	12	13
Ceftizoxima	42,86	7	8	10	9	11	12	13
Ceftriaxona	28,57	14	16	19	18	21	23	25
Loracarbef	2,86	7	8	10	9	11	12	13
Moxalactam	28,57	5	5	6	6	7	8	8

Outros Agentes Antimicrobianos

	Dose							
Clindamicina	6,43	4	4	5	5	5	6	6
Cloranfenicol	25	4	4	5	5	5	6	6
Eritromicina	14,29	4	4	5	5	5	6	6
Espiramicina	19,05	5	5	6	6	7	8	8
Furazolidona	2,86	7	8	10	9	11	12	13
Lincomicina	17,14	14	16	19	18	21	23	25
Metronidazol	10,71	5	5	6	6	7	8	8
Novobiocina	7,14	7	8	10	9	11	12	13
Pirimetamina	1,07	14	16	19	18	21	23	25
Rifampicina	17,14	14	16	19	18	21	23	25
Espectinomicina	28,57	7	8	10	9	11	12	13
Sulfadimethoxina/Ormetoprim	54,99	24	27	32	31	35	39	42
SulfametoxazoilTrimetoprim	13,71	7	8	10	9	11	12	13
Tinidazol	28,57	14	16	19	18	21	23	25
Vancomicina	7,14	4	4	5	5	5	6	6

Sugestão de Protocolos Posológicos para Aminoglicosídeos em Dose Única Diária Obtida por Extrapolação Alométrica Interespecífica

Gatos 0,5-6,0 kg	Dose (mg) a ser empregada em uma única administração a cada 24 horas					
Peso do paciente (kg)	0,5-0,8	0,8-1,3	1,3-2,0	2,0-3,0	3,0-4,3	4,3-6,0
Aminoglicosídeos						
Amicacina	45	36	36	30	25	22,5
Estreptomicina	75	60	60	50	42,8	37,5
Gentamicina	13,36	13,36	10	10	8	8
Tobramicina	13	13	10	10	7,68	7,68

Cão 0,5-6,0 kg	Dose (mg) a ser empregada em uma única administração a cada 24 horas					
Peso do paciente (kg)	0,5-0,8	0,8-1,3	1,3-2,0	2,0-3,0	3,0-4,3	4,3-6,0
Aminoglicosídeos						
Amicacina	60	45	45	36	36	30
Estreptomicina	100	75	75	60	60	50
Gentamicina	20	20	13	13	10	10
Kanamicina	60	45	45	36	36	30
Neomicina	171	171	171	171	114	114
Netilmicina	28	21	21	16,8	16,8	14
Paromomicina	140	140	93	93	70	70
Tobramicina	20	20	13	13	10	10

Cão 6,0-100 kg							
Peso do paciente (kg)	6,0-10,0	10,0-15	15-21	21-40	40-60	60-80	80-100
Aminoglicosídeos							
Amicacina	26	22,5	20	18	16,3	15	13
Estreptomicina	43	37	33	30	27	25	23
Gentamicina	8	8	6	6	5,7	5	5
Kanamicina	26	22,5	20	18	16	15	14
Neomicina	86	86	68	68	68	57	57
Netilmicina	12	10,5	9	8, 4	7, 6	7	6, 5
Paromomicina	55	55	47	47	40	35	35
Tobramicina	8	8	6, 7	6,7	6	5	5

Referências Bibliográficas

1. Brito, H.F.V. & Pachaly, J.R.: Definição de Protocolos Individuais para a Contenção Química de Animais Selvagens, com Base em Extrapolação Alométrica. Anais do IV Evento de Iniciação Científica da Universidade Federal do Paraná, p. 228, Curitiba, 1996.
2. Fowler, M. E.: Allometric scalling of nondomestic carnivores for restraint, anesthesia and therapeutics. *Tópicos em medicina de animais selvagens.* São Paulo, (Disciplina - Curso de Pós-Graduação em Medicina Veterinária: Apostila) - Faculdade de Medicina Veterinária e Zootecnia, Universidade de São Paulo. 227 p., 1993.
3. Fowler, M. E.: An exemple of failure to use allometric scalling - Beluga whale incident. *Tópicos em medicina de animais selvagens.* São Paulo; (Disciplina - Curso de Pós-Graduação em Medicina Veterinária: Apostila) - Faculdade de Medicina Veterinária e Zootecnia, Universidade de São Paulo. 227 p., 1993.
4. Ganong, W. F.: Balanço energético, metabolismo e nutrição. *Fisiologia médica.* 5. ed. São Paulo : Atheneu, p. 236-270, 1989.
5. Guyton, A. C.: Energética e intensidade do metabolismo. *Tratado de fisiologia médica.* 8. ed. Rio de Janeiro: Guanabara, p. 693-698, 1992.
6. Heusner, A.A.: Energy Metabolism and Body Size. Is the 0,75 mass exponent of Kleiber's equation a statistical artifact? Respiration Physiology n. 48, pg. 1-12, Elsevier Biomedical Press, 1982.
7. Loeb,S.: Physician's Drug Handbook, 5th ed., p. 817-820; Springhouse Corporation, Springhouse, PA; 1993.
8. Lortholary, O.; Tod, M.; Cohen, Y. & Petitjean, O.: Aminoglycosides. In: Cunha, B.A.: Antimicrobial therapy II, The Medical Clinics of North America, vol. 79, n. 4, p. 761-787, W.B. Saunders Company, Philadelphia, 1995.
9. Martin, J. C.; Sedgwick, C. J.: A review on allometric scaling with considerations for its application to reptile therapeutics. In: American Association of Zoo Veterinarians Annual Conference, (1994). Proceedings; p. 62-65, 1994.
10. MCNAB, B. K.: Complications inherent in scaling the basal rate of metabolism in mammals. The Quarterly Review of Biology, v.63, n.1:
11. Olier B.; Viotte G.; Morin, J. P. *et al.*: Influence of dosage regimen on experimental tobramycin nephrotoxicity. Chemotherapy (Basel); n. 29, p. 385, 1983.
12. Powell S.H.; Thompson, W.L.; Luthe M.A., *et al.*: Once daily vs. Continuous aminoglycoside dosing: Efficacy and toxicity in animal and clinical studies of gentamicin, netilmicin and tobramycin. Journal of Infectious Diseases, n. 147, p. 918, 1983.
13. Sedgwick, C. J.: Finding dietetic needs of captive native wildlife and zoo animals by allometric scaling. In: American Animal Hospitals Association's 55th Annual Meeting, (1988). Proceedings p. 149-150, 1988.

14. Sedgwick, C. J.: Anesthesic and chemical restraint techniques for zoo animals and wildlife. In: American Animal Hospitals Association's 55th Annual Meeting, (1988). Proceedings p. 162-166, 1988.
15. Sedgwick, C. J.; Pokras, M. A.: Extrapolating rationaldrug doses and teatment periods by allometric scaling. In: American Animal Hospitals Association's 55th Annual Meeting, (1988). Proceedings... 1988. pg.156-161, 1988.
16. Sedgwick, C. J.; Pokras, M. A.; Kaufman, G.: Metabolic scaling:Using estimated energy costs to extrapolate drug doses between different species and different individuals of diverse body sizes. In: Proceedings of the American Association of Zoo Veterinarians Annual Conference, pg. 249-254. 1990.
17. Withers, P. C.: Animal energetics. In: Comparative animal physiology, p. 82-121, Fort Worth, Saunders College Publishing, 1992.

Apêndice I

Interação e Incompatibilidade entre Antibióticos

Alessandra Quaggio Augusto &
Elza Maria Galvão Ciffoni

Introdução

Convencionou-se chamar de interação entre drogas, a modificação da ação de um medicamento, *in vivo*, pela medicação prévia ou conjunta, de outro ou outros medicamentos, ou por substâncias químicas do organismo do paciente, ou por constituintes de alimentos, ou por substâncias ambientais. A incompatibilidade caracteriza-se por um conjunto de fenômenos, *in vitro*, entre dois ou mais medicamentos, modificando-o ou às suas ações. Pode ocorrer quando drogas são misturadas na mesma seringa ou em soluções, sendo que a reação pode ser visível na forma de precipitação, mudança de cor ou liberação de gás. Por outro lado, a droga pode ser inativada ou alterada sem qualquer mudança visível.

Basicamente, os mecanismos de incompatibilidade são:

a) Influência do pH sobre a droga: por exemplo, a ampicilina é inativada em soluções ácidas;
b) Cargas opostas: quando um cátion, como a atropina, é misturada com um ânion, como os barbitúricos;
c) Formação de complexos insolúveis de sais com íons metálicos: as tetraciclinas, por exemplo, formam complexos com o magnésio ou com o cálcio.

As reações em soluções de administração intravenosa podem ser evitadas pelo conhecimento prévio destas propriedades.

ÁCIDO NALIDÍXICO

Interação entre drogas

Quando o ácido nalidíxico estiver associado a certas drogas, pode ocorrer efeitos adversos que serão listados a seguir:

*Antiácidos: diminuem a absorção do antibiótico;
* Anticoagulantes orais: têm seu efeito aumentado;
* Antiinflamatórios não esteróides: aumentam a toxicidade do antibiótico;
* Nitrofurantoína: ocorre antagonismo.

AMICACINA, SULFATO

Incompatibilidade entre drogas

As seguintes soluções ou drogas são ou podem ser incompatíveis (em situações específicas), com a amicacina: aminofilina, anfotericina B, ampicilina sódica, carbenicilina dissódica, cefazolina sódica, cefalotina sódica, cefapirina sódica, clorotiasida sódica, fosfato sódico de dexametasona, eritromicina, heparina, meticilina sódica, nitrofurantoína sódica, oxacilina, cloridrato de oxitetraciclina, penicilina G potássica, fenitoína sódica, cloreto de potássio, cloridrato de tetraciclina, tiopental sódico, complexos vitamínicos e warfarina sódica. Observou-se inativação de antibióticos aminoglicosídeos por antibióticos beta-lactâmicos *in vitro*. A amicacina é menos suscetível a este efeito, mas recomenda-se a não utilização dessas drogas na mesma seringa.

A compatibilidade também é dependente de fatores como pH, concentração, temperatura e dos diluentes utilizados.

Interação entre drogas

Quando o sulfato de amicacina estiver associado a certas drogas, pode ocorrer efeitos adversos que serão listados a seguir:

*Anestésicos gerais ou bloqueadores neuromusculares: podem gerar ou potencializar bloqueio neuromuscular;

*Cefalosporinas: podem potencializar os efeitos nefrotóxicos dos aminoglicosídeos;

*Dimenidrato e outros antieméticos: podem mascarar os sinais de toxicidade vestibular dos aminoglicosídeos;

*Furosemida: pode aumentar a nefrotoxicidade e ototoxicidade, devido às alterações das concentrações séricas do antibiótico;

*Metrotexato: ocorre diminuição de seus efeitos;

*Narcóticos, sedativos e tranqüilizantes: podem levar a um aumento da depressão respiratória, ou mesmo parada respiratória, em pacientes com prévia insuficiência respiratória;

*Outras drogas nefrotóxicas, ototóxicas e neurotóxicas: a associação deve ser feita com cautela. Como, por exemplo, quando associar a: anfotericina B, outros antibióticos aminoglicosídeos, aciclovir, bacitracina (via parenteral), cisplatina, metoxiflurano, polimixina B ou vancomicina.

AMOXICILINA E AMOXICILINA COM ÁCIDO CLAVULÂNICO

Informações sobre interação podem ser encontradas nas referências sobre penicilinas.

AMPICILINA

Incompatibilidade entre drogas

A ampicilina sódica é incompatível com as seguintes drogas: sulfato de amicacina, cloridrato de clorpromazina, dopamina, eritromicina, cloridrato de gentamicina, cloranfenicol, cloridrato de hidralazina, succinato sódico de hidrocortisona, sulfato de kanamicina, cloridrato de lincomicina, cloridrato de oxitetraciclina, sulfato de polimixina B, bicarbonato de sódio e cloridrato de tetraciclina.

Interação entre drogas

Quando a Ampicilina estiver associada a certas drogas, pode ocorrer efeitos adversos que serão listados a seguir:

*Aminoglicosídeo: sua eficiência pode ser prejudicada em pacientes com diminuição da função renal;

*Atenolol: diminuição da sua absorção oral;

*Drogas bacteriostáticas (cloranfenicol, eritromicina ou tetraciclinas): a combinação destas drogas com a ampicilina pode diminuir a atividade bactericida da ampicilina;

*Rifampicina: diminuição da atividade bactericida da ampicilina. Este antagonismo parece ocorrer somente quando a ampicilina é utilizada em altas concentrações e ocorre indiferença ou sinergismo quando utilizada em concentrações baixas.

ANFOTERICINA B

Interação entre drogas

Quando a Anfotericina B estiver associada a certas drogas, pode ocorrer efeitos adversos que serão listados a seguir:

*Antiarrítmicos: ocorre prolongamento do espaço QT, devendo-se ter um acompanhamento eletrocardiográfico;

*Antineoplásicos: utilizar com cautela;

*Bloqueadores neuromusculares: pode ocorrer um aumento do seu efeito curariforme;

*Ciclosporina: ocorre sinergismo dos efeitos nefrotóxicos;

*Cisplatina e outras drogas nefrotóxicas: ocorre aumento da nefrotoxicidade;

*Corticotrofina: aumenta a depleção de potássio e diminui a resposta à corticotrofina;

*Diuréticos depletores de potássio: ocorre grave depleção de potássio;
*Inibidores da anidrase carbônica e com laxativos estimulantes: existe um risco aumentado de hipocalcemia;
*Miconazol: diminuição do efeito contra *candida* spp.

CARBENICILINA

Interação entre drogas

Para mais informações consultar o texto sobre penicilina.
Quando a carbenicilina estiver associada a certas drogas, pode ocorrer efeitos adversos que serão listados a seguir:
*Aminoglicosídeos: pode ocorrer a inativação deste pela carbenicilina;
*Lítio: aumenta o clearance renal desta droga;
*Tetraciclina: pode ter o efeito bactericida diminuído.

Incompatibilidade entre drogas

A carbenicilina dissódica é incompatível com as seguintes drogas: sulfato de amicacina, anfotericina B, sulfato de bleomicina, succinato sódico de cloranfenicol, citarabina, sulfato de gentamicina, sulfato de kanamicina, cloridrato de lincomicina, cloridrato de oxitetraciclina, cloridrato de tetraciclina, complexo de vitamina B com vitamina C, acetil-cisteína, eritromicina, fenitoína de sódio, procaína e hidrolisados protéicos.
Não misturar a soluções com pH menor que 6 (seis) ou maior que 8 (oito).

CEFADROXIL / CEFALEXINA

Informações sobre interação de drogas podem ser encontradas nas referências sobre cefalosporinas.

CEFALOSPORINAS

Interação entre drogas

Quando a cefalosporina estiver associada a certas drogas, pode ocorrer efeitos adversos que serão listados a seguir:

*Ácido etacrínico ou furosemida: permite o aumento da nefrotoxicidade;

*Aminoglicosídeos ou outras drogas nefrotóxicas: existe uma certa controvérsia nesta associação, pois estas drogas podem aumentar os efeitos de nefrotoxicidade. Tal interação foi melhor documentada com a cefaloridina; todavia, o uso conjunto dessas drogas deve ser cauteloso;

*Anticoagulantes orais: utilizar com cautela nos pacientes em tratamento com estas drogas, devido a uma potencial trombocitopenia causada pelo antibiótico;

*Imipenema: deve-se evitar esta associação, uma vez que a importância clínica ainda não foi completamente estabelecida, mas ocorre inativação *in vitro* entre imipenema e cefalosporina para muitas cepas;

*Macrolídeos: ocorre a inibição da ação bactericida das cefalosporinas;

*Probenecida: bloqueia, por competição, a secreção tubular da maioria das cefalosporinas, aumentando assim os níveis séricos e a meia vida do antibiótico;

*Rifampicina: apresenta antagonismo para estafilococos;

*Sulfaniluréias (hipoglicemiantes orais): ocorre o aumento do efeito hipoglicemiante;

*Penicilina ou Tetraciclina: ocorrem antagonismos freqüentes.

CEFALOTINA SÓDICA

Incompatibilidade entre drogas

A cefalotina é incompatível ou compatível somente em situações muito específicas, com as seguintes drogas: sulfato de amicacina, aminofilina, sulfato de bleomicina, cloreto ou gluconato de cálcio, cimetidina, dopamina, doxorrubicina, eritromicina, sulfato de gentamicina, isoproterenol, sulfato de kanamicina, norepinefrina, oxitetraciclina, penicilina G potássica / sódica, fenobarbital sódico e tetraciclina.

Interação de drogas

Quando a cefalotina sódica estiver associada a drogas nefrotóxicas, observa-se aumento dos efeitos nefrotóxicos de ambas as drogas.

CEFAPIRINA SÓDICA / BENZATÍNICA

Incompatibilidade entre drogas

As seguintes drogas ou soluções são incompatíveis ou compatíveis somente em situações muito específicas com as seguintes drogas: cefapirina, manitol a 20%, sulfato de amicacina, aminofilina, ácido ascórbico, epinefrina, gluceptato de eritromicina, sulfato de gentamicina, sulfato de kanamicina, nitrofurantoína sódica, norepinefrina, oxitetraciclina, fenitoína sódica, tetraciclina e tiopental sódico.

Interação entre drogas

Informações sobre interação entre drogas podem ser encontradas nas referências sobre cefalosporinas.

CEFAZOLINA SÓDICA

Incompatibilidade entre drogas

A cefazolina é incompatível com as seguintes soluções ou drogas: sulfato de amicacina, amobarbital sódico, solução injetável de ácido ascórbico, sulfato de bleomicina, gluconato ou cloridrato de cálcio, cimetidina, gluceptato de eritromicina, sulfato de kanamicina, cloridrato de lidocaína, cloridrato de oxitetraciclina, pentobarbital sódico, sulfato de polimixina B, cloridrato de tetraciclina e injeção de complexo de vitamina B com vitamina C.

Interação entre drogas

Informações sobre interação entre drogas podem ser encontradas nas referências sobre cefalosporinas.

CEFOPERAZONA SÓDICA

Incompatibilidade entre drogas

Esta droga é incompatível com: cloridrato de doxapram, sulfato de genta-micina, cloridrato de meperidina, perfenazina e prometazina.

Não misturar na mesma seringa com antibióticos aminoglicosídeos, pois pode ocorrer inativação de ambas as drogas.

Interação entre drogas

Quando a cefoperazona sódica estiver associada a certas drogas pode ocorrer efeitos adversos que serão listados a seguir:

*Aminoglicosídeos: aumenta o risco de nefrotoxicidade;

*Anticoagulantes orais: utilizar com cautela em pacientes em tratamento com estas drogas, pois as cefalosporinas podem provocar trombocitopenia.

CEFOTAXIMA SÓDICA / CEFOXITINA SÓDICA / CEFTIOFUR SÓDICO

Informações adicionais podem ser encontradas nas referências sobre cefalosporinas.

CEFTRIAXONA SÓDICA

A probenicida não possui efeito sobre a eliminação de ceftriaxona. Informações adicionais podem ser encontradas nas referências sobre cefalosporinas.

CETOCONAZOL

Interação entre drogas

Quando o cetoconazol estiver associado a certas drogas, pode ocorrer efeitos adversos que serão listados a seguir:

*Antiácidos e anticolinérgicos: diminuem a absorção gastrointestinal do cetoconazol. Deve-se administrar com um intervalo de duas horas entre as drogas;

*Anticoagulantes: têm seus efeitos aumentados;

*Ciclosporina: ocorre aumento da concentração plasmática desta droga pelo mecanismo de indução das enzimas microssomais. Recomenda-se fazer um acompanhamento da função renal;

*Drogas hepatotóxicas: podem aumentar os efeitos hepatotóxicos;

*Fenitoína: altera o metabolismo de uma ou ambas as drogas;

*Isoniazida: diminui os níveis séricos do cetoconazol;

*Rifampicina: diminui a concentração sérica de cetoconazol.

CLINDAMICINA

Incompatibilidade entre drogas

A aminofilina, a ranitidina e a ceftriaxona sódica são incompatíveis com a clindamicina.

Interação entre drogas

Quando a clindamicina estiver associada a certas drogas, pode ocorrer efeitos adversos que serão listados a seguir:

*Bloqueadores neuromusculares: utilizar com cautela em pacientes tratados com estas drogas, porque a clindamicina possui propriedades de potencializar o bloqueio neuromuscular;

*Cloranfenicol: parece possuir antagonismo com este antibiótico. Todavia, tal associação deve ser evitada devido ao mesmo sítio de ação destes antibióticos; *Eritromicina: possui antagonismo *in vitro*.

CLORANFENICOL

Incompatibilidade entre drogas

A presença de cloranfenicol pode gerar incompatibilidade com as seguintes drogas ou soluções: clorpromazina, metoclopramida, oxitetraciclina, sulfato de polimixina B, proclorperazina, prometazina, tetraciclina, ácido ascórbico, carbenicilina dissódica, clortetraciclina, epinefrina, eritromicina, succinato sódico de hidrocortisona e de metilprednisolona, novobiocina, hidrocloreto de procaína, promazina, bicarbonato de sódio, sulfadiazina, complexo de vitamina B com C e vancomicina.

Interação entre drogas

Quando o cloranfenicol estiver associado a certas drogas, pode ocorrer efeitos adversos que serão listados a seguir:

*Ácido fólico: diminuição na sua eficácia terapêutica;

*Anticoagulantes orais: aumenta o tempo de protrombina;

*Clorpropamida, tolbutamida e dicumarol: pode potencializar os efeitos destas drogas;

*Fenitoína, primidona, fenobarbital, pentobarbital e ciclofosfamida: o cloranfenicol pode inibir o metabolismo hepático destas drogas pela inibição das enzimas microssomais hepáticas. O pentobarbital pode ter a duração de seu efeito prolongada 120% nos cães e 260% nos gatos. O fenobarbital pode diminuir a concentração plasmática de cloranfenicol. Pode ocorrer anorexia e depressão do sistema nervoso central em cães que recebem cloranfenicol e primidona. O cloranfenicol deve ser utilizado com extrema cautela em pacientes tratados com drogas que causem mielossupressão (cliclofosfamida). Recomenda-se um acompanhamento dos níveis séricos dessas drogas quando usadas conjuntamente com cloranfenicol;

*Imunização: deve ser evitada em animais que estão recebendo cloranfenicol, uma vez que pode ocorrer imunodepressão;

*Paracetamol: ocorre um possível aumento da toxicidade do cloranfenicol;

*Penicilina: pode aumentar moderadamente a meia vida sérica do cloranfenicol, que pode antagonizar a atividade bacteriana das penicilinas ou dos aminoglicosídeos;

*Rifampicina: pode diminuir o nível sérico de cloranfenicol. Outros antibióticos como a lincomicina, a clindamicina ou a eritromicina, que também possuem o sítio de ligação na subunidade ribossomal 50 S da bactéria, podem antagonizar a atividade do cloranfenicol ou vice-versa, mas a importância clínica desta interação ainda não foi determinada;

*Vitamina B12: retardo na resposta terapêutica ao tratamento com esta vitamina.

CLORTETRACICLINA

Informações adicionais podem ser encontradas nas referências sobre tetraciclina.

CLOXACILINA SÓDICA E BENZATÍNICA

Informações adicionais podem ser encontradas nas referências sobre penicilinas.

DICLOXACILINA SÓDICA

Informações adicionais podem ser encontradas nas referências sobre penicilinas.

DOXICICLINA

Informações adicionais podem ser encontradas nas referências sobre tetraciclinas.

ENROFLOXACINA / CIPROFLOXACINA

Interação entre drogas

Quando a enrofloxacina / ciprofloxacina estiver associada a certas drogas, pode ocorrer efeitos adversos que serão listados a seguir:

*Antiácidos contendo cátions como magnésio, alumínio e cálcio: ocorre a ligação com a enrofloxacina ou ciprofloxacina, inibindo a absorção destes antibióticos;

*Cloranfenicol ou Tetraciclina: em associação a fluoroquinolonas, apresenta um antagonismo para enterobactérias;

*Ciclosporina: a associação a fluoroquinolonas pode exacerbar o efeito nefrotóxico da ciclosporina;

*Medicamentos que contêm ferro, zinco em vitaminas, suplementos de cálcio: redução da absorção da fluoroquinolona;

*Nitrofurantoína: pode antagonizar o efeito da atividade antimicrobiana das fluoroquinolonas;

*Probenicida: bloqueia a secreção tubular de enrofloxacina, podendo aumentar a meia-vida e os níveis sangüíneos do antibiótico;

*Sucralfato: redução da biodisponibilidade das fluoroquinolonas em até 85-90 %. Este efeito pode ser diminuído se o sucralfato for administrado 6 horas antes da quinolona;

*Teofilina: ocorre aumento dos níveis sangüíneos da teofilina.

ERITROMICINA

Incompatibilidade entre drogas

Não associar a eritromicina às seguintes drogas: aminofilina, carbenicilina, cefalotina, cloranfenicol, heparina, bitartrato de metaraminol, complexos vitamínicos, novobiocina, oxitetraciclina, pentobarbital, fenobarbital, hidrolisados protéicos, fenitoína, tetraciclina e complexos de vitamina B.

Interação entre drogas

Quando a eritromicina estiver associada a certas drogas podem ocorrer efeitos adversos que serão listados a seguir:

*Anticoagulante (warfarina): prolongamento do tempo de protrombina e possível hemorragia;

*Caolim, pectina, e bismuto: diminuem a absorção do antibiótico;

*Carbamazepina: o metabolismo hepático desta droga pode ser inibido pela eritromicina, havendo portanto a necessidade de redução da dose de carbamazepina;

*Ciclosporina: aumento de toxicidade deste fármaco devido à elevação de seus níveis séricos;

*Digoxina: aumento da bioviabilidade desta droga pode levar a um quadro de intoxicação por digoxina. O significado desta interação em Medicina Veterinária é questionável;

*Lincosamidas (clindamicina e lincomicina) e cloranfenicol: a associação de eritromicina com estes antibióticos não é indicada, pois competem pelo mesmo sítio de ação, localizado na subunidade 50 S dos ribossomos;

*Metilprednisolona: o metabolismo desta droga pode ser inibido pela administração conjunta de eritromicina. O significado clínico desta interação é desconhecido;

*Penicilina: a eritromicina tende a inibir as penicilinas, exceto contra *Staphilococus aureus* resistentes. Ainda existe certa controvérsia nesta associação, pois não existem muitas pesquisas que expliquem um possível sinergismo, antagonismo ou ação aditiva entre estas drogas;

*Teofilina: pacientes tratados com altas doses de eritromicina associada à teofilina podem apresentar sinais de intoxicação por esta droga, devido à diminuição na eliminação;

*Terfenadina ou astemizol: é contra-indicado o uso destas drogas em conjunto com eritromicina, pois pode elevar os níveis de terfenadina ou astemizol, levando ao prolongamento eletrocardiográfico do QT. Esta alteração também ocorre com o uso concomitante de antiarrítmicos.

ESTREPTOMICINA

Interação entre drogas

Quando a estreptomicina estiver associada a certas drogas podem ocorrer efeitos adversos que serão listados a seguir:

*Anticoagulantes orais: pode levar a um aumento dos efeitos destes, porém não existem muitas evidências desta interação. Provavelmente a estreptomicina pode reduzir a produção de vitamina K pelas bactérias intestinais;

*Gentamicina mais cloranfenicol: quando estas drogas são associadas à estreptomicina, ocorre antagonismo para Proteus;

*Tetraciclina: existe um antagonismo teórico do uso conjunto com esta droga, mas clinicamente não ocorre nenhum efeito de decréscimo da atividade desses antibióticos.

ESPECTINOMICINA, HIDROCLORETO

Interação entre drogas

Quando a espectinomicina estiver associada ao cloranfenicol ou tetraciclina, ocorre antagonismo.

FURAZOLIDONA

Interação entre drogas

Quando a furazolidona estiver associada a certas drogas, podem ocorrer efeitos adversos que serão listados a seguir:

*Anestésicos gerais: aumento da depressão no SNC;

*Antidepressivos tricíclicos: ocorre a potencialização de seus efeitos;

*Buspirona, aminas simpatomiméticas (fenilpropanolamina, efedrina, etc.), antidepressivos tricíclicos, outros inibidores da monoamino oxidase e peixe ou galinha (alta concentração de tiramina): a furazolidona inibe a monoamino oxidase e pode levar a uma hipertensão;

*Diuréticos tiazídicos: potencializam os efeitos da furazolidona;

*Insulina: o antibiótico potencializa os efeitos da insulina;

*Meperidina: potencializa os efeitos da meperidina (excitação, convulsões, hipertensão ou hipotensão) e diminui os efeitos da furazolidona;

*Metildopa: pode ocorrer excitação e hipertensão.

GENTAMICINA

Incompatibilidade entre drogas

As seguintes drogas ou soluções são incompatíveis ou compatíveis em situações específicas, com a gentamicina: anfotericina B, ampicilina sódica, carbenicilina dissódica, naftato de cefamandole, cefalotina sódica, cefapirina sódica, dopamina, furosemida e heparina. Ocorre inativação de aminoglicosídeos por antibióticos beta-lactâmicos.

Interação entre drogas

Quando a gentamicina estiver associada a antibióticos ototóxicos, podem ocorrer efeitos adversos. Não se recomenda, portanto, esta associação.

Informações adicionais podem ser encontradas na referência sobre amicacina.

HETACILINA POTÁSSICA

Informações adicionais podem ser encontradas nas referências sobre penicilinas.

IMIPENEMA - CILASTATINA SÓDICA

Interação entre drogas

Quando o imipenema estiver associado a certas drogas, podem ocorrer efeitos adversos que serão listados a seguir:

*Antibióticos beta-lactâmicos: não é recomendada a associação destes antibióticos contra várias enterobacteriáceas (*Pseudomonas aeroginosa*, algumas variedades de *Klebsiella, Enterobacter, Serratia, Citrobacter* e *Morganella*), uma vez que a importância clínica desta interação ainda não é clara;

*Cloranfenicol: pode antagonizar o efeitos antibacterianos do imipenema;

*Probenicida: provoca níveis altos e prolongados de imipenema, porém não existe um benefício terapêutico no uso conjunto dessas duas drogas e esta associação não é recomendada.

ITRACONAZOL

Interação entre drogas

Quando o itraconazole estiver associado a certas drogas, podem ocorrer efeitos adversos que serão listados a seguir:

*Antiácidos, bloqueadores H2 como a cimetidina e a ranitidina: podem causar uma redução na absorção de itraconazole, pois este requer meio ácido para uma máxima absorção, assim, devem ser administrados duas horas depois da dose de itraconazole. A Didanosina não deve ser usada em conjunto com o itraconazole;

*Clorpropamida, glipizida e outros antidiabéticos orais: podem apresentar níveis séricos aumentados, resultando em hipoglicemia;

*Cumarínicos: o Itraconazole pode aumentar o tempo de protrombina;

*Digoxina: aumento da concentração sérica da digoxina, que deve ser monitorado;

*Rifampina: pode aumentar a velocidade de metabolismo do itraconazole, sendo necessário o ajuste na dose;

*Terfenadina ou astemizole: ocorre um aumento dos riscos de efeitos cardio-vasculares, sendo portanto, indicado o uso de outros anti-histamínicos;

*Fenitoína ou ciclosporina: este antifúngico pode diminuir o metabolismo destas drogas.

KANAMICINA

Incompatibilidade entre drogas

A kanamicina não deve ser associada a outras drogas.

Interação entre drogas

Quando a kanamicina estiver associada a certas drogas, podem ocorrer efeitos adversos que serão listados a seguir:

*Ácido etacrínico: a associação pode causar surdez irreverssível;

*Anfotericina B, cisplatina, metoxifluorano, vancomicina e succinilcolina: podem adicionar o efeito de bolqueio neuromuscular quando utilizadas em conjunto com kanamicina;

*Anticoagulantes orais: aumento de seus efeitos;

*Furosemida: potencializa a ototoxicidade da kanamicina;

*Meticilina: pode antagonizar ou potencializar a ação desta droga, dependendo do tipo de infecção;

*Neostigmina: diminuição do bloqueio neuromuscular da kanamicina;

*Outras drogas nefrotóxicas ou ototóxicas: esta associação deve ser feita com cautela;

*Penicilinas: a kanamicina pode inibir algumas penicilinas.

LINCOMICINA

Incompatibilidade entre drogas

As drogas incompatíveis com a lincomicina são: Ampicilina sódica, cloranfenicol, eritromicina, carbenicilina dissódica, meticilina sódica e fenitoína sódica.

Interação entre drogas

Quando a lincomicina estiver associada às seguintes drogas, podem ocorrer efeitos adversos:

*Bloqueadores neuromusculares: utilização com cautela, devido à atividade intrínseca do antibiótico como de bloqueador neuromuscular;

*Caolim: diminui a absorção da lincomicina em 90% quando administrado em conjunto, por isso é necessário um intervalo de duas horas entre as drogas;

*Cloranfenicol e eritromicina: podem ter um efeito antagônico com a lincomicina;

*Pectina e subsalicilato de bismuto: diminuição da absorção gastrointestinal da lincomicina.

METENAMINA

Incompatibilidade entre drogas

Não deve ser misturada com veículos ácidos e é incompatível com a maioria dos alcalóides e sais metálicos. Sais de amônio ou álcalis provocam um escurecimento da metenamina.

Interação entre drogas

Quando a metenamina estiver associada a certas substâncias, podem ocorrer efeitos adversos que serão listados a seguir:

*Drogas alcalinizantes da urina, como antiácidos contendo cálcio ou magnésio, inibidores da anidrase carbônica, citratos, bicarbonato de sódio: podem reduzir a eficácia da metenamina, que necessita um pH urinário ácido;

*Sulfametiazole: a associação não é recomendada, pois pode formar um precipitado insolúvel na urina ácida.

METRONIDAZOL

Incompatibilidade entre drogas

As seguintes drogas são reportadamente incompatíveis com metronidazol: aztreonam, naftato de cefamandol e dopamina.

Interação entre drogas

Quando o metronidazol estiver associado às seguintes substâncias, podem ocorrer efeitos adversos:

*Anticoagulantes cumarínicos: prolongamento do tempo de protrombina. É recomendado evitar o uso concomitante; caso contrário, a dose deve ser ajustada e realizadas provas de coagulação sangüínea;

*Bloqueadores neuromusculares: pode levar a um aumento na duração do bloqueio neuromuscular e recurarização, principalmente no pós-operatório;

*Cimetidina: pode diminuir o metabolismo do metronidazol, aumentando a probabilidade da ocorrência de efeitos colaterais;

*Dissulfiram: não é recomendada esta associação;

*Fenobarbital ou fenitoína: pode aumentar o metabolismo do metronidazol, diminuindo com isso seu nível sangüíneo;

*Fluoracil ou azatioprina: pode ocorrer uma neutropenia transitória.

NEOMICINA, SULFATO

Interação entre drogas

O sulfato de neomicina associado a certas drogas pode levar a efeitos adversos que serão listados a seguir:

*Digitálicos: pode ocorrer a diminuição da absorção dos digitálicos. Mesmo quando a administração de neomicina e digitálicos é feita separadamente, o efeito pode não ser minimizado;

*Digoxina e metampicilina, vitamina B_{12} e vitamina K: a neomicina oral pode diminuir a absorção intestinal destas drogas;

*Metotrexato: a absorção desta droga pode ser reduzida pela administração de neomicina oral, porém é aumentada pela kanamicina oral;

*Outras drogas ototóxicas ou nefrotóxicas: embora pequenas quantidades de neomicina sejam absorvidas depois de uma administração oral ou retal, o uso conjunto com estas drogas deve ser feito com cautela;

*Penicilina V potássica: a associação oral da neomicina pode levar à má absorção da penicilina.

NITROFURANTOÍNA

Incompatibilidade entre drogas

Não misturar nitrofurantoína com as seguintes drogas: cloreto de amônia, anfotericina B, cloreto de cálcio, insulina, kanamicina, meperidina, morfina, fenol, polimixina B, procaína, proclorperazina, prometazina, metaraminol, estreptomicina, tetraciclina, vancomicina e complexo de vitamina B com C.

Interação entre drogas

Quando a nitrofurantoína estiver associada a certas drogas, podem ocorrer efeitos adversos que serão listados a seguir:

*Ácido nalidixico: diminuição da absorção da nitrofurantoína;

*Alcalinizantes da urina (acetazolamida, tiazidas): podem diminuir o efeito da nitrofurantoína;

*Alimentos e drogas anticolinérgicas: podem aumentar a bioviabilidade oral da nitrofurantoína;

*Agentes uricosúricos como sulfinpirazone ou probenecida: podem inibir a excreção renal da nitrofurantoína, aumentando sua toxicidade e reduzindo sua ação em infecções do trato urinário;

*Anticolinérgicos: potencializam a ação e a toxicidade da nitrofurantoína, por provável redução da motilidade gastrointestinal provocada pelo anticolinérgico;

*Fluoroquinolonas (enrofloxacina, ciprofloxacina): pode antagonizar a atividade antimicrobiana destas drogas;

*Trissilicato de Magnésio contido nos antiácidos: podem inibir a absorção oral da nitrofurantoína.

NORFLOXACINA

Interação entre drogas

Quando o norfloxacino estiver associado a certas drogas, podem ocorrer efeitos adversos que serão listados a seguir:

*Antiácidos: diminuição da absorção gastrointestinal do norfloxacino. Administrar com um intervalo de pelo menos duas horas entre uma droga e outra;

*Nitrofurantoína: ocorre antagonismo com esta associação;

*Probenecida: diminuição da excreção urinária deste antibiótico, sem afetar as concentrações séricas e a meia vida da mesma.

NOVOBIOCINA SÓDICA

Interação entre drogas

Quando a novobiocina estiver associada a certas drogas podem ocorrer efeitos adversos:

*Penicilina e cefalosporina: o antibiótico novobiocina age de maneira similar à Probenicida, bloqueando o transporte tubular de drogas. Embora o signi-ficado clínico não esteja claro, a velocidade de eliminação de drogas excretadas desta maneira pode ficar diminuída e a meia-vida prolongada.

OXACILINA SÓDICA

Incompatibilidade entre drogas

A oxacilina sódica injetável é incompatível com as seguintes drogas: hidrocloreto de oxitetraciclina e hidrocloreto de tetraciclina.

Interação entre drogas

Quando a oxacilina estiver associada às sulfonamidas, ocorre diminuição da absorção gastrointestinal da oxacilina;

*Informações adicionais podem ser encontradas na referência sobre penicilinas.

OXITETRACICLINA

Incompatibilidade entre drogas

As seguintes drogas são incompatíveis com a oxitetraciclina: amicacina, aminofilina, anfotericina B, gluconato ou cloreto de cálcio, carbenicilina dissódica, cefalotina sódica, cefapirina sódica, cloranfenicol, eritromicina, heparina, succinato sódico de hidrocortisona, dextran, meticilina sódica, meto-hexital sódico, oxacilina, penicilina G potássica e sódica, pentobarbital, fenobarbital e bicarbonato de sódio.

Interação entre drogas

Quando a oxitetracilina estiver associada a certas drogas, podem ocorrer efeitos adversos que serão listados a seguir:

*Anticoagulante: diminuição da atividade plasmática da protrombina, sendo necessário assim um ajuste de dose;

*Bicarbonato de sódio, caolim, pectina e subsalicilato de bismuto: quando administradas por via oral podem prejudicar a absorção da tetraciclina;

*Digoxina: aumento da bioviabilidade da digoxina em pequenas percentagens de pacientes (humanos), permitindo o aparecimento dos efeitos tóxicos destas drogas. Estes efeitos podem persistir por alguns meses depois do término do uso de tetraciclina;

*Insulina: tem sido reportado que as tetraciclinas diminuem a quantidade necessária de insulina em pacientes diabéticos, porém esta interação está sendo estudada;

*Metoxiflurano: aumento dos efeitos nefrotóxicos deste medicamento, por isso não é recomendada a associação destas drogas;

*Penicilinas, cefalosporinas e aminoglicosídeos (drogas bacteriostáticas): podem interferir na atividade bactericida destas drogas. Existe uma certa controvérsia no significado clínico desta interação;

*Quando administrado por via oral, este antibiótico pode quelar cátions bivalentes ou trivalentes, podendo assim diminuir a absorção da tetraciclina ou outras drogas contendo estes cátions;

*Sais de Ferro: quando administrados por via oral, podem ser responsáveis pela diminuição da absorção de tetraciclina. Sais que contêm ferro devem ser administrados 3 (três) horas antes ou 2 (duas) horas depois da dose de tetraciclina;

*Teofilina: efeitos colaterais gastrointestinais podem ser intensificados;

*Informações adicionais podem ser encontradas na referência sobre Tetraciclina.

PENICILINAS

Interação entre drogas

Quando a penicilina estiver associada a certas substâncias, podem ocorrer efeitos adversos que serão listados a seguir:

*Alimentos e antiácidos: diminuição da absorção de penicilinas orais. Este antibiótico deve ser administrado 1 (uma) hora antes ou 2 (duas) horas depois da alimentação;

*Antibióticos bacteriostáticos (cloranfenicol, eritromicina, tetraciclinas): esta associação não é recomendada, principalmente em infecções agudas, onde os microorganismos se proliferam rapidamente, pois a penicilina age melhor em bactérias em crescimento ativo. Em concentrações baixas, certas penicilinas (ampicilina, oxacilina, nafcilina) apresentam um sinergismo quando usadas em conjunto com rifampina contra certas bactérias, porém existe um aparente antagonismo quando a penicilina está presente em altas concentrações;

*Anticoagulantes orais: altas doses de algumas penicilinas (ticarcilina, carbenicilina) estão associadas a quadros hemorrágicos; assim, devem ser usadas com cautela em pacientes sob tratamento com anticoagulantes orais ou heparina;

*Aminopirina, oxifenbutazona, ácido para-aminobenzóico: efeito de antagonismo;

*Aminoipurato sódico (PAH): diminuição mútua da excreção de PAH e do antibiótico;

*Aspirina, indometacina e fenilbutazona: aumento dos níveis séricos das penicilinas pela transferência dos sítios de ligação nas proteínas plasmáticas;

*Cefalosporinas: existe um antagonismo competitivo entre a associação deste antibiótico com ampicilina ou carbenicilina;

*Fenolsulfonftaleína: diminuição da excreção deste por inibição competitiva do transporte;

*Macrolídeos: inibição da ação bacteriana das penicilinas;

*Metotrexato: pode ocorrer um aumento da toxicidade desta droga devido à diminuição da excreção;

*Neomicina: bloqueio da absorção de penicilinas orais;

*Outros antibióticos beta-lactâmicos: ocorre antagonismo por competição nos locais de ação;

*Probenecida: esta droga bloqueia, por competição, a secreção tubular da maioria das penicilinas, aumentando a meia-vida e os níveis séricos destes antibióticos.

PENICILINA G

Incompatibilidade entre drogas

As seguintes substâncias não devem ser misturadas com penicilina G: acetilcisteína, ácido ascórbico, clortetraciclina, epinefrina, metaraminol, complexo vitamínico, novobiocina, fenitoína, fenilefrina, tiopental e vancomicina.

As seguintes drogas ou soluções são incompatíveis com penicilina G potássica: sulfato de amicacina, aminofilina, cefalotina sódica, clorpromazina, dopamina, heparina, hidroxizina, lincomicina, metoclopramida, oxitetraciclina, pentobarbital, mesilato de proclorperazina, promazina, prometazina, bicarbonato de sódio, tetraciclina e complexos de vitamina B com vitamina C.

As seguintes drogas ou soluções são incompatíveis com penicilina G sódica: anfotericina B, sulfato de bleomicina, cefalotina sódica, clorpromazina, heparina, hidroxizina, lincomicina, succinato sódico de metilprednisolona, oxitetraciclina, cloreto de potássio, mesilato de proclorperazina, prometazina e tetraciclina.

Interação entre drogas

Quando a penicilina G estiver associada a certas drogas, podem ocorrer efeitos adversos que serão listados a seguir:

*Colestipol: diminuição da concentração da penicilina G oral, por provável inibição da absorção gastrointestinal;

*Diuréticos poupadores de potássio: aumento do risco de hipercalcemia;

*Sulfimpirazona: aumento das concentrações de penicilina G por inibição da secreção tubular renal. Esta interação não tem importância clínica e / ou utilidade terapêutica;

*Sulfonamidas: aumento dos níveis séricos da penicilina G, que pode ser útil em algumas infecções;

*Informações adicionais podem ser encontradas nas referências sobre penicilinas.

PENICILINA V POTÁSSICA

Interação entre drogas

Quando a penicilina V potássica estiver associada à metampicilina, ocorre diminuição da absorção gastrointestinal desta droga;

*Informações adicionais podem ser encontradas nas referências sobre penicilinas.

PIRIMETAMINA

Interação entre drogas

Quando a pirimetamina estiver associada a certas drogas, podem ocorrer efeitos adversos que serão listados a seguir:

*Ácido para-aminobenzóico (PABA): apresenta antagonismo à atividade da pirimetamina, cujo significado clínico ainda não é conhecido;

*Trimetoprim/sulfa: a associação não é recomendada (em humanos), pois aumenta os efeitos colaterais. Porém, esta combinação vem sendo utilizada em eqüinos.

POLIMIXINA

Interação entre drogas

Quando a polimixina estiver associada a certas drogas, podem ocorrer efeitos adversos que serão listados a seguir:

*Aminoglicosídeos: aumento da ototoxocidade, da nefrotoxicidade e do bloqueio neuromuscular;

*Anestésicos gerais: pode ocorrer paralisia neuromuscular, com depressão respiratória;

*Anfotericina B e cefalosporinas: pode aumentar a nefrotoxicidade;

*Bloqueadores neuromusculares, procainamida, prometazina e quinidina: aumento do bloqueio neuromuscular.

RIFAMPICINA

Interação entre drogas

Quando a rifampicina estiver associada a certas drogas, pode ocorrer efeitos adversos que serão listados a seguir:

*Ampicilina: inibição da atividade bactericida deste antibiótico em altas concentrações;

*Ácido p-aminossalicílico: prejudica a absorção gastrointestinal da rifampicina, levando a uma diminuição de suas concentrações séricas;

*Cefalosporina: apresenta antagonismo para estafilococos;

*Cetoconazol: diminuição da sua concentração sérica;

*Halotano: aumento de hepatoxicidade;

*Isoniazida: aumento dos níveis séricos desta droga, com possível aumento da hepatoxicidade;

*Proponanol, quinidina, ciclosporina, mexiletina, dapsona, cloranfenicol, corticosteróides, anticoagulantes orais, benzodiazepínicos, digitálicos, antidiabéticos orais e barbitúricos: podem apresentar seus níveis séricos e eliminação diminuída, pois a rifampina produz enzimas microssomais hepáticas que metabolizam estas drogas;

*Quinolonas: antagonismo freqüente.

SULFADIMETOXINA

Interação entre drogas

Informações podem ser encontradas nas referências sobre sulfonamida.

SULFADIMETOXINA / ORMETOPRIM

Interação entre drogas

Não existe trabalho relacionando interações com outros medicamentos, porém acredita-se que interações ao trimetoprim/sulfa possam ser associadas à sulfadimetoxina / ormetoprim.

SULFASSALAZINA

Interação entre drogas

Quando a sulfassalazina estiver associada a certas substâncias, podem ocorrer efeitos adversos:

*Ácido fólico e digoxina: diminuição da bioviabilidade destas substâncias;

*Antiácidos: podem diminuir a bioviabilidade de sulfonamidas;

*Digitálicos: podem prejudicar a absorção deste fármaco;

*Fenobarbital: pode diminuir a eliminação urinária da sulfassalazina;

*Metotrexato, warfarina, diuréticos tiazídicos, salicilatos, probenicida e fenitoína: a sulfassalazina possui uma interação com outras sulfonamidas e pode deslocar grande quantidade de proteínas ligadas a estas drogas. Embora o significado clínico dessas interações não esteja muito claro, os pacientes devem ser monitorizados devido a possíveis efeitos dos agentes deslocados;

*Sulfato de ferro ou outros sais contendo ferro: tendência a diminuir os níveis sangüíneos de sulfassalazina, mas o significado clínico não é conhecido.

SULFONAMIDAS

Incompatibilidade entre drogas

As sulfonamidas não devem ser associadas às seguintes substâncias: cloreto de amônia, clorpromazina, epinefrina, gentamicina, insulina, dextran, kanamicina, lidocaína, lincomicina, meperidina, metaraminol, metadona, metenamina, meticilina, morfina, oxitetraciclina, procaína, prometazina, estreptomicina, tetraciclina, vancomicina e complexo de vitamina B com C.

Interação entre drogas

A sulfonamida associada a certas substâncias pode provocar efeitos adversos como os seguintes:

*Acidificadores: podem aumentar a absorção e diminuir a excreção, potencializando a atividade e a toxicidade do antibiótico;

*Agentes alcalinizantes: aumentam a excreção e diminuem a absorção das sulfanamidas;

*Ácido para-aminobenzóico (PABA), ácido para-aminosalicílico e ácido ascórbico: antagoniza a atividade antibacteriana das sulfas. A importância clínica é incerta, porém é aconselhável evitar esta associação;

*Anticoagulantes: ocorre a potencialização da ação destas drogas, de maneira que as doses devem ser diminuídas;

*Analgésicos: diminuição da ligação protéica com as sulfonamidas;

*Ciclosporina: a administração de certas sulfas pode reduzir os níveis sangüíneos;

*Fenitoína: aumento da toxicidade a níveis sangüíneos fatais desta droga;

*Fenotiazinas: podem aumentar os efeitos tóxicos da sulfonamida;

*Fenossulfonftaleína: algumas sulfas levam a uma diminuição da excreção desta droga;

*Furozemida: pode ocorrer sensibilidade cruzada;

*Hipoglicemiantes orais: podem ter seu efeito exacerbado pelas sulfonamidas, embora ainda não esteja claro o mecanismo desta interação;

*Insulina: aumento da hipoglicemia;

*Isoniazida: pode levar à anemia hemolítica;

*Metenamina: existe um aumento do risco de formação de precipitado insolúvel na urina;

*Metotrexato: podem ocorrer sérias reações tóxicas;

*Óleo mineral: prejudica a excreção das sulfas não absorvíveis;

*Oxacilina: diminuição da absorção gastrointestinal desta droga;

*Paraldeído: aumenta o risco de cristalúria. O paraldeído acidifica a urina pelo aumento da concentração urinária de ácido acético;

*Penicilinas: podem apresentar um efeito aditivo ou inibitório;

*Salicilatos e outros antiinflamatórios não-esteróides: estas drogas são altamente ligadas às proteínas e podem deslocar as sulfonamidas. Não existe uma interação clínica, porém pacientes recebendo estas drogas devem ser observados;

*Tiopental: pode levar a um aumento dos seus efeitos.

TETRACICLINA

Incompatibilidade entre drogas

As drogas incompatíveis ou compatíveis dependentes da concentração/ tempo com a tetraciclina são: amicacina, aminofilina, ampicilina, amobarbital, anfotericina B, gluconato ou cloreto de cálcio, carbenicilina dissódica, cefalotina, cefapirina, succinato sódico de cloranfenicol, dimenidrinato, gluceptato ou lactobionato de eritromicina, heparina, succinato sódico de hidrocortisona, meperidina, meticilina, meto-hexital, hidrocloreto de metildopa, oxacilina, penicilina G potássica e sódica, fenobarbital, bicarbonato de sódio, tiopental e warfarina.

As seguintes drogas não devem ser associadas (misturadas) às tetraciclinas: clorotiazida, cloxacilina, dextran, epinefrina, leverterenol, metaraminol, metilprednisolona, complexo vitamínico, nitrofurantoína, novobiocina, pentobarbital, fenitoína, polimixina B, proclorperazina, riboflavina, solução de Ringer, sulfonamida e complexo B.

Interação entre drogas

Quando a tetraciclina estiver associada a certas substâncias, podem ocorrer efeitos adversos que serão listados a seguir:

*Antiácidos ou outros produtos contendo alumínio, cálcio, magnésio, zinco ou bismuto, derivados do leite: quando administrada por via oral, as tetraciclinas podem quelar cátions bivalentes ou trivalentes, podendo diminuir a absorção de antibióticos ou outras drogas que contêm tais cátions. A doxiciclina tem uma afinidade baixa por íons cálcio, mas é recomendado que tetraciclinas de administração oral sejam administradas de 1 a 2 horas antes ou depois de produtos contendo cálcio;

*Anticoagulantes: as tetraciclinas podem deprimir a atividade plasmática da protrombina, sendo necessário um ajuste de dose em pacientes em tratamento com anticoagulante;

*Barbitúricos e fenitoína: diminuem a meia-vida e os níveis séricos da doxiciclina;

*Bicarbonato de sódio, caolim, pectina ou subsalicilato de bismuto: podem prejudicar a absorção de tetraciclinas quando administrados em conjunto, por via oral, devido ao aumento do pH gástrico;

*Bloqueadores neuromusculares: prolongamento da duração destes efeitos, principalmente no pós-operatório;

*Ciclamato sódico, citrato sódico, glucosamina, hexametafosfato sódico e paraminobenzoato de sódio: aumentam a absorção digestiva das tetraciclinas pelo mecanismo de quelação dos íons metálicos da luz intestinal;

*Clorpropamida, fenitoína, fenilbutazona e oxifenilbutazona: aumentam o risco de hepatotoxicidade;

*Diuréticos: aumento do nitrogênio uréico do sangue (NUS). Deve-se evitar as tetraciclinas em pacientes recebendo diuréticos, principalmente aqueles com disfunção renal;

*Digoxina: pode aumentar a bioviabilidade desta droga em pequena percentagem de pacientes (humanos), permitindo assim o aparecimento de efeitos tóxicos da digoxina. Esses efeitos podem permanecer por alguns meses depois da última dose de tetraciclina.

*Ferro: diminuem a absorção das tetraciclinas, portanto a administração de sais de ferro deve ser feita 3 (três) horas antes ou 2 (duas) horas depois da dose de tetraciclina;

*Glicocorticóides: as tetraciclinas potencializam os efeitos catabólicos destas drogas, podendo contribuir para caquexia. O uso conjunto com corticosteróides pode permitir o aparecimento de organismos resistentes durante uma terapia prolongada, podendo mascarar sinais de infecção;

*Insulina: tem sido reportado que as tetraciclinas diminuem a quantidade necessária deste medicamento em pacientes diabéticos, porém esta interação está sendo estudada. A associação com antidiabéticos potencializa o efeito destes e pode também aumentar o risco de acidose lática. Recomenda-se controlar o uso em pacientes diabéticos, devido também ao possível efeito hipoglicemiante de algumas tetraciclinas;

*Metoxifluorano: aumento dos efeitos nefrotóxicos desta droga, principalmente no pós-operatório. Assim, o uso conjunto de tetraciclina ou oxitetraciclina deve ser cauteloso;

*Norfloxacino: apresenta antagonismo *in vitro*;

*Penicilinas, cefalosporinas e aminoglicosídeos: drogas bacteriostáticas como tetraciclinas podem diminuir a atividade bactericida destas drogas;

*Teofilina: efeitos colaterais gastrointestinais podem ser intensificados;

*Tetraciclinas: inibem as enzimas microssomais hepáticas, diminuindo a eliminação de drogas metabolizadas pelo fígado;

*Informações adicionais podem ser encontradas nas referências sobre oxitetraciclinas.

TICARCILINA

Incompatibilidade e Interação entre drogas

Soluções de ticarcilina são incompatíveis com antibióticos aminoglicosídeos. Mais informações sobre incompatibilidade e interação entre drogas podem ser encontradas em penicilinas.

TOBRAMICINA, SULFATO

Incompatibilidade entre drogas

As seguintes drogas ou soluções são incompatíveis ou somente compatíveis em situações específicas com a tobramicina: naftato de cefamandole, furosemida e heparina. Os aminoglicosídeos são inativados quando ocorre a mistura com antibióticos beta-lactâmicos.

Interação entre drogas

Quando a tobramicina estiver associada a certas drogas, podem ocorrer efeitos adversos que serão listados a seguir:

*Anestésicos gerais ou bloqueadores neuromusculares: possível potencialização do bloqueio muscular;

*Cefalosporinas: existe controvérsia do uso conjunto de aminoglicosídeos com estas drogas. Risco de aumento de nefrotoxicidade, mas esta interação foi documentada com cefaloridina e cefalotina;

*Diuréticos osmóticos (manitol) ou diuréticos de alça (furosemida) e ácido etacrínico: podem aumentar o efeito nefrotóxico ou ototóxico dos aminoglicosídeos;

*Outras drogas nefrotóxicas, ototóxicas e neurotóxicas: aminoglicosídeos devem ser usados com cautela. Estes grupos incluem: anfotericina B, outros aminoglicosídeos, aciclovir, bacitracina (via parenteral), cisplatina, metoxiflurano, polimixina B ou vancomicina.

TILOSINA

Interação entre drogas

Interações com a tilosina ainda não foram bem documentadas. Sugere-se que esta droga possa aumentar os níveis sangüíneos de glicosídeos digitálicos, resultando em toxicidade. Para maiores informações sobre possíveis interações, procurar em eritromicina, pois possuem o mesmo mecanismo de ação.

VANCOMICINA

Interação entre drogas

Evitar o uso concominante com outras drogas nefrotóxicas ou ototóxicas.

Bibliografia consultada

1. Allen, D.G.; Pringle, J.K.; Smith, D.: Handbook of Veterinary Drugs, J.B. Lippincott Company, 1993.
2. Fonseca, A .L.: Interações Medicamentosas. 2 ed., Editora Epuc, 1994.
3. Gole, W.J.: Veterinary Pharmaceuticals and Biologicals. 9 ed., Veterinary Medicine Publishing Group, 1995 / 1996.
4. Greene, C.E.: Infectious Diseases of the Dog and Cat, W.B. Saunders Company, 1990.
5. Plumb, D.C.: Veterinary Drug Handbook. 2 ed., Iowa State University Press / Ames, 1995.

Apêndice II

Algumas Considerações de Importância Clínica sobre Antibióticos

Fabiano Montiani Ferreira

Principais efeitos tóxicos dos antibióticos em animais

Neurotoxicidade
Ototoxicidade- aminoglicosídeos, polimixina, higromicina C e eritromicina.
Bloqueio (paralisia) neuromuscular- aminoglicosídeos (neomicina, dihidroestreptomicina, gentamicina, estreptomicina, amicacina e kanamicina), lincomicina, tetraciclina, bacitracina, polimixina B e gramicidina. O efeito é potencializado em pacientes que receberam curares e anestésicos (pricipalmente barbitúricos).

Efeitos depressores cardiovasculares
Depressão miocárdica/efeitos vasculares- aminoglicosídeos e tetraciclinas.
Distúrbios da condutância cardíaca- lincomicina.
Desconhecido- cloranfenicol.

Nefrotoxicidade (direta ou indireta)
Toxicidade tubular- aminoglicosídeos, polimixinas, cefalosporinas (cefaloridine), penicilinas e tetraciclinas;Tubo coletor- cristalúria com sulfonamidas.

Hepatotoxicidade
Degeneração do parênquima- tetraciclinas e eritromicina.

Enterotoxicidade
Lesão na mucosa (ex: colite pseudomembranosa)- ampicilina, lincomicina e clindamicina.

Diminuição dos níveis sangüíneos de vitamina K
Cloranfenicol, kanamicina, neomicina, penicilina e estreptomicina oferecidas por via oral por períodos prolongados.

Toxicidade à medula óssea
Anemia aplásica (irreverssível em gatos e pessoas)- cloranfenicol e trimetoprim.
Drogas relacionadas com anemia aplásica em animais- sulfonamidas, cloranfenicol e dapsona.
Drogas associadas à neutropenia (cloranfenicol, cefalosporinas e oxitetraciclinas (KIDD, 1991).

Trombocitopenia imuno-mediada
Alguns antibióticos são suspeitos de estarem associados à trombocitopenia em animais: penicilinas, sulfonamidas e cefalosporinas (BLOOM *et al.*, 1988).

Outros
Cloranfenicol e tetraciclinas podem ocasionar redução da atividade de enzimas microssomais hepáticas, resultando em redução da eliminação de outras drogas como anestésicos barbitúricos.
Rifampicina aumenta atividade de enzimas microssomais hepáticas, aumentando a excreção de várias drogas.

Interferências potenciais do uso de alguns antibióticos nos resultados de testes laboratoriais

Bilirrubina- eri (P), nit (P), nov (O), ole (P), oxa (P) e sulf (P)
AST (TGO)- eri (P), amp (P), gen (P), nit (P) e sulf (P)
ALT (TGP)- amp (P), eri (P), gen (P), nit (P)
Nitrogênio uréico do sangue- cefa (P), gen (P), sulf (P), tet (P), kan (P), neo (P), bac (P), nit (O) e pol (P)
Creatinina- kan (P) e meti (P)
Colesterol- neo (N), oxa (P), eri (N) e tet (N)
Fosfatase alcalina- eri (P), clin (P), pen (P), amp (P), cefa (P), clor (P), clox (P), oxa (P) e lin (P)
Glicose sangüínea- tet (N)
Glicose urinária- cefa (O), clor (P), nit (P), pen (P), estr (P), sulf (P) e tet (N)
Albumina urinária- gen (P), kan (P), neo (P) e nit (O)
Sangue na urina- kan (P) e sulf (P)
Urobilinogênio urinário- clor (N) e sulf (P)
Proteína no líquido céfalorraquidiano- estr (P) e sulf (P)
CO2- nit (O)
Leucócitos- clor (N), eri (P), meti (P), nov (N), oxa (N), sulf (P), pen (N) e tet (P)
Eritrócitos- pen (N) e sulf (N)
Eosinófilos- amp (P), cefa (P), clox (P), eri (P), kan (P), meti (P), nafc (P), nit (P), nov (P), oxa (P), pen (P), sulf (P) e tet (P).

Legenda:
(P)-falso positivo ou valores maiores; (N) falso negativo ou valores menores; (O) interferência com o procedimento de mensuração (valores completamente alterados)
(Modificada de ARONSON & KIRK, 1981; DAVIS, 1986, KANZLER, 1996)

Causas comuns de neutropenia

Infecções por bactérias Gram-negativas, principalmente peritonites agudas, pneumonias por aspiração e metrites agudas.

Infecções virais como: cinomose, parvovirose, hepatite infecciosa canina, leucemia felina, panleucopenia felina, peritonite infecciosa felina, infecção pelo vírus da imunodeficiência felina, influenza suína, gastroenterite transmissível suína, diarréia viral bovina, parainfluenza-3 bovina, febre catarral maligna e anemia infecciosa eqüina.

Administração de drogas como: estrógeno, cloranfenicol, agentes quimioterápicos, cefalosporinas, oxitetraciclina, fenilbutazona, fenacetin e anti-histamínicos.

Doenças neoplásicas como: mieloptíse e mielose eritêmica.

Doenças mielodisplásicas como: linfossarcoma multicêntrico, algumas leucemias.

Outras causas: ehrlichiose, radiação, hematopoese cíclica canina (Síndrome do Collie Cinza), necrose de medula óssea, choque anafilático, caquexia e debilidade.

(Modificada de KIDD, 1988)

Causas comuns de neutrofilia

Infecções bacterianas- bactérias piogênicas como *Staphylococcus* spp, *Streptococcus* spp e *Corynebacterium* spp (*Actinomyces* spp) tendem a produzir neutrofilia maior e desvio à esquerda comparativamente a outras bactérias. Bactérias Gram-negativas podem produzir neutropenia.
Infecções virais como: cinomose, rinotraqueíte felina, rinotraqueíte infecciosa bovina.
Infecções por fungos.
Infecções parasitárias: toxoplasmose, hepatozoonose e fasciolíase.
Doenças imuno-mediadas: anemia hemolítica auto-imune, Lupus erythematosus e artrite reumatóide.
Necrose: queimaduras, uremia, neoplasias malignas, trombose e infarto.
Administração de drogas: estrógeno, corticosteróides e epinefrina.
Respostas fisiológicas: estresse, excitação e medo.
Leucemia.
Outras causas: hemorragia.

(Modificada de KIDD, 1988)

Causas freqüentes de insucesso na terapia antimicrobiana

Diagnóstico incorreto.
    Doença não-infecciosa subclínica.
    Reações adversas que mimetizem sinais de doença infecciosa.
Dosagem ou via de administração incorreta.
Presença de doença não tratáveis.
    Virais, neoplásicas ou imuno-mediadasFatores farmacológicos.
    Interações entre drogas.
    Inativação devido a incompatibilidades.
Presença de abscessos, de localização profunda, sem via de drenagem.
Obstrução da drenagem natural de uma área infectada.
Presença de cálculos na bexiga e corpos estranhos nos tecidos moles ou brônquios.
Indução de resistência.
Eliminação da flora competidora normal.
Doenças que provoquem imunodepressão.

(Modificada de DAVIS, 1986)

Sinais e condições clínicas sugestivas de infecção por bactérias anaeróbicas

Presença de exsudato com odor pútrido, tecido necrótico, gangrena ou gás nas feridas.
Infecções em feridas causadas por mordeduras.
Osteomielite crônica, principalmente após fraturas expostas.
Infecções causadas por corpos estranhos.
Infecções associadas com tumores sólidos.
Bactérias observadas na coloração de Gram que não crescem quando se solicita a cultura.
Endocardite com resultado da cultura negativo para o patógeno.
Exsudato de coloração escurecida.
Presença de grânulos amarelo-esverdeados em corrimentos.
Infecções em espaços orgânicos fechados (ex: piotórax, piometra, abscessos cerebrais, pulmonares e intra-abdominais.

(Modificada de ROSIN et al., 1993)

Bactérias mais comumente associadas a infecções cirúrgicas em cães

Agente infeccioso associado ao sítio cirúrgico

Bactéria	Fonte primária
Staphylococcus intermedius	Pele, mucosas
Staphylococcus spp (Coagulase-negativo)	Pele, mucosas
Streptococcus spp	Mucosas
Escherichia coli	Flora entérica
Proteus spp	Flora entérica
Pseudomonas aeruginosa	Flora entérica
Clostridium perfrigens	Flora entérica
Bacteroides spp	Mucosas, flora entérica
Fusobacterium spp	Flora entérica

Agente infeccioso associado ao procedimento cirúrgico

Sistema ou aparelho operado	Bactéria
Sistema respiratório e urinário	*Escherichia coli*
Sistema respiratório e urinário	*Klebsiella pneumoniae*
Sistema respiratório e urinário	*Staphylococcus intermedius*
Sistema respiratório	*Pseudomonas aeruginosa*
Sistema respiratório e urinário	*Proteus* spp
Sistema respiratório	*Pasteurella* spp
Mucosas	Leveduras

(Segundo McCURNIN & JONES, 1993)

Bacilos Gram-negativos comumente isolados como causadores de processos mórbidos em animais domésticos e selvagens

Escherichia coli
Klebsiella pneumoniae
Proteus mirabilis
Pasteurella multocida
Bordetella bronchiseptica
Enterobacter spp
Actinobacillus spp
Pseudomonas spp
Serratia spp
Brucella spp
Providencia spp
Citrobacter spp
Acinetobacter spp
Chromobacterium violaceum
Moraxella spp
Vibrio spp
Yersinia pseudotuberculosis

(Modificada de COX et al., 1981)

Coloração de Gram para esfregaços em lâminas de microscopia óptica

Material:

Cristal-violeta de Hucker, modificado

Solução A - Cristal-violeta - 2g; Álcool etílico a 95% - 20ml
Solução B - Oxalato de amônio - 0,8g; Água destilada - 80ml

Observação:Misturar as soluções A e B, guardar durante 24 horas, antes do uso. Filtrar através de papel filtro.

Iodo de Gram

Iodo - 1g; Iodeto de potássio - 2g; Água destilada - 300ml

Observação: Misturar bem o iodo e o iodeto de potássio em um gral. Acrescentar água lentamente para dissolução completa. Guardar em frasco âmbar.

Descolorantes

Álcool etílico a 95% e acetona (v/v) - rápido
Álcool etílico a 95% - lento

Contracorante

Solução de reserva - Safranina O - 2,5g; Álcool etílico a 95% - 100ml
Solução de trabalho - Solução de reserva - 10ml; Água destilada - 90ml

Técnica:

1- Cobrir a área do esfregaço com a solução de cristal-violeta a 2% por cerca de um minuto.
2- Lavar com água corrente e escorrer o excesso de água.
3- Cobrir a área do esfregaço com a solução aquosa de iodo (lugol) durante cerca de 1 minuto.
4- Descorar a lâmina com a mistura álcool-acetona, até que o solvente escorra incolor.
5- Cobrir o esfregaço com a solução de safranina por cerca de 30 segundos.
6- Lavar com água corrente.
7- Deixar secar ao ar ou acelerar o processo com auxílio de um secador de cabelos ou lâmpada de infravermelho.

Interpretação:

As bactérias Gram-positivas retêm o cristal violeta e se apresentam com coloração violeta, enquanto que as Gram-negativas são descoradas pelo álcool-acetona, sendo, portanto, coradas pela safranina e se apresentam róseas.

Antibioticoterapia "empírica" para infecções comuns a cães e gatos, sem a utilização de coloração de Gram para caracterização do patógeno envolvido

Local da infecção	Patógeno comumente isolado em cães	Patógeno comumente isolado em gatos	Opções de escolha do antibiótico
Pele			
Infecção cutânea:			
Pioderma	*Staphylococcus intermedius*	*Pasteurella multocida*	1° Am.clav.
Superficial		*Staphylococcus* spp	Oxacilina
			2° Sulf./TMP
			Clor.
Profundo			
	Staphylococcus spp	*Pasteurella multocida*	1° Cefa. 1
	Proteus spp	Bactérias de forma L	Clindamicina
	Escherichia coli	*Proteus* spp	2° Enrofloxacina
	Pseudomonas aeruginosa	*E. coli*	Eritromicina
Tecidos moles			
Mordeduras e feridas traumáticas contaminadas	Mistura de bactérias aeróbicas e anaeróbicas (*Streptococcus* spp, estafilococos produtores de beta-lactamase e *Pasteurella* spp)		1 Am. clav. 2° Enrofloxacina + metronidazol
Trato urinário			
Bexiga e rins	*Escherichia coli*	*Escherichia coli*	1° Enrofloxacina
	Proteus spp	*Proteus* spp	Amicacina
	Klebsiella spp	*Klebsiella* spp	Cefoxitna
	Staphylococcus spp	*Staphylococcus* spp	2° Am.clav
			Imipenem
Próstata	*Escherichia coli*	*Escherichia coli*	1° Amicacina
			Enrofloxacina
			Gentamicina
			2 Amo.clav.
			Imipenem
Respiratório			
Traquéia	*Bordetella bronchiseptica*	*Chlamydia psittaci*	1° Am.clav.
	Staphylococcus spp	*Mycoplasma* spp	Cefa. 1
	E. coli	*Pasteurella multocida*	2 ° Tetraciclina
	Pasteurella spp	*E. coli*	Clor.
		Pseudomonas spp	
Brônquios e parênquima pulmonar	*Escherichia coli*	*Pasteurella multocida*	1 Enrofloxacina
	Klebsiella spp	*E. coli*	2 Doxicilina
	Pasteurella spp	*Klebsiella* spp	
	Bordetella spp		

(Continuação) Antibioticoterapia "empírica" para infecções comuns a cães e gatos, sem a utilização de coloração de Gram para caracterização do patógeno envolvido

Local da infecção	Patógeno comumente isolado em cães	Patógeno comumente isolado em gatos	Opções de escolha do antibiótico
Pleura	*Actinomyces* spp *Nocardia* spp Bact. anaeróbias	*Pasteurella* spp Bact. anaeróbicas	1° Ampicilina Sulfa./Tmp 2° Clindamicina
Ossos			
Articulações	*Staphylococcus* spp *Streptococcus* spp *Escherichia coli* *Mycoplasma* spp	*Pasteurella multocida* *Mycoplasma* spp Bactérias de forma L	1° Cefa. 1 am.clav. 2° Enrofloxacina
Córtex e medula óssea (osteomielite)	*Staphylococcus* spp *Escherichia coli* *Enterococcus* spp Bact. anaeróbias	*Staphylococcus* spp *Escherichia coli* *Proteus* spp *Enterococcus* spp	1° Cefa. 1 am.clav. 2° Amg Enrofloxacina (metronidazol)
Corpos vertebrais e disco intervertebral (discoespondilite)	*Staphylococcus* spp *Streptococcus* spp	*Staphylococcus* spp *Streptococcus* spp	1° Cefa. 1 2° Cloxacilina
Mamas	*Escherichia coli* *Staphylococcus* spp *Streptococcus* spp	*Escherichia coli* *Staphylococcus* spp *Streptococcus* spp	1° Cefa. 1 Am.clav. 2° Enrofloxacina
Cavidade Oral Tecido periodontal (periodontite)	Bactérias anaeróbicas	Bactérias anaeróbicas	1° Clindamicina 2° Metronidazol
Septicemia	*Staphylococcus* spp *Escherichia coli* *Streptococcus* spp *Salmonella* spp *Proteus* spp Bact. Anaeróbias	*Escherichia coli* *Klebsiella* spp *Salmonella* spp Bact. Anaeróbicas	1° Amg. + Amp. sódica 2 Enrofloxacina + Metronidazol Clindamicina Imipenem+ Cilastatina

(Continuação) Antibioticoterapia "empírica" para infecções comuns a cães e gatos, sem a utilização de coloração de Gram para caracterização do patógeno envolvido

Local da infecção	Patógeno comumente isolado em cães	Patógeno comumente isolado em gatos	Opções de escolha do antibiótico
SNC			
Infecção generalizada	Muitos organismos *Proteus* spp *Pseudomonas* spp Bacteróides Anaeróbicos *Pasteurella* spp	Muitos organismos *Proteus* spp *Pseudomonas* spp Bacteróides *Pasteurella* spp Anaeróbicos	1Sulf + TMP 2Clor. (Metronidazol)
Meninge e medula (meningomielite)	*Staphylococcus intermedius* *Pasteurella* spp *Actinomyces* spp *Nocardia* spp Rickettsias	*Staphylococcus intermedius* *Pasteurella* spp	1Sulfadiazina 2 Mino
Canais semicirculares (labirintite)	*Staphylococcus* spp *Streptococcus* spp *Proteus* spp *Pseudomonas* spp *E. coli*	*Staphylococcus* spp *Streptococcus* spp *Proteus* spp *Pseudomonas* spp *E.coli*	1 Clor. 2 Am. Clav Cefa. 1

(Modificada de AUCOIN, 1992; FERGUSON & LAPPIN, 1992; BARSANTI & FINCO, 1995; BRAUND, 1995; VADEN & PAPICH, 1995; WEST-HYDE & FLOYD, 1995)

Sugestão de indicação clínica de antibióticos frente a diferentes ricketsioses em pequenos animais

Doença	Patógeno	Indicação
Febre das Montanhas Rochosas	*Rickettsia rickettsii*	1 Tet 2 Clor ou Enrofloxacina
Ehrlichiose monocítica canina	*Ehrlichia canis*	1 Tet ou Doxicilina
Envenenamento por Salmão	*Neorickettsia helminthoeca*	1 Tet
Hemobartonelose	*Haemobartonella canis* *Haemobartonella felis*	1 Tet

(Segundo BREITSCHWERDT, 1995)

Abreviaturas dos antibióticos

am.clav: amoxicilina com ac. clavulânico
amg: aminoglicosídeo
ami: amicacina
amox: amoxicilina
amp: ampicilina
pbr: penicilina beta-lactamase resistente
cefam: cefamandole
cefa.1: cefalosporina de primeira geração
cefa.2: cefalosporina de segunda geração
cefa.3: cefalosporina de terceira geração
clor: clroranfenicol
clind: clindamicina
clox: cloxacilina
espect: spectinomicina
estrep: streptomicina
eri: eritromicina
gent: gentamicina
imi: imipenem - cilastatina
kan: kanamicina
linc: lincomicina
mac: macrolídeos

meti: meticilina
metr.: metronidazol
mino: minociclina
mox: moxalactam
nbp: neomicina - bacitracina - polimixina
nit: nitrofurantoína
olean: oleandromicina
oxa: oxacilina
pen: penicilina G
pip: piperacilina
ps: pirimetamina - sulfonamida
quin: quinolona
rif: rifampicina
tet: tertaciclina
ticar: ticarcilina
til: tilosina
tms: trimetoprim - sulfonamida
tob: tobramicina
vanc: vancomicina

Apêndice III

Nomes Comerciais de Apresentações Farmacológicas de Antibióticos

Giuliana Gelbcke Kasecker,
Harald Fernando Vicente de Brito & Fabiano Montiani Ferreira

ÁCIDO NALIDÍXICO: Ácido Nalidíxico (Cibran); Nalidex (Bio-Vet); Nalivet (Ouro Fino); Naluril (Cazi); NegGram*; Wintomylon (Sanofi Winthrop).

AMICACINA: Amicacina (Eurofarma); Amiglyde-V (Fort Dodge)**; Amikin (Bristol)*; Bactomicin (EMS); Novamin (Bristol - Myers Squibb).

AMOXICILINA: Amoxifar (Farmoquímica); Amoxi-inject (Smithkine Beecham)**; Amoxil (Smithkline Beecham); Amoxi-tabs (Smithkline Beecham)**; Clamoxyl (Pfizer); Novocilin (Aché); Suramox 10% (Virbac); Trimox (Squibb)*.

AMOXICILINA/ÁCIDO CLAVULÂNICO: Augmentin (Beecham)*; Clavamox (Beecham)**; Clavamox R.T.U. (Pfizer); Clavoxil (Haller); Clavulin (Smithkline Beecham)*; Novamox (Aché).

AMPICILINA: Ampicilina (Calbos); Ampicron (Brasifa); Ampifar (Farmaquímica); Amplax (Lema); Bacterion (Opofarm); Omnipen (Wyeth)*; Polyflex (Fort Dodge)**; Princillin (Solvay)**; Totacillin (Beecham)*.

AMPICILINA/SULBACTAM: Unasyn*

ANTIMONIATO DE MEGLUMINA: Glucantime (Rhodia).

AZLOCILINA: Azlin*

AZTREONAM: Azactam*

BACAMPICILINA: Spectrobid*

CARBENICILINA: Carbenicilina (Royton); Geocillin (Roerig)*; Geopen (Roerig)*; Pyopen (Beecham)*.

CEFACLOR: Ceclor (Eli Lilly).

CEFADROXILA: Cefadroxil (Biochímico); Cefamox (Bristol - Myers Squibb); Cefa - tabs (Fort Dodge)**; Drocef (Eurofarma); Duricef (Mead Johnson)*; Ultracef (Bristol)*.

CEFAMANDOLE: Mandol*

CEFAZOLINA: Ancef (SKF)*; Cefamezin (Hoechst); Kefazol (Eli Lilly); Zolicef (Bristol)*.

CEFOPERAZONA: Cefamix (Fagra); Cefobid (Pfizer); Masticlin (Embrasvet). Associação: Pathozone (Pfizer).

CEFOTAXIMA: Claforan (Hoechst).

CEFOXITINA: Mefoxin (Merck Sharp & Dohme).

CEFTAZIDIMA: Fortaz 1g (Glaxo); Kefadim (Eli Lilly); Tazicef*; Tazidime*; Tazidem 1g IM/IV (Eurofarma).

CEFTIOFUR: Excenel (Rhodia); Naxcel (Upjohn)**.

CEFTRIAXONA: Rocefin (Roche); Triaxin (Eurofarma).

CEFALEXINA: Cefalex (Teuto-Brasileiro); Cefalexin (União Química); Cefaporex (Haller); Keflet (Dista)*; Keflex (Eli Lilly). Associação: Riflexine (Virbac).

CEFALOTINA: Cefalotina (Biochímico); Keflin (Eli Lilly); Seffin*.

CEFAPIRINA: Cefa-dri (Fort Dodge)**; Cefadyl (Bristol)*; Cefa-lak (Fort Dodge)**.

CEFRADINE: Anspor*; Velosef*

CLORANFENICOL: Chloromycetin (Parke - Davis)*; Chloromycetin Palmitate (Parke - Davis)*; Cloranfenicol (Calbos); Fenicetina (Farma); Masticlor (Sivam); Quemicetina (Carlo Eba); Viceton Tablets (Osborn)**.

CLORTETRACICLINA: Aurac - 100 (Sanphar); Aureomycin*; Aureomycin (Cyanamid)** ; CTC 50 (Al Labs)**; CT Cem (Agripharm); Pfichlor (Pfizer)**. Associação: Corciclen (Frumtost).

CIPROFLOXACINA: Ciflox (Aché); Cipro (Bayer); Cipro (Miles)*; Quinoflox (União Química); Procin (Schering - Plough).

CLINDAMICINA: Antirobe (Upjohn)**; Cleocin (Upjohn)*; Dalacin-C (Upjohn).

CLOFAZIMINA: Clofazimina (Brasmédica); Lamprene*.

CLOXACILINA: Anamastit (Univet); Cloxapen (Beecham)*; Dari-Clox (Beecham)**; Dry-Clox (Fort Dodge)**; Orbenin Extra Dry Cow (Pfizer)**; Tegopen (Bristol)*.

DAPSONA: Avlosulfon*; Dapsona (Sanval); Sulfon (Brasifa).

DEMECLOCICLINA: Declomycin*; Ledermicin*

DICLOXACILINA: Dicloxacilina Royton (Royton); Dycill (Beecham)*; Dynapen (Bristol)*; Pathocil (Wyeth)*.

DI-HIDRO ESTREPTOMICINA: Bravecilin (Bravet); Di-hidro estreptomicina (Farmavet). Associação: Agropen L.A. (Virbac); Mercepton (Bravet).

DOXICICLINA: Dorychel (Rachelle)*; Doryx (Parke - Davis)*; Hyclate (Rachelle)*; Vibramicina (Pfizer).

ENROFLOXACINA: Baytril (Bayer); Flotril (Schering - Plough).

ERITROMICINA: E-mycin (Upjohn)*; Erisol Premix (Tortuga); Eritromicina (Neovita); Eryc (Parke - Davis)*; Eryped (Abbott)*; Erythro-dry (Ceva)**; Ilosone (Dista)*; Robimycin (Robins)*.

ESPECTINOMICINA: Spectam (Ceva)**; Spectinomycin Oral Liquid (Syntex)**; Trobicin (Upjohn)*. Associação: Lincospectin (Rhodia).

ESPIRAMICINA: Afispir (Serovet); Espiramix (Rhodia); Rovamicina (Rhodia). Associação: Aveclor (Sivam); Espiramix ST (Rhodia).

ESTREPTOMICINA: Bravecilin (Bravet); Estreptomicina (Wyeth - Whitehall). Associação: Animalstop (sivam); Carbovet (Farmavet); Climacilin (Clímax); Enteromicina (Gross); Ortocilin (Makros).

FRAMICETINA: Associação: Fonergin (Sarsa).

FTALISSULFATIAZOL: Associação: Antidiarreico (Fisons); Carbovet (Farmavet); Enterocolil-Gel (Quimioterápica Brasileira); Fitail (Farma); Furazolin (De Mayo); Parenterin (Legrand).

FURAZOLIDONA: Biofast Saúde (Tortuga); Furamix (Chemitec); Furomax (Planalquímica); Furoxone (Norwich Eaton)*; Giarlam (UCI - Farma). Associação: Atapec (Gemballa); Colestase (Sanofi Winthrop).

GENTAMICINA: Amplomicina (Cibran); Bragenta (Bravet); Garacin (Schering)**; Garamycin (Schering)*; Gentaplus (Abbott); Gentatec (Chemitec); Gentaxil (Haller); Gentocin (Schering)**; Vigorget (Vigor).

HETACILINA: Hetacin-K (Fort Dodge)**.

IMIPENEMA/CILASTATINA: Primaxin (Merck)*; Tienam (Merck Sharp & Dohme).

ISONIAZIDA: Hyzid*; Rolazid*; Teebaconin*. Associação: Fluodrazin "F" (Breves); Pulmodrazin (Eurofarma); Rifampicina + Isoniazida (Sanval).

KANAMICINA: Kanainjecto-250 (Fatec); Kanamicina injetável (Uniquímica); Kantrex*; Klebcil*.

LINCOMICINA: Frademicina (Rhodia); Lincocin (Upjohn)*; Lincocin Forte (Rhodia); Linco-plus (Cibran); Macrolin (Haller); Veterinary Lincocin (Upjohn)**. Associação: Lincomix 20-44 (Rhodia); Lincospectin (Rhodia).

METENAMINA: Hiprex*; Mandameth*; Mandelamine*; Neohexal (Riedel - Zabinka); Urex*. Associação: Sepurin (Gross); Urospasm (Brasmédica).

METICILINA: Staphicillin*

METRONIDAZOL: Flagyl (Rhodia); Metro I.V. (Kendall - Mc Gaw)*; Metronidazole (Sanval); Metronix (Opofarm).

MEZLOCILINA: Mezlin*.

MINOCICLINA: Minocin*; Minomax (Predome).

MOXALACTAM: Moxam*.

NAFCILINA: Nafcil*; Nallpen*; Unipen*.

NEOMICINA: Biosol (Upjohn)**; Colírio de Neomicina (Laborsil); Methapyrin (Osborn)**; Mycifradin Sulfate (Upjohn)*; Neo-175 (Ken Vet)**; Neobiotic (Pfizer)*; Neomin's (Ouro Fino); Neomix AG 325 (Upjohn)**; Pomada de Neomicina Bunker (Bunker); Promastic (Propec); Sulfato de Neomicina MC (M. Cassab); Sultrim MC (M. Cassab). Associação: Flumast (Coopers); Panolog (Ciba - Geigy); Parenterin (Legrand).

NETILMICINA: Netromicina (Schering - Plough).

NITROFURANTOÍNA: Furadantin (Norwich Eaton)*; Macrodantin (Norwich Eaton)*; Macrodantina (Schering - Plough); Uro-Furan (Bunker); Urogen (Prodotti).

NORFLOXACINA: Chibroxin*; Floxacin (Merck Sharp & Dohme); Floxinol (Millet Roux); Nicotinato de Norfloxacina (Formil); Noracin (Cibran); Norflomax (Ouro Fino); Norfloxazol (Des-Vet); Noroxin*; Uroflox (Farmion).

NOVOBIOCINA: Albamix (Upjohn)**; Albamycin (Upjohn)*; Albaplex (Upjohn)**; Drygard (Upjohn)**. Associação: Tetradelta (Rhodia).

ORMETOPRIM/SULFONAMIDA: Primor (Roche)**.

OXACILINA: Bactocill (Beecham)*; Oxacilina (Eurofarma); Prostaphlin (Bristol)*; Staficilin-N (Bristol - Myers-Squibb).

OXITETRACICLINA: Biocyl (Anthony)**; Biomycin (Bio-Ceutic)**; Enterovet (Paraquímica); E.P. Mycin (Edwards)*; Lipocânfora (Bravet); Medamycin (Tech America)**; Oxiritard (Serovet); Oxyvet (Pfizer)**; Terramicina (Pfizer); Tetra L/A (Fagra); Uri-Tet (American Urologicals)*. Associação: Asseptobron (Eurofarma); Inatrex balsâmico (Eurofarma).

PAROMOMICINA: Humatin*.

PENICILINA G: Ampiretard (Cibran); Benzetacil (Wyeth); Bicillin L-A*; Bravecilin (Bravet); Cryspen*; Crystacillin 300 A.S. Veterinary (Solvay)**; Crysticillin A.S.*; Deltapen*; Despacilina (Bristol - Myers - Squibb); Dual-Pen (Tech America)**; Flo-Cillin (Fort Dodge)**; Megapen (Eurofarma); Pen BP-48 (Pfizer)**; Penicilina G Procaína-Feed Grade (Paraquímica); Permapen*; Wycillin*. Associação: Agropen LA (Virbac); Agroplus (Virbac); Agrovet 2400000 e 5000000 (Ciba); Benapen (Sanus); Calbiótico (Calbos); Cibramicina (cibran); Climacilin (Clímax); Pentacil R (Propec).

PENICILINA V: Ledercillin VK (Lederle)*; Meracilina (Asta Medica); Oracilin (Legrand); Pen-Vee K (Wieth)*; Pen-Ve-Oral (Wyeth); Uticillin VK (Upjohn)*.

PIPERACILINA: Pipracil (Lederle)*.

212

PIPERACILINA SÓDICA TAZOBACTAM SÓDICO: Zosyn (Lederle)*

POLIMIXINA E (COLISTINA): Colistina 10 e 40 (Uniquímica); Coly-Mycin M Parenteral*. Associação: Agroplus (Virbac); Coli-Alplucine Injetável (Virbac).

PRIMAQUINA: Primaquin (Farmoquímica); Primaquina (Quimioterápica Brasileira); Primaquina Kinder (Kinder).

PIRAZINAMIDA: Pirazinamida (Sanval).

PIRIMETAMINA: Daraprim (Wellcome - Zeneca). Associação: Coccirex (Bio-Vet); Fansidar (Roche); Periodine (Simões).

QUINACRINA: Atabrine Hydrochloride*.

RIFAMPICINA (RIFAMPIN): Rifadin (Merrell Dow)*; Rifaldin (Merrell Lepetit); Rifampicina (Sanval); Rimactane (Ciba)*.

SULFADIAZINA: EsB3 (Ciba); Microsulfon*; Sulfadiazina (Neo-Química); Triazina Injetável (UCI Farma). Associação: Auropac ST (M. Cassab); Aurotrim (Agripharm); Di-Trim (Syntex)**; Enterodina (Luper); Enteroftal (Windsor); Tribrissen (Coopers)**; Triglobe (Merrell Lepetit).

SULFADIMETOXINA: Albon (Roche)**; Bactrovet (Pitman - Moore)**. Associação: Averol; Dimetoprim (Serovet); Trissulfin (Ouro Fino).

SULFAGUANIDINA: Sulfaguanidina (Calbos). Associação: Animalstop (Sivam); Carbovet (Farmavet); Enterogest (Iodo - Suma).

SULFAMETAZINA: Sulfametazina (Supre Mais); Sulfaplic (Probion). Associação: Alplucine TS (Virbac); Aurion (Sanphar).

SULFAMETOXAZOL: Gamazole*; Gantanol*; Sulfametazol (Formil); Sulfaprim (Bravet). Associação: Bactrim (Roche); Comoxol (Squibb)*; Cotrim (Squibb)*; Curasulfene (Schering - Plough); Diastin (Calbos); Leotrin (Leofarma); Septra (Burroughs Wellcome)*; Suss (Sarsa).

SULFASALAZINA: Azaline*; Azulfidine (Pharmacia)*; Sulfasalazina (Knoll).

SULFIZOXAZOL: Gantrisin*.

TETRACICLINA: Achromycin (Lederle)*; Ambra- Sinto T (Hosbon); Ciclobiótico (Lema); Oblets (American Cyanamid)**; Panmycin (Upjohn)*; Polyotic (American Cyanamid)**; Sumycin (Squibb)*; Tetraciclina (Calbos); Trexin (Bravet). Associação: Biotricin-C (Fama); Ginovet (Univet).

TICARCILINA: Ticar (Beecham)*; Ticillin (Smithkline - Beecham)**.

TICARCILINA/ÁCIDO CLAVULÂNICO: Timentin (Beecham)*.

TINIDAZOL: Amplium (Farmasa); Facyl 500 (I.Q.C.); Ginosutim (Akso). Associação: Ginometrim Oral (Nikkho).

TOBRAMICINA: Nebcin*; Tobramicina (Eli Lilly); Tobrex (Alcon).

TRIMETOPRIM/SULFONAMIDA: Bactrim (Roche); Comoxol (Squibb)*; Di-Trim (Syntex)**; Lupectrim (Luper); Septra (Burroughs Wellcome)*; Stoptrim (UCI - Farma); Sulfadiazina + Trimetoprim (Labovet); Tribrissem (Coopers)**; Trizim (Sanphar); Uropol (Ima).

TILOSINA: Tylan (Elanco).

VANCOMICINA: Vancocin*; Vancocina (Eli Lilly).

LEGENDA:

* Drogas produzidas por laboratórios americanos para uso humano.
** Drogas produzidas por laboratórios americanos para uso veterinário.

Bibliografia consultada

1. Aucoin, D.P.: Target. The Antimicrobial Reference Guide to Effective Treatment. First Edition, pg. 1-161. North American Veterinary Compendiums Inc, Port Huron, MI, 1993.
2. Loeb,S.: Physician's Drug Handbook, 5th ed., pg. 817-820; Springhouse Corporation, Springhouse, PA, 1993.
3. Melo, J.M.S.: DEF 95/96; Dicionário de Especialidades Farmacêuticas, Editora de Publicações Científicas LTDA, Rio de Janeiro, RJ., 1993.
4. Plumb, D.C.: Veterinary Drug Hanbook. Pharma Vet Publishing and Veterinary Software Publishing, White Bear Lake, MN, 1991.
5. Plumb, D.C.: Veterinary Drug Handbook; 2nd ed.; pg. 01-722, Iowa State University Press, Ames, Iowa; Pharma Vet Publishing, White Bear Lake, MN, 1995.

Faça hoje mesmo o seu Cadastro na Ícone Editora.
É fácil, basta você preencher o cupom abaixo e enviá-lo para nós.
Assim estaremos mais próximos de você, para comunicá-lo de novos lançamentos, eventos, palestras, tudo com o tratamento Ícone.

Nome: _____

Endereço: _____

Estado: _____ **Cidade:** _____

Bairro: _____ **Cep:** _____

Tel.: _____ **Res.** ☐ **Com.** ☐

Profissão: _____ **Data de Nasc.** _____

E-mail _____

Áreas de interesse:

☐ Agropecuária   ☐ Auto-ajuda   ☐ Biografias
☐ Ciências-Médicas ☐ Corpo livre   ☐ Dietas/Tratamento
☐ Didáticos   ☐ Esportes   ☐ Esoterismo/Ocultismo
☐ Fisioterapia   ☐ História/Política ☐ Infantis
☐ Jurídicos   ☐ Medicina-Oriental ☐ Otimismo
☐ Psicologia/Psicanálise ☐ Quadrinhos   ☐ Recreação/Teatro
☐ Saúde   ☐ Sociologia   ☐ Técnicos
☐ Paradidáticos   ☐ Umbanda   ☐ Veterinária
☐ Outros: _____

Envie este cupom preenchido para

Ícone Editora Ltda
Rua das Palmeiras, 213
Santa Cecília - São Paulo - SP - CEP 01226-010

Impressão e Acabamento

Sartira
G r á f i c a
(011) 458-0255